Dr. Rick Brinkman Dr. Rick Kirschner

Wie man mit Menschen klarkommt, die man nicht ausstehen kann

Dr. Rick Brinkman Dr. Rick Kirschner

Wie man mit Menschen klarkommt, die man nicht ausstehen kann

Hilfreiche Strategien für die Kommunikation im Arbeitsleben und im Alltag

Aus dem Englischen von Max Limper

YES

3. Auflage 2024

Türkenstraße 89, 80799 München
info@yes-publishing.de

Die amerikanische Originalausgabe erschien 2012 bei McGraw Hill, LLC, unter dem Titel *Dealing with People You Can't Stand. How to Bring Out the Best in People at Their Worst*

Redaktion: Matthias Teiting
Umschlaggestaltung: Ivan Kurylenko (hortasar covers)
Layout und Satz: Carsten Klein, Torgau

Druck: GGP Media GmbH, Pößneck
Printed in Germany

ISBN Print 978-3-96905-199-3
ISBN E-Book (EPUB, Mobi) 978-3-96905-201-3
ISBN E-Book (PDF) 978-3-96905-200-6

Wir widmen dieses Buch dem Weltfrieden,
welcher genau dann eintreten wird,
wenn alle ihren Frieden mit denjenigen gemacht haben,
die sie nicht ausstehen können.

Inhalt

Einführung

Unerträgliche Menschen: Damit sind jene schwierigen Personen gemeint, die entweder nicht das tun, was man von ihnen will, oder irgendetwas tun, was man nicht will – und du weißt nicht, was du dagegen tun sollst. Aber du musst nicht länger ihr Opfer sein! Zwar kannst du schwierige Menschen nicht ändern, aber du kannst mit ihnen so kommunizieren, dass sie sich selbst ändern. Der Trick ist, zu wissen, wie man zu ihnen durchdringt, wenn sie sich danebenbenehmen.

Dieses Buch wird dir helfen, die Elemente effektiver Kommunikation zu erlernen und zu nutzen. In diesem Sinne ähnelt die Kommunikation mit derartigen Problempersonen einem Telefonanruf. Um verbunden zu werden, muss man alle Ziffern in der richtigen Reihenfolge wählen. Fehlt nur eine Ziffer (oft nur 10 Prozent der gesamten Nummer, wenn man die Vorwahl mitrechnet), wird der Anruf nicht durchgestellt. Lässt man die Landesvorwahl weg, dann kommt keine Verbindung zustande, sobald man im Ausland ist. Aber wenn man sich die Mühe macht, die korrekte Nummer zu wählen und abzuspeichern, kann man mit den Menschen, die man nicht ausstehen kann, eine ganz neue Verbindung aufbauen!

Leider wird es immer ein paar schwierige Menschen geben, die sich weigern, ans Telefon zu gehen und deinen Anruf entgegenzunehmen, egal was du unternimmst. In diesen seltenen Fällen hilft dir eine andere Analogie: Stelle dir den Umgang mit diesen Personen wie einen Gang ins Kommunikations-Fitnessstudio vor. Richtig schwierige Menschen können helfen, deine Kommunikationsmuskeln zu kräftigen und deine Kommunikationsausdauer zu trainieren. So entwickelst du genau die Kraft, die du womöglich zu einem späteren Zeitpunkt und an einem späteren Ort benötigst, um eine andere, vielleicht wertvollere Beziehung zu pflegen.

Zur Lösung deiner Probleme mit Menschen werden wir deine Aufmerksamkeit auf fünf Schlüsselbereiche lenken:

1. Zunächst untersuchen wir, was genau Leute dazu bringen kann, auf so unterschiedliche Weise schwierig zu sein. Warum beispielsweise der eine zu schimpfen anfängt, während eine andere in der gleichen Situation abschaltet und verstummt und ein Dritter wiederum aus dem Hinterhalt schießt. Diese faszinierenden Unterschiede weisen darauf hin, dass unterschiedliche Verhaltensabsichten vereitelt worden sind. Sobald du diese Unterschiede verstanden hast, wirst du weniger geneigt sein, schwieriges Verhalten zu personalisieren.
2. Danach betrachten wir grundlegende Kommunikationsfähigkeiten, die Konflikt in Kooperation verwandeln, Emotion in Vernunft und Hintergedanken in offenen Dialog. Das Gute daran ist, dass man im Umgang mit den Leuten, mit denen man sich versteht, all diese Grundkenntnisse bereits einsetzt. Das Schlechte ist, dass man im Umgang mit Problemmenschen versäumt, diese Fähigkeiten zu nutzen, und das ist ein großer Teil des Problems. Wir machen daher den Kommunikationsprozess explizit, sodass du deine Fähigkeiten auch dann nutzen kannst, wenn du sie am dringendsten benötigst, nämlich dann, wenn Leute ihre Schattenseite zeigen.
3. Als Nächstes beschäftigen wir uns mit spezifischen Strategien für den Umgang mit den 10 (+ 3) schwierigsten Verhaltensweisen unausstehlicher Menschen. Du lernst, was du im Einzelnen tun kannst, damit Leute aufhören, zu jammern, zu sticheln, zu explodieren oder ihre Versprechen zu brechen.
4. Wir gestalten unsere zwischenmenschlichen Beziehungen zunehmend über Telefon und E-Mail. Diese Tools nutzt du hoffentlich optimal, um Konflikte zu vermeiden und Kooperationen aufzubauen.
5. Gegen Ende des Buches gehen wir darauf ein, was du tun kannst, wenn du dich selbst nicht ausstehen kannst. Denn dann wirst du dich wahrscheinlich in der einen oder anderen Beschreibung einer Problemperson wiedererkannt haben. Das 23. Kapitel wird dir helfen, dein eigenes schwieriges Verhalten zu erkennen und zu ändern. Das kommt dir zugute, denn je weniger schwierig du selbst bist, desto seltener wirst du auf schwierige Menschen treffen.

Wir empfehlen dir, die Kapitel 1 bis 9 zu lesen und dann direkt zu dem Kapitel zu springen, das sich mit dem für dich schwierigsten Menschen befasst.

Aber bevor du weiterliest, möchten wir uns noch vorstellen und dir erzählen, wie wir dazu gekommen sind, dieses Buch zu schreiben.

Wir sind Rick und Rick: beste Freunde, Geschäftspartner und naturheilkundliche Ärzte. Wir haben uns im Medizinstudium angefreundet, aber unsere Freundschaft blühte auf, als der Chirurg einer nahe gelegenen Klinik unser Mentor wurde. Mit seiner Führung und Inspiration erforschten wir die Gesundheit unter dem Aspekt der inneren Einstellung. Wir strebten danach, die Prinzipien der mentalen und emotionalen Gesundheit zu verstehen, um sie zur Vorbeugung oder Heilung körperlicher Krankheiten einsetzen zu können. Immer wieder stellten wir fest, dass sich Menschen besser fühlen, wenn sie sich ihre Werte bewusst machen, an der Erfüllung ihrer Ziele arbeiten und effektive Kommunikations- und Entspannungstechniken erlernen. Und wenn sich ihre geistige und emotionale Gesundheit verbessert, verschwinden viele ihrer körperlichen Symptome. Da das Wort »Doktor« ursprünglich »Lehrer« bedeutet, begannen wir, diese Erkenntnisse in Seminaren und Workshops zu verbreiten.

1982 beauftragte uns eine Organisation für seelische Gesundheit damit, ein Programm zum Umgang mit schwierigen Menschen zu erstellen. Damit begann offiziell jenes Forschungsprojekt, das am Ende in diesem Buch kulminierte und in dessen Verlauf wir unser Tun ganz neu definierten. Mittlerweile sehen wir unsere gesamte Arbeit gewissermaßen als andauernden Bildungsprozess.

Seit über zwei Jahrzehnten sammeln wir Kenntnisse darüber, was Menschen hoffen und fürchten, wie sie ihr Leben gestalten und kaputt machen, wie sie kommunizieren, was sie schwierig macht und wie man in ihren schlimmsten Momenten am besten mit ihnen umgeht. Wir haben dieses Buch geschrieben, um dieses Wissen an dich weiterzugeben. Wir haben diese Erkenntnisse in Seminaren, in Tonaufnahmen und auf Buchseiten über einer Million Menschen nahegebracht und begeisterte Resonanz erhalten. Wir hoffen und glauben daher, dass dieses Buch eine bedeutende und dauerhafte Verbesserung deiner Lebensqualität bewirken wird.

Dr. Rick Brinkman und Dr. Rick Kirschner

TEIL 1

Die Unausstehlichen besser kennenlernen

Wir fahnden nach den 10 (+ 3) schlimmsten Feinden, betrachten sie durch die Lupe des Verständnisses und erkennen, dass der Weg zur Hölle mit guten Absichten gepflastert ist!

1. Die Liste der 10 (+ 3) schlimmsten Feinde

Du besitzt ein Repertoire an Kommunikationstechniken, die auf unterschiedlichen Graden von Kenntnis oder Unkenntnis und den daraus resultierenden zwischenmenschlichen Stärken und Schwächen beruhen. Deswegen hast du möglicherweise überhaupt keine Probleme mit einer besonders lauten oder besonders stillen Person, mit der sonst niemand umgehen kann. Möglicherweise hast du eher Schwierigkeiten mit jammernden, negativen Personen, oder du findest den Umgang mit aggressiven Leuten am schwierigsten. Vielleicht frustrieren dich passive Menschen, vielleicht hast du eine geringe Toleranz gegenüber Angebern und Großmäulern. Und in gleicher Weise frustrierst du selbst wahrscheinlich andere, denn jeder Mensch ist zumindest zeitweise für andere schwierig.

Womöglich besteht zwischen dir und manchen anderen Uneinigkeit darüber, wer von euch die schwierige Person ist und wer nicht. Dennoch gibt es im gesellschaftlichen Leben einen gewissen Konsens darüber, wer die Schwierigen sind und was an ihrem Verhalten als schwierig wahrgenommen wird. Wir haben zehn Verhaltensmuster eingegrenzt, in die gesunde Menschen zurückfallen, wenn sie sich bedroht oder gehemmt fühlen. In diesen Verhaltensmustern offenbart sich ein Kampf gegen oder ein Rückzug aus unerwünschten Umständen. Als Zugabe zeigen wir drei Verhaltensweisen auf, die vor allem in Familien für Probleme sorgen. Hier also die 10 (+ 3) schwierigen Verhaltensweisen, die ganz normale Menschen zu schlimmen Feinden machen!

Panzer

Der Panzer ist kampfeslustig, treffsicher und zornig, sein bedrängendes und aggressives Verhalten ist unübertroffen.

Stichler

Ob durch rüde Bemerkungen, beißenden Sarkasmus oder punktgenau eingesetztes Augenrollen, irgendwie gelingt es dem Stichler immer, andere dumm dastehen zu lassen.

Granate

Nach einer viel zu kurzen Ruhephase explodiert die Granate und lenkt mit ihrem Geschimpfe und Getobe vom eigentlichen Problem ab.

Besserwisser

Der Besserwisser hat selten Selbstzweifel und daher eine geringe Toleranz für Einwände und Widersprüche. Wenn jedoch etwas schiefgeht, weiß der Besserwisser ebenso unfehlbar, wer die Schuld trägt – die anderen!

Möchtegern-Besserwisser

Zwar können Möchtegern-Besserwisser nicht zu jeder Zeit alle Leute täuschen, aber sie täuschen oft genug alle Leute und zu jeder Zeit genug Leute – alles nur, um etwas Aufmerksamkeit zu bekommen.

Jasager

In dem Bemühen, anderen zu gefallen und Konfrontationen zu vermeiden, sagen Jasagerinnen und Jasager, ohne ausreichend nachzudenken, einfach Ja. Sie gehen auf alles ein, was gerade von ihnen an Zeiteinsatz verlangt wird, indem sie frühere Zusagen vernachlässigen oder sich völlig überlasten, bis sie keine Zeit mehr für sich selbst haben. Dann werden sie ärgerlich.

Vielleichtsager

In Momenten der Entscheidung prokrastinieren Vielleichtsager in der Hoffnung, dass sich noch eine bessere Möglichkeit auftut. Leider kommt bei den meisten Entscheidungen irgendwann der Punkt, an dem alles zu wenig und zu spät ist, und die Entscheidung fällt dann von selbst.

Nichtssager

Kein verbales Feedback, kein nonverbales Feedback. Nichts. Was sonst könnte man von jemandem erwarten, der oder die nichts sagt.

Neinsager

Sie töten die Motivation gründlicher als jede andere Waffe, sie überwältigen jede Hoffnung, sie vereiteln große Ideen mit einer einzigen Silbe: Nein. Als sanftmütige Zeitgenossen getarnt kämpfen Neinsager einen endlosen Kampf für die Vergeblichkeit, die Hoffnungslosigkeit und die Verzweiflung.

Nörgler

Nörgler fühlen sich hilflos und überfordert von der ungerechten Welt. Ihr Maßstab ist die Perfektion, und niemand und nichts lässt sich daran messen. Aber da es sich allein schlecht klagen lässt, teilen sie ihr Elend mit anderen.

Wer Lösungen anbietet, verdirbt ihnen den Spaß und fordert sie zu gesteigertem Gejammer heraus.

Bonus: Drei Feinde in der Verwandtschaft

Richter

Richter legen einen Standard fest, den niemand erfüllen kann, und verkünden dann ein Urteil, das von endlosen Kommentaren und Kritiken begleitet wird.

Einmischer

Einmischer halten andere für unfähig und glauben zu wissen, was das Beste für sie ist. Also bemühen sie sich, deren Leben für sie zu regeln.

Märtyrer

Märtyrer sind zwanghaft Schenkende, die Wohltaten austeilen, egal ob andere welche wollen oder nicht. Jedes Geschenk enthält allerdings eine Verpflichtung.

Dies sind die schwierigen Menschentypen, mit denen viele von uns nicht zusammenarbeiten, reden und umgehen können. Aber wenn du frustriert bist vom Wesen der Menschheit und nicht länger darunter leiden willst, dann verzweifle nicht. Denke stattdessen daran, dass du im Umgang mit schwierigen Menschen immer eine Wahl hast. Tatsächlich hast du ganze vier Möglichkeiten:

1. *Du kannst es aushalten und nichts tun.* Dazu gehört, dass du weiterhin darunter leidest und dich womöglich bei anderen beschwerst. Nichts zu tun ist gefährlich, weil sich die Frustration über schwierige Menschen mit der Zeit anreichert und verschlimmert. Und sich bei Dritten zu beschweren, die nichts für dich tun können, senkt tendenziell die Motivation und Produktivität, wodurch wirksame Maßnahmen hinausgezögert werden.
2. *Du kannst mit den Füßen abstimmen.* Manchmal besteht die beste Option darin, zu gehen. Nicht alle Probleme sind lösbar, und manche sind es einfach nicht wert, gelöst zu werden. Die Abstimmung mit den Füßen ist dann sinnvoll, wenn es keinen Zweck mehr hat, sich weiter mit der Problemperson auseinanderzusetzen. Wenn das Verhältnis kippt, wenn alles, was du sagst oder tust, die Lage nur verschlimmert und wenn du feststellst, dass du die Kontrolle verlierst, dann denke daran, dass der Klügere nachgibt, und gehe. Eleanor Roosevelt stellte fest: »Du bist niemandes Opfer ohne deine Erlaubnis.« Aber bevor du dich entscheidest zu gehen, solltest du deine beiden anderen Optionen in Betracht ziehen:
3. *Du kannst deine Einstellung gegenüber der Problemperson ändern.* Selbst wenn schwierige Menschen weiterhin ihr schwieriges Verhalten an den Tag legen, kannst du lernen, sie anders zu sehen, ihnen anders zuzuhören und dich in ihrer Gegenwart anders zu fühlen. Indem du deine eigene Einstellung änderst, kannst du dich von deiner Reaktion auf die jeweilige Problemperson lösen. Und eine Änderung deiner Einstellung ist absolut notwendig, wenn du die Willenskraft und Flexibilität aufbringen willst, die für die vierte Option nötig sind.
4. *Du kannst dein Verhalten ändern.* Wenn du die Art und Weise änderst, wie du mit schwierigen Menschen umgehst, müssen sie wiederum lernen, auf andere Weise mit dir umzugehen. So wie manche Menschen deine besten Seiten, andere dagegen deine schlechtesten hervorbringen, kannst du die gleiche Wirkung auf andere ausüben. Es gibt wirksame, erlernbare Strategien für den Umgang mit den meisten problematischen Verhaltenswei-

sen. Sobald du weißt, was zu tun ist und wie es zu tun ist, bist du auf dem besten Weg, unangenehme Situationen in den Griff zu kriegen und sie zu einem lohnenden Abschluss zu bringen.

2. Die Lupe des Verständnisses

In diesem Kapitel geht es um Verständnis. Es geht um die Art von Verständnis, die dir hilft, effektiv zu kommunizieren, zukünftige Konflikte zu vermeiden und aktuelle Konflikte zu lösen, bevor sie außer Kontrolle geraten. Um die Art von Verständnis, die entsteht, wenn du das Verhalten deiner Problemperson unter die Lupe nimmst und durch das Vergrößerungsglas ihr Motiv erkennst.

Hast du dich jemals gefragt, warum manche Menschen vorsichtig und andere sorglos sind, manche leise und andere laut, manche schüchtern und wieder andere aufdringlich? Ist dir jemals aufgefallen, dass manche Leute dich in der einen Minute einzuschüchtern versuchen, in der nächsten Minute aber nett und sogar freundlich sind? Hast du dich schon einmal darüber gewundert, dass sich das Verhalten der Menschen von einem Moment auf den anderen abrupt ändern kann?

Wenn du deine Lupe des Verständnisses auf das menschliche Verhalten richtest, dann achte als Erstes auf die Ebene des Durchsetzungsvermögens. Beachte, dass es dabei eine weite Spanne von passiv bis aggressiv gibt und dass die meisten Menschen innerhalb dieser Spanne ihre individuelle Komfortzone haben. Dann beobachte die Extreme. Passive, nicht durchsetzungsfähige Reaktionen auf eine bestimmte Situation können unterwürfig oder nachgebend sein oder in einen kompletten Rückzug münden. Aggressive Reaktionen auf eine Situation können von mutiger Entschlossenheit bis hin zu Dominanz, Kampfbereitschaft und Angriffslust reichen.

weniger — durchsetzungsfähig — mehr

passiv ←——————→ **aggressiv**

Jeder Mensch reagiert auf unterschiedliche Situationen mit unterschiedlichem Durchsetzungsvermögen. In herausfordernden, schwierigen oder belastenden Situationen neigen Menschen dazu, ihre Komfortzone zu verlassen, und werden entweder passiver oder aggressiver als im Normalbetrieb. Wenn eine sehr durchsetzungsfähige Person herausgefordert wird, behauptet sie sich möglicherweise, indem sie lauter spricht oder schneller handelt. Eine Person mit geringem Durchsetzungsvermögen geht dieselben Maßnahmen dagegen noch zurückhaltender an. Wie durchsetzungsfähig jemand ist, erkennt man am Aussehen (nach außen oder nach innen gerichtete Energie), am Tonfall (vom Brüllen übers Murmeln bis zum Schweigen) und an seinen Äußerungen (Forderungen einerseits, schüchterne Vorschläge andererseits).

Durch die Lupe des Verständnisses erkennst du sicherlich auch die Regeln, nach denen Menschen in einer bestimmten Situation ihre Aufmerksamkeit verteilen. Warst du zum Beispiel jemals so vertieft in deine Tätigkeit, dass du die anderen um dich herum vergessen hast? Wenn die Aufmerksamkeit fast ausschließlich auf die zu erledigende Tätigkeit gerichtet ist, nennen wir das *aufgabenorientiert.* Warst du schon mal dermaßen mit dem beschäftigt, was die Leute um dich herum taten, dass du dich unmöglich auf etwas anderes konzentrieren konntest? Ist die Aufmerksamkeit fast ausschließlich auf das Zwischenmenschliche gerichtet, dann nennen wir das *menschenorientiert.*

Je nach Situation kann das Verhalten innerhalb dieser Bandbreite schnell von einem Extrem ins andere wechseln, von einem freundlichen, anheimelnden Umgang zu einem streng geschäftsmäßigen. In herausfordernden, schwierigen oder stressigen Momenten konzentrieren sich die meisten Menschen eher auf das vorliegende Was (d. h. auf die Tätigkeit) oder das Wer (d. h. die Menschen) als auf den normalen Betriebsmodus. Um den Aufmerksamkeitsfokus eines Menschen zu erkennen, muss man genau hinhören. Wenn jemand tätigkeitsfokussiert ist, spiegelt seine Wortwahl das Ziel seiner Aufmerksamkeit wider. »Haben Sie den Bericht mitgebracht?« »Hast du deine Hausaufgaben erledigt?« »Habt ihr die Zahlen?« »Wie nahe an der Fertigstellung ist das Projekt?« Wenn Menschen menschenorientiert sind, spiegelt ihre Wortwahl eben dies wider. »Na, wie war dein Wochenende?« »Wie geht es der Familie?« »Wie geht es Ihnen heute?« »Hast du gesehen, was ich gemacht habe?«

Fassen wir zusammen. Menschen können andere Menschen in den Fokus nehmen, und zwar aggressiv (z. B. streitlustig), durchsetzend (z. B. mit Engagement) oder passiv (z. B. unterwürfig). Menschen können eine Tätigkeit in den Fokus nehmen, und zwar aggressiv (z. B. mit Entschlossenheit), durchsetzend (z. B. mit Engagement) oder passiv (z. B. durch Rückzug). Diese Verhaltensmerkmale kannst du durch die Lupe des Verständnisses bei anderen und bei dir selbst beobachten. Alle Menschen zeigen eine Vielfalt von Verhaltensweisen, die durch diese Lupe beobachtbar sind, mal mit viel Dynamik, mal mit viel Trägheit. Dennoch gibt es für alle von uns eine Zone mit normalem oder besonders gutem Verhalten und übertriebenem oder besonders schlechtem Verhalten.

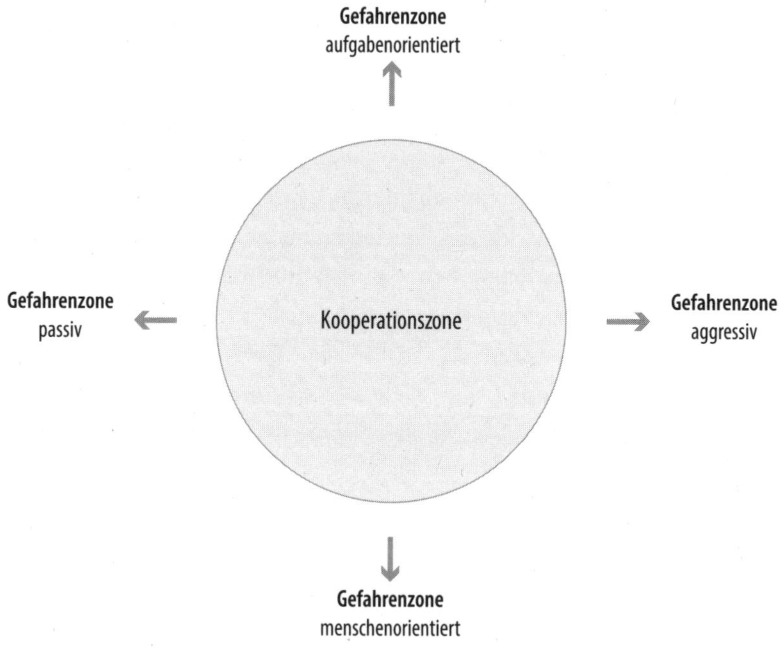

Was bestimmt Fokus und Durchsetzungsvermögen?

Jedes Verhalten hat einen Zweck oder eine Absicht, die das Verhalten umzusetzen versucht. Menschen agieren auf der Grundlage ihrer Absicht. Sie tun das, was sie tun, auf der Grundlage dessen, was momentan am wichtigsten zu sein scheint. Für die Zwecke dieses Buchs haben wir *vier allgemeine Absichten* definiert, die das Verhalten von Leuten in einer bestimmten Situation bestimmen. Auch wenn diese vier offensichtlich nicht die einzigen Absichten sind, die das menschliche Verhalten motivieren, stellen sie in unseren Augen einen allgemeinen Bezugsrahmen dar, in dem sich auch alle anderen Absichten verorten lassen. Als Gerüst für das Verständnis von und den Umgang mit schwierigen Verhaltensweisen können diese vier Absichten dienen:

- Fertig werden.
- Es richtig machen.
- Mit anderen auskommen.
- Wertschätzung erhalten.

So wie man immer zwischen verschiedenen Kleidungsarten wählt (z. B. festliche Kleidung, Arbeitskleidung, Freizeitkleidung), so wählt man auch aus einer Vielzahl von Verhaltensweisen, die allesamt situationsabhängig sind. So wie man ein Lieblingshemd oder eine Lieblingshose hat, hat man vielleicht auch einen bevorzugten Verhaltensstil. Aber dieser Verhaltensstil ist nicht dauerhaft, sondern er ändert sich, wenn sich die Prioritäten ändern.

Vielleicht hilft es dir, diese vier Absichten bei dir selbst zu identifizieren und ihre Verbindung zu deinem eigenen Verhalten in unterschiedlichen Situationen zu erkennen. Dann kannst du sie auch bei anderen leichter beobachten und verstehen.

Fertig werden

Musstest du schon mal etwas erledigen, fertigkriegen, hinter dich bringen? Wenn etwas *fertig* werden muss, konzentrierst du dich auf die anstehende Aufgabe. Die Wahrnehmung anderer Menschen bleibt peripher, es sei denn, sie sind für die Fertigstellung notwendig. Wenn du wirklich etwas erledigen musst, beschleunigst du eher, als zu verlangsamen, handelst eher, als abzuwägen, setzt dich eher durch, als zurückzuweichen. Und wenn es dringend erforderlich ist, eine Aufgabe zu erledigen, wirst du vielleicht sogar nachlässig und aggressiv, wagst den Sprung ins Unbekannte und sprichst auch Unbedachtes aus.

Aber es ist nicht nur wichtig, dass Dinge *fertig* werden. Manchmal ist es noch wichtiger, Fehler zu vermeiden und sicherzugehen, dass alles präzise und wohlgeordnet ist.

Es richtig machen

Hast du jemals versucht, einen Fehler zu vermeiden, indem du alles getan hast, damit er nicht passiert? Alles *richtig* zu machen ist eine weitere tätigkeitsorientierte Absicht, die das Verhalten beeinflusst. Wenn es deine höchste Priorität ist, alles richtig zu machen, gehst du die Dinge wahrscheinlich langsam genug an, um die Details zu sehen. So konzentrierst du dich zunehmend auf die anstehende Aufgabe und versenkst dich in sie. Du prüfst, bevor du den Sprung wagst, wenn du ihn überhaupt wagst. Möglicherweise verweigerst du sogar bestimmte Maßnahmen, weil du am Ergebnis zweifelst.

Manchmal ist es eine Frage der Zeit. Natürlich ist es wichtig, einen Ausgleich zwischen diesen beiden Absichten zu finden. Das nennen wir dann *richtig fertig werden*, denn wenn etwas nicht richtig wird, dann wird es eigentlich auch nicht fertig, oder? Allerdings können etliche Variablen diese Balance verschieben. Hat man zum Beispiel zwei Wochen Zeit, um eine Aufgabe zu erledigen, dann neigt man anfangs eher dazu, sie *richtig* auszuführen, und geht langsam und vorsichtig vor. Je näher der Abgabetermin rückt, desto dramatischer verschiebt sich die Balance in Richtung *fertig* werden, spätestens am Vorabend! Womöglich ist man plötzlich bereit, in der Detailarbeit Kompromisse zu machen, die vorher undenkbar schienen.

Mit anderen auskommen

Eine weitere Absicht hinter menschlichem Verhalten ist, *mit anderen auszukommen*. Dies ist nötig, wenn du Beziehungen aufbauen und entwickeln möchtest. Wenn du mit bestimmten Menschen gut auskommen möchtest, bist du vielleicht weniger durchsetzungswillig, da du ihre Bedürfnisse über deine eigenen stellst. Wenn es deine oberste Priorität ist, miteinander auszukommen, und du gefragt wirst, wo du gern zu Mittag essen möchtest, antwortest du möglicherweise: »Wo möchtest du hin?« Und dein Gegenüber möchte vielleicht auch mit dir zurechtkommen und sagt: »Da, wohin *du* willst. Hast du Hunger?« Darauf könntest du antworten: »Hast *du* denn Hunger?« In dieser Situation sind persönliche Wünsche von geringerer Bedeutung als die Absicht, mit den anderen auszukommen.

Manchmal wird es jedoch zur menschenorientierten Priorität, dass man sich von der Masse abhebt.

Wertschätzung erhalten

Die vierte allgemeine Absicht, nämlich *Wertschätzung zu erhalten*, erfordert ein höheres Maß an Durchsetzungsvermögen und Menschenorientiertheit. Der Wunsch, etwas für andere leisten und dafür geschätzt zu werden, ist eine der stärksten bekannten Motivationskräfte. Studien zufolge fühlen sich Menschen, die ihre Arbeit lieben, und Eheleute, die glücklich verheiratet sind, wertgeschätzt für das, was sie tun und wie sie sind. Falls es deine Absicht ist, *Wertschätzung zu erhalten*, wenn du mit Freundinnen und Freunden essen gehst, dann sagst du möglicherweise: »Es gibt da ein fantastisches Restaurant, in das ich mit euch gehen möchte! Ihr werdet es lieben. Alle Leute sind mir so dankbar, dass ich sie dorthin gebracht habe.«

Man bekommt, was man gibt. Es ist wichtig, einen Ausgleich zwischen diesen beiden Absichten zu finden. Wir glauben, dass man Wertschätzung erhält, indem man sie gewährt. Diese Balance kann jedoch abermals durch alle möglichen Variablen verschoben werden. Wer beispielsweise neu im Betrieb ist, strebt anfangs vielleicht eher danach, mit den anderen auszukommen, und achtet darauf, rücksichtsvoll, fürsorglich und hilfsbereit zu sein. Rückt dann die Zeit für Beförderungen näher, dann kann sich die Balance drastisch in Richtung Anerkennung verschieben. Wer darum bangt, dass die eigenen Bemühungen übersehen werden könnten, schert sich möglicherweise weniger als zuvor um die Gefühle anderer. In ähnlicher Weise zeigen zum Beispiel Männer beim Werben um eine Partnerin große Sorge um deren Bedürfnisse und Interessen. Jahre nach der Heirat verlangen dann nicht wenige Männer, dass ihre eigenen Bedürfnisse befriedigt werden.

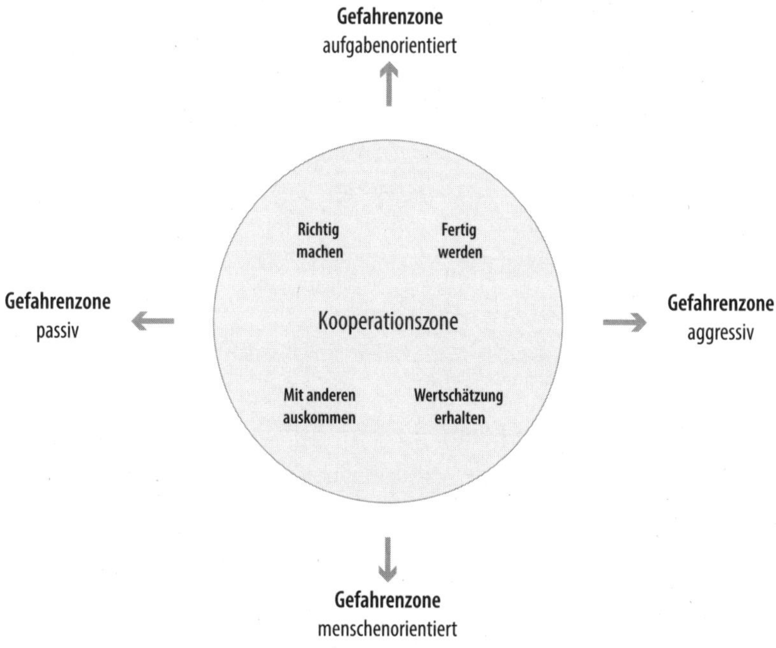

Eine Frage des Ausgleichs

Alle diese Absichten – richtig machen, fertig werden, mit anderen auskommen, Wertschätzung erhalten – haben ihre Zeit und ihren Platz in unserem Leben. Wer einen Ausgleich zwischen ihnen schafft, hat oft weniger Stress und mehr Erfolg. Um *fertig* zu werden, muss man alles möglichst *richtig* machen. Wenn es richtig gemacht werden soll, vermeidet man Komplikationen, indem man darauf achtet, dass alle miteinander *auskommen*. Und damit eine Teamarbeit erfolgreich ist, müssen sich alle Beteiligten *wertgeschätzt* und anerkannt fühlen. Zwar kann sich die Priorität dieser vier Absichten zeitweise verschieben, aber der graue innere Kreis in der Abbildung markiert das normale Gleichgewicht dieser Absichten in uns allen. Wir nennen ihn die *Kooperationszone*. Solange sich Menschen in der Kooperationszone befinden, geraten sie auch bei auseinandergehenden Absichten nicht in Konflikt oder in gegenseitige Bedrohung.

Veränderte Absicht, verändertes Verhalten

Anhand der folgenden Situationen kannst du erkennen, wie sich mit veränderter Absicht auch das Verhalten ändert.

Jack hat im Betrieb ein Projekt übertragen bekommen. Er hat dafür drei Wochen Zeit, und da das Projekt zu einer Beförderung führen könnte, möchte er unbedingt alles richtig machen. Er braucht ein paar Zahlen von seinem Kollegen Ralph. Ralph gibt ihm das Dokument und sagt: »Unterm Strich sind es etwa 1050.«

Jack sagt: »Was meinst du mit ›etwa 1050‹? Wie viel sind es genau?«

»1050«, sagt Ralph.

»Bist du sicher?«

»Ja, ziemlich sicher.«

Jack ruft seine Frau an und sagt ihr, dass er später nach Hause kommt. Am Abend schließt er sich in seinem Büro ein, um langsam und methodisch Ralphs Zahlen zu überprüfen.

Wo, glaubst du, liegt sein Schwerpunkt?

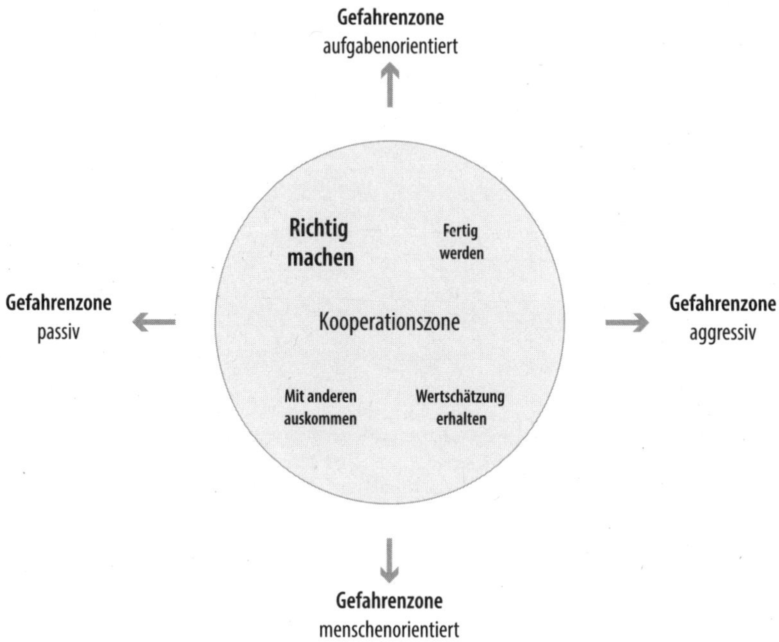

Offensichtlich ist es seine Absicht, es vor allem richtig zu machen. Er arbeitet langsamer und versenkt sich in die Aufgabe, um sie auf jeden Fall korrekt auszuführen.

Das Wochenende ist da, und Jack arbeitet im häuslichen Arbeitszimmer. Seine siebenjährige Tochter kommt herein und sagt: »Daddy, Daddy, komm mal in mein Zimmer und guck dir das Bild an, das ich gemalt habe.« Jack schiebt seine Arbeit beiseite und verbringt den Rest des Nachmittags damit, mit seiner Tochter zu spielen. Am Abend teilt ihm seine Frau mit, dass sie eine Babysitterin bestellt hat und gern allein mit ihm schön essen gehen würde. Als sie ihn fragt, in welches Restaurant er möchte, antwortet er: »Wohin du willst.« Beim Essen fragt sie, ob er morgen vielleicht Zeit hätte, den tropfenden Wasserhahn in der Küche zu reparieren. Jack denkt an sein

Projekt und weiß, dass er eigentlich keine Zeit hat, sagt aber: »Okay. Klar.« Wo liegt jetzt sein Schwerpunkt?

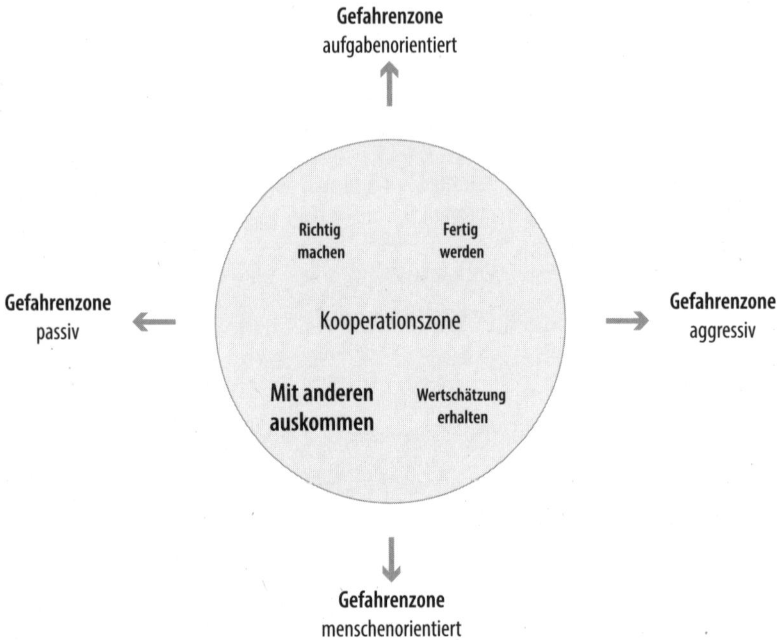

Offensichtlich ist es Jacks Absicht, mit seiner Frau *auszukommen*. Er stellt seine Bedürfnisse zurück, um den Menschen zu gefallen, die er liebt. Sein Projekt wird plötzlich zweitrangig gegenüber dem Familienleben.

Am nächsten Tag repariert Jack den Wasserhahn. Und da er gerade beim Reparieren ist, setzt er auch noch die Herdplatte instand, die nicht geheizt hat, und ersetzt ein zerrissenes Fliegengitter. Als seine Frau von ihrer Shoppingtour nach Hause kommt, möchte sie ihm zeigen, was sie gekauft hat, aber er besteht darauf, ihr erst das frisch Vollbrachte zu zeigen. Wo liegt sein Schwerpunkt?

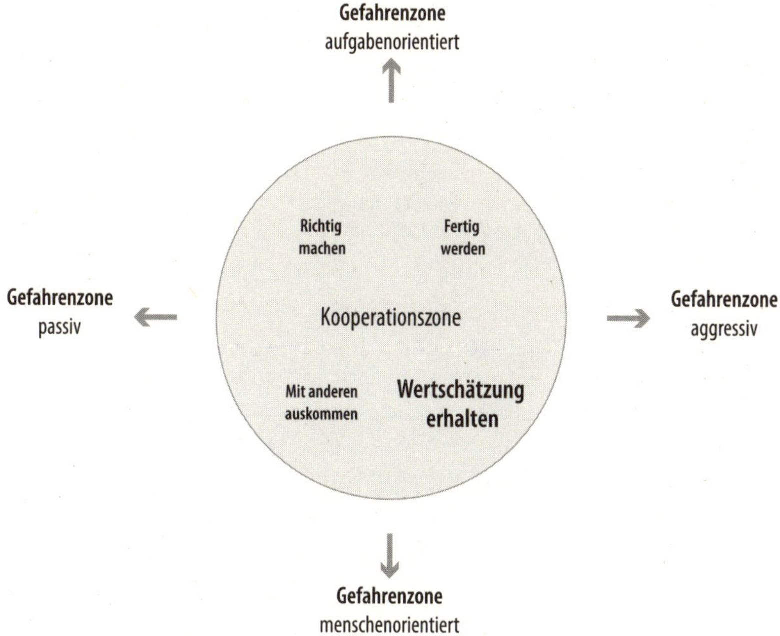

Wenn du »Wertschätzung« sagst, hast du richtig geraten. Wäre er noch im *Auskommen*-Modus, dann würde er, als seine Frau nach Hause kommt, wahrscheinlich zuerst ihre Schnäppchen bewundern. Aber da seine *Wertschätzung* an erster Stelle steht, kann er es kaum erwarten, ihr seine erfolgreichen Reparaturen zu zeigen.

Jack schafft am Wochenende nicht so viel wie gehofft und rutscht in der folgenden Woche in die Katastrophe. Plötzlich steht ihm die Deadline bevor. Als er zu Hause arbeitet, kommt seine jüngste Tochter zu ihm und fragt, ob er, während sie einschläft, bei ihr sitzen und sie vor Monstern beschützen kann. Er sagt: »In deinem Zimmer gibt es keine Monster. Jetzt geh ins Bett.«

Etwas später fragt seine Frau, ob er mit ihr Tee trinken will. Ohne aufzusehen, sagt er einfach: »Nein.« Dann fragt sie, was sie am kommenden Wochenende unternehmen könnten, und macht mehrere Vorschläge. »Pass auf, ich habe jetzt keine Zeit dafür!«, antwortet er gereizt. »Such dir einfach was aus.« Er wendet sich wieder seiner Arbeit zu. »Verdammt!«, denkt er.

»Ein paar Zahlen muss ich wohl erraten.«

Wo ist Jacks Schwerpunkt jetzt?

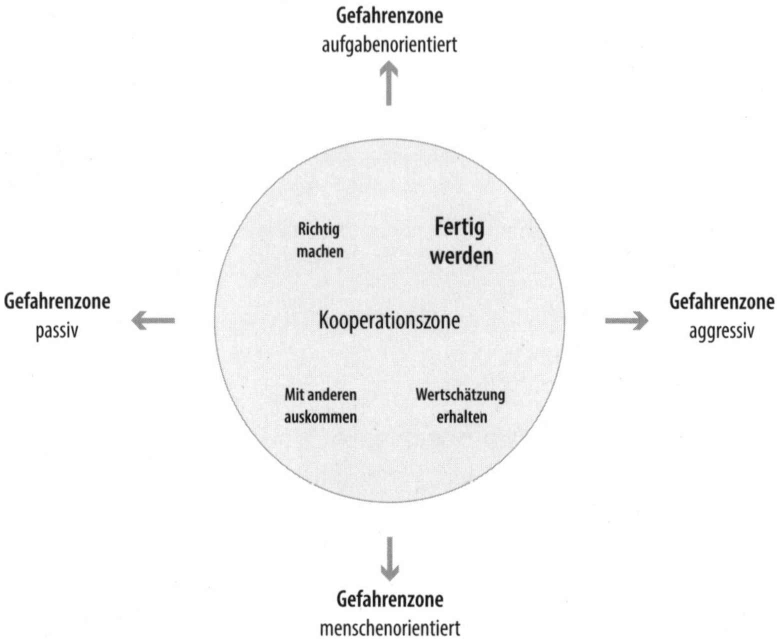

»Fertig werden« lautet die Antwort. Unter dem Druck des Abgabetermins bleibt Jack eher tätigkeitsorientiert und verzichtet auf die Zeit mit seiner Familie. Seine Kommunikation ist eher direkt und auf den Punkt. Er ist jetzt bereit, einige der Zahlen zu schätzen. Das wäre ein paar Wochen früher undenkbar gewesen, als er noch den Luxus hatte, alles mit genügend Zeit *richtig* zu machen.

Diese Beispiele zeigen: Jacks Verhalten ändert sich je nachdem, was für ihn in einer bestimmten Situation und zu einem bestimmten Zeitpunkt am wichtigsten ist. Die Lehre daraus ist, dass sich unser Verhalten nach unserer Absicht richtet, nach der momentan obersten Priorität. Wir alle sind in der Lage, aus allen vier Absichten heraus zu handeln. Um effektiv mit anderen

Menschen kommunizieren zu können, müssen wir verstehen, was ihnen am wichtigsten ist.

Die Absicht heraushören

Wie also kann man die Absicht der anderen erkennen? Ein schnell lesbarer Hinweis ist ihr Kommunikationsstil. Versetzen wir uns einmal in eine Besprechung, bei der vier Personen mit unterschiedlichen Hauptabsichten etwas zu sagen haben. Deine Aufgabe ist es, auf den Kommunikationsstil jeder und jedes Einzelnen zu achten und die jeweilige Hauptabsicht zu bestimmen.

Die erste Person sagt: »So machen wir's! Nächster Punkt?«

Welche Absicht drückt sich wohl am ehesten in einem so kurzen und knappen Kommunikationsstil aus? Wenn es sich für dich anhört, als stünde »fertig werden« hier an erster Stelle, dann können wir ja mit dem nächsten Beispiel fortfahren. Wenn Menschen mit etwas fertig werden wollen, halten sie ihre Kommunikation kurz angebunden und auf den Punkt.

Die nächste Person im Meeting sagt: »Äh … in Anbetracht der Zahlen der letzten zwei Jahre und unter Berücksichtigung der Inflation, der Aufteilung der Märkte, der ausländischen Konkurrenz und natürlich der Extrapolation in die Zukunft … äh … glaube ich, wäre es zu unserem Vorteil, wenn wir uns mehr Zeit nehmen und das Problem gründlich untersuchen würden, aber wenn jetzt eine Entscheidung erforderlich ist, dann … machen wir es so.«

Welche Absicht drückt sich wohl durch einen so indirekten und detaillierten Kommunikationsstil aus? Wenn du auf »richtig machen« tippst, dann hast du alles richtig gemacht. Du siehst, dass beide eigentlich »So machen wir es« gesagt haben. Aber die Person, die es richtig machen möchte, käme niemals auf die Idee, dies nicht mit Argumenten zu untermauern.

Jetzt meldet sich eine dritte Person zu Wort: »Ihr müsst mir widersprechen, wenn ihr anderer Meinung seid, denn ich schätze eure Meinung wirklich sehr und habe aus der Zusammenarbeit mit euch viel gelernt – jedenfalls denke ich, wenn alle damit einverstanden sind, sollten wir es vielleicht wirklich so machen? Wollen das alle?«

Welche Absicht drückt sich wohl durch einen so indirekten und rücksichtsvollen Kommunikationsstil aus? Wenn du nichts dagegen hast, dies als Beispiel für »mit anderen auskommen« zu sehen, dann wirst du nicht auf Einwände stoßen. Jemand im *Auskommen*-Modus nimmt auf die Meinungen und Gefühle anderer Rücksicht.

Plötzlich steht die vierte anwesende Person auf (obwohl alle anderen sitzen) und verkündet lautstark: »Ich finde, wir sollten es so machen, und ich sage euch auch, warum. Wer rastet, der rostet, hat mein Großvater immer gesagt. Ich wusste nie, was er damit meinte, aber davon habe ich mich nie beirren lassen. Das erinnert mich übrigens an einen Witz, den ich gehört habe. Der wird euch gefallen …«

Während diese Person noch weiterredet, kannst du dir schon mal überlegen, welche Absicht sich am ehesten durch einen so ausschweifenden Kommunikationsstil ausdrückt. Wenn du meinst, dass es um »Wertschätzung erhalten« geht, hast du gut aufgepasst und erfolgreich gelernt, anhand des Kommunikationsstils einer Person ihre Absicht zu erkennen. Die Person im *Wertschätzungs*-Modus ist eher extrovertiert.

Kannst du dir vorstellen, dass Menschen mit unterschiedlichen Hauptabsichten sich gegenseitig kirre machen können?

Denke jetzt an die Problemmenschen in deinem Leben. Weißt du, wie sie in den Situationen, in denen sie schwierig sind, kommunizieren? Wie sieht es mit deiner Kommunikation aus? Wer war direkter und knapper? Wer war ausführlicher? Wer bezog sich auf andere? Wer schweifte mehr ab? Wer konzentrierte sich mehr auf die Tätigkeit, und wer konzentrierte sich mehr auf die Menschen? Wer war aggressiv, wer passiv? Indem du das Verhalten deiner Problempersonen beobachtest und auf Kommunikationsmuster achtest, kannst du ihre primäre Absicht erkennen.

Gleiche Prioritäten, kein Problem

Wenn Menschen die gleichen Prioritäten haben, sind Missverständnisse oder Konflikte höchst unwahrscheinlich. Zum Beispiel:

- *Dein Kollege möchte* ***mit eurem Projekt fertig werden.***
  Du konzentrierst dich auf die Arbeit und wirst damit fertig. Deine Kommunikation ist knapp und sachlich.
- *Deine Kollegin möchte* ***es richtig machen.***
  Du konzentrierst dich auf die Arbeit, achtest sehr auf die Details, und deine Berichte an sie sind sehr ausführlich.
- *Dein Bekannter möchte* ***mit dir auskommen.***
  Durch freundliches Geplauder und aufmerksame Kommunikation lässt du ihn wissen, dass du ihn magst.
- *Deine Bekannte möchte für das, was sie tut,* ***Wertschätzung erhalten.***
  Mit deinem Enthusiasmus und deiner Dankbarkeit lässt du sie wissen, dass du ihren Beitrag anerkennst.

Was passiert, wenn die Absicht nicht verwirklicht wird?

Wenn Menschen ihre Absichten nicht verwirklicht sehen, beginnt sich ihr Verhalten zu ändern. Wenn man etwas *fertig*kriegen möchte und befürchtet, dass es nicht fertig wird, verhält man sich natürlich *herrischer* und versucht, das Steuer zu übernehmen und voranzukommen. Wenn man es *richtig* machen will und befürchtet, dass es falsch gemacht wird, verhält man sich *gründlicher* und findet alle möglichen Makel und Fehler. Wenn man miteinander *auskommen* möchte und befürchtet, ausgeschlossen zu werden, dann sucht man eher nach Zustimmung, verhält sich gefälliger und opfert die eigenen Bedürfnisse, um anderen zu gefallen. Wenn man *Wertschätzung erhalten* will und befürchtet, dass man keine bekommt, dann verhält man sich *auffälliger* und ringt um die Aufmerksamkeit der anderen. Und damit beginnen die Probleme. Diese vier Verhaltensänderungen sind nur der Anfang einer Metamorphose zur Unausstehlichkeit. In unserer Lupe des Verständnisses befinden sich diese Veränderungen in der sogenannten *Warnzone*, die direkt jenseits der Kooperationszone liegt.

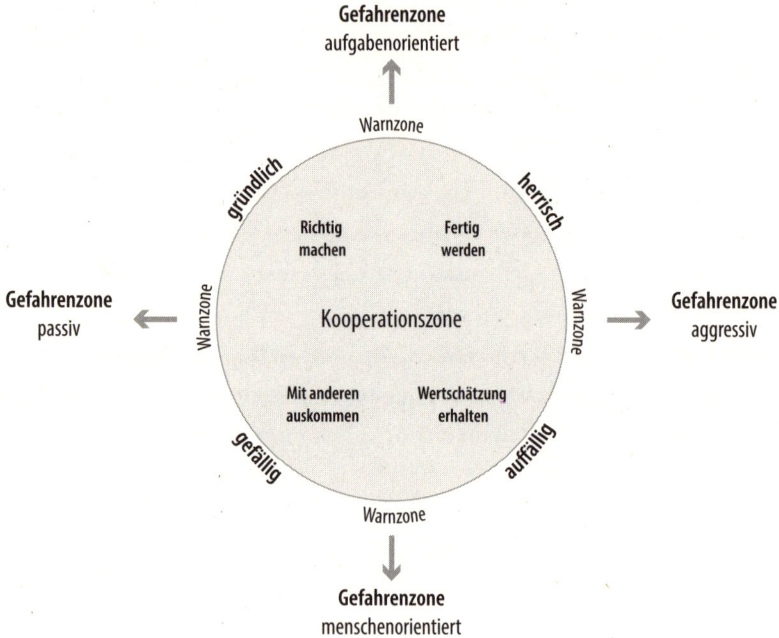

Sobald du diese Verhaltensänderungen bei anderen Menschen bemerkst, solltest du sofort die Technik des *Blending* anwenden (siehe 4. Kapitel). Aber was, wenn sie keinerlei Flexibilität zeigen? Dann mache dich auf etwas wirklich Gruseliges gefasst: *Ihr Verhalten wird sich weiter verschlimmern, bis sie zu albtraumhaften Problemmenschen werden.*

3. Der Weg zur Hölle ist mit guten Absichten gepflastert

Sobald Menschen feststellen, dass das, was sie wollen, nicht passiert oder dass das passiert, was sie nicht wollen, wird ihr Verhalten extremer und verlagert sich in die *Gefahrenzone*. Als Nächstes untersuchen wir, wie positive Absichten, die behindert oder vereitelt werden, zu schwierigen Verhaltensweisen führen.

Wenn die Absicht, *fertig zu werden*, bedroht ist

Wird die Absicht, fertig zu werden, bedroht, dann zeigt unsere Lupe ein Zerrbild, in dem alle anderen Zeit verschwenden, vom Thema abschweifen oder einfach zu lange brauchen. Die Absicht nimmt an Intensität zu, und das Verhalten wird in der Folge herrischer. Die drei herrischen Problemtypen sind: Panzer, Stichler und Besserwisser.

Panzer

Der Panzer verfolgt sein Ziel und ist dabei nicht zu bremsen. Er drängt dich vor sich her, überfährt dich einfach oder zerfetzt dich in tausend Stücke. Der Witz ist: Es ist nicht persönlich gemeint. Du warst nur zufällig im Weg. Der Panzer will einfach die Abläufe steuern und die Mission erfüllen, und dazu ist ihm jedes Mittel recht, von leichter Aufdringlichkeit bis hin zu offener Aggression.

Stichler

Wenn die Dinge nicht zu seiner Zufriedenheit erledigt werden, versucht der Stichler, dich durch Beschämung und strategische Demütigung zu beherrschen. Die meisten Menschen fürchten die öffentliche Blamage, und das nutzt der Stichler aus, indem er in Momenten, in denen du am verwundbarsten bist, Sticheleien und sarkastische Kommentare von sich gibt.

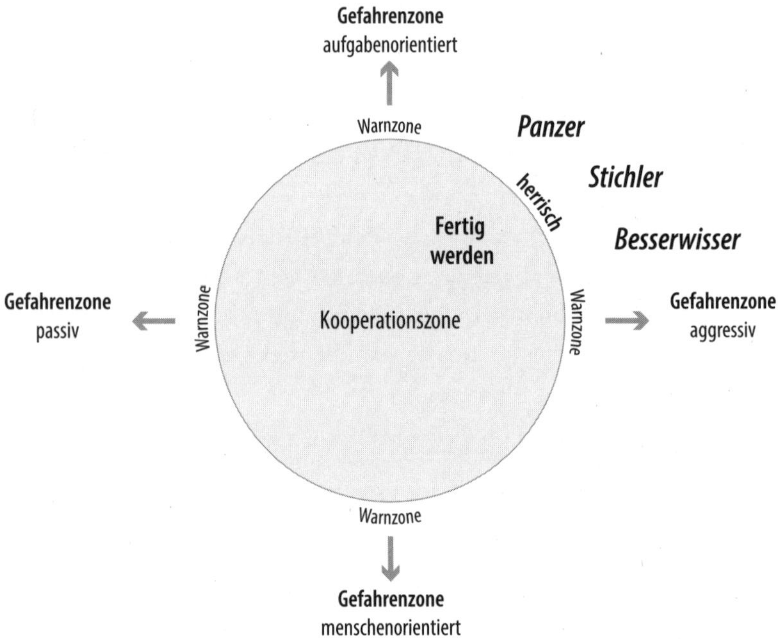

Besserwisser

Besserwisser bestimmen über Menschen und Ereignisse, indem sie mit langatmigen, herrischen Ausführungen das Gespräch dominieren. Sie eliminieren Widerstände, indem sie Fehler und Schwächen finden und andere Standpunkte diskreditieren. Weil Besserwisser tatsächlich sachkundig und kompetent sind, wirst du von ihrer Strategie schnell zermürbt und gibst schließlich einfach auf.

Wenn die Absicht, *es richtig zu machen*, bedroht ist

Wird die Lupe durch die vereitelte Absicht, es richtig zu machen, verzerrt, dann wirken alle anderen im Umfeld schlampig und sorglos. Das Ganze wird noch dadurch verschlimmert, dass die eigenen Bedenken von den anderen mit furchtbar schwammigen Worten wie *ziemlich* und *ungefähr* und *wahrscheinlich* abgetan werden. Bei ausreichender Intensität wird das Verhalten immer pessimistischer und perfektionistischer. Typen, die dieses Verhalten beispielhaft zeigen, sind Nörgler, Neinsager, Richter und Nichtssager.

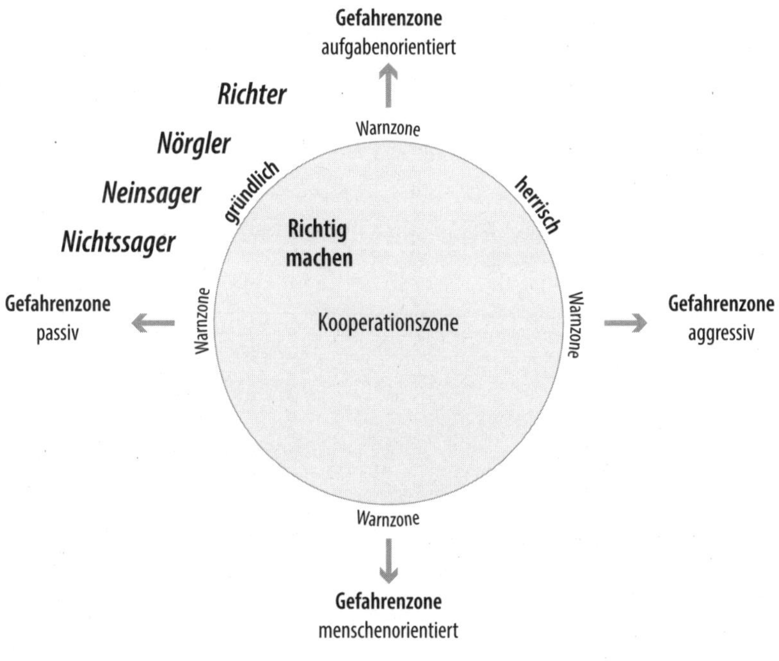

Nörgler

In unserer unvollkommenen Welt glauben Nörgler, dass sie nicht die Macht haben, Veränderungen herbeizuführen. Da die Ungewissheit darüber, was alles schiefgehen kann, sie belastet und überwältigt, geben sie jede Hoffnung auf Lösungen auf. Stattdessen konzentrieren sie sich mit einem zunehmenden Gefühl der Hilflosigkeit auf alle Probleme, die sie als Beweis für ihre düstere Weltsicht verwenden können. Sie nörgeln: »Ach, nichts ist richtig. Alles ist falsch.« Damit treiben sie natürlich nur alle anderen in den Wahnsinn, und die sich verschlechternde Stimmung ruft noch weiteres Gejammer hervor.

Neinsager

Im Gegensatz zu Nörglern fühlen sich Neinsager im Angesicht von Schwierigkeiten nicht hilflos. Stattdessen werden Neinsager hoffnungslos. In der Gewissheit, dass das falsch Gemachte niemals wieder in Ordnung gebracht werden kann, teilen sie anderen ohne Hemmungen ihre Gefühle mit: »Vergesst es, das haben wir schon versucht. Es hat damals nicht funktioniert, jetzt wird es auch nicht funktionieren, und ihr macht euch selbst etwas vor, wenn ihr etwas anderes behauptet. Lasst es einfach und spart euch die Mühe.« Mit dieser Schwerkraft ziehen Neinsager alle anderen in ihr persönliches Jammertal hinab.

Richter

Im Gegensatz zu den Nörglern und Neinsagern sind Richter nicht von dem Vorurteil befangen, dass nichts richtig sei. Stattdessen liegt ihre Aufmerksamkeit auf bestimmten Bereichen, in denen du ihren Maßstäben nicht entsprichst. Das Verhalten der Richter bewegt sich zwischen Erbsenzählerei

(Konzentration auf Kleinigkeiten ohne wirkliche Bedeutung) und der Aburteilung mit anschließender Entwertung. Ihre Spezialität ist die unkonstruktive Kritik. Ihr Urteil verkünden sie entweder direkt vor dir oder vor anderen hinter deinem Rücken.

Nichtssager

Manche Menschen sind so frustriert, wenn ein Ergebnis nicht ihrem Perfektionsstandard entspricht, dass sie sich völlig zurückziehen. Vielleicht gibt es noch einen letzten lauten Vorwurf an die da oben, die es nicht richtig hinbekommen haben: »Na gut! Dann macht es doch auf eure Art. Aber kommt nachher nicht heulend an, wenn es nicht klappt!« Von da an tun und sagen sie … nichts.

Wenn die Absicht, *fertig zu werden* und *es richtig zu machen*, bedroht ist

Nicht alle Verhaltensweisen basieren auf einem einzigen Motiv. Wer den Spagat zwischen *es richtig machen* und *fertig werden* meistern will, sieht andere womöglich kritisch, zweifelt ihre Kompetenz an und übernimmt lieber selbst die nötigen Aufgaben.

Einmischer

Kombiniert man das kritische, perfektionistische Auge des Richters mit der Herrschsucht eines Panzers, dann erhält man einen Einmischer. Solche Menschen wissen genau, was für andere das Beste ist, dringen in deren Leben ein und versuchen, deren Verhalten nach eigenem Gutdünken zu bestimmen. Dies tun sie auf neugierige, störende oder sogar manipulative Art und Weise.

Einmischer befassen sich mit allem: mit deinem Kleidungsstil, deinem sozialen Umfeld, deiner Redeweise oder deinem Verhalten.

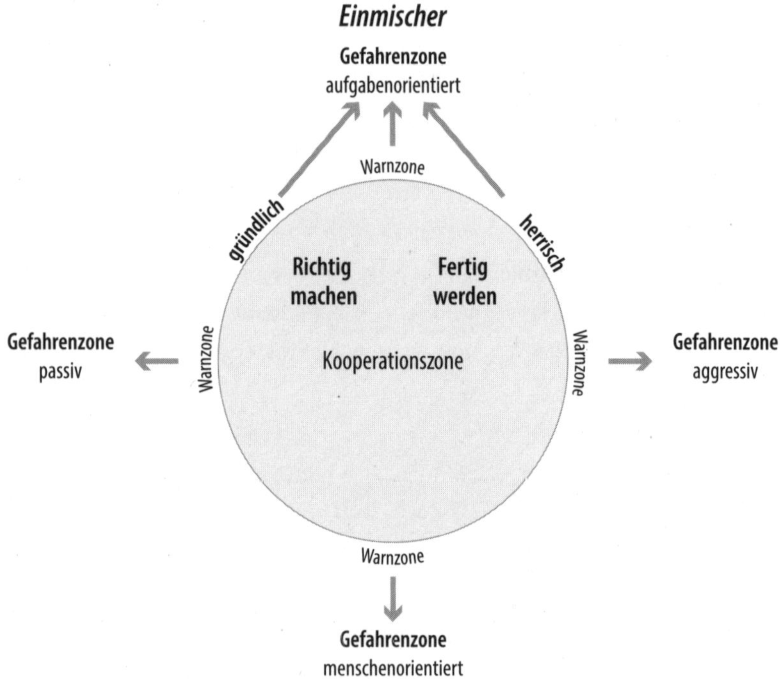

Wenn die Absicht, *mit anderen auszukommen*, bedroht ist

Ist die Lupe durch die vereitelte Absicht, mit anderen auszukommen, verzerrt, dann führt die Unsicherheit dazu, dass man sämtliche Reaktionen, Kommentare und Gesichtsausdrücke der anderen persönlich nimmt. Das Verhalten wird zunehmend darauf ausgerichtet, Zustimmung zu erlangen und Ablehnung zu vermeiden. Die drei schwierigsten Verhaltenstypen, die aus der Suche nach Anerkennung entstehen, sind: passive Nichtssager, schleimige Jasager und Vielleichtsager.

Nichtssager

Die schüchternen, zaghaften und unsicheren Nichtssager können eins hervorragend: sich auf die Zunge beißen. Da sie nichts Nettes zu sagen haben, sagen sie gar nichts. Im schlimmsten Fall sagen sie fast nie irgendetwas. Dies ist in vielerlei Hinsicht die perfekte Strategie, um Konflikte zu vermeiden, die Gefühle anderer nicht zu verletzen und niemanden zu verärgern. Es ist ein fast perfekter Plan, der nur einen Haken hat: Da Nichtssager keine authentische Beziehung und keine ehrliche Kommunikation aufbauen können, kommen sie mit niemandem wirklich klar.

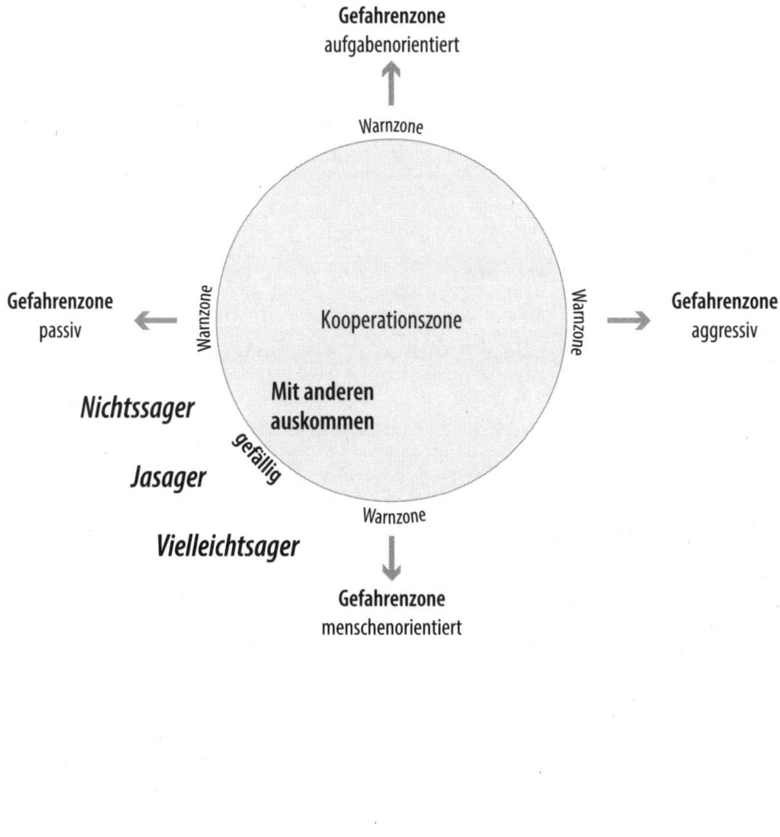

Jasager

Jasager suchen Anerkennung und scheuen Missbilligung, indem sie versuchen, es allen recht zu machen. Jasager bejahen jede Bitte oder Forderung, ohne nachzudenken, was sie damit eigentlich versprechen oder welche Folgen die Nichteinhaltung hat. »Sicher«, sagen die Jasager. Und auf die nächste Anfrage: »Okay«, und auf die übernächste Anfrage: »Natürlich.« Über kurz oder lang haben Jasager dann so viel zugesagt und so wenig geliefert, dass eben diejenigen, mit denen sie auskommen wollten, sauer werden. In dem seltenen Fall, in dem sie alle ihre Versprechen einhalten, gehört ihr Leben nicht mehr ihnen, weil sie ihr ganzes Verhalten nach den Bedürfnissen und Forderungen der anderen richten. Dies erzeugt bei den Jasagern tief sitzende Ängste und viel Groll, der sich schlimmstenfalls in unbewussten Sabotageakten äußert.

Vielleichtsager

Vielleichtsager vermeiden Missbilligung, indem sie Entscheidungen vermeiden. Schließlich könnte eine falsche Entscheidung jemanden verärgern, oder etwas könnte schiefgehen – und wer trägt dann die Schuld? Die Lösung besteht für sie darin, die Entscheidung aufzuschieben, um den heißen Brei zu reden und in Deckung zu bleiben, bis jemand anderes die Entscheidung trifft oder die Entscheidung von selbst fällt. Wie alle anderen schwierigen Verhaltensweisen verstetigt dieses Verhalten das Problem, das es lösen soll, denn es verursacht so viel Frust und Ärger, dass die Vielleichtsager von fruchtbringenden Beziehungen ausgeschlossen werden.

Wenn die Absicht, *Wertschätzung zu erhalten*, bedroht ist

Wird die Absicht, von Menschen Anerkennung zu bekommen, vereitelt, dann verbindet das Zerrbild der Lupe im Kopf den Mangel an positivem Feedback mit den Reaktionen, Kommentaren und Gesichtsausdrücken der anderen, sodass alles eher persönlich genommen wird. Die Absicht, Wertschätzung zu erhalten, verstärkt sich direkt proportional zum Mangel an wertschätzendem Feedback, und das Verhalten zielt nun zunehmend darauf ab, Aufmerksamkeit zu erhalten. Die drei schwierigsten Verhaltenstypen, die aus dem vereitelten Wunsch nach Wertschätzung heraus nach Aufmerksamkeit heischen, sind die Granaten, die Stichler und die Möchtegern-Besserwisser.

Granate

Sie behaupten, sie bekämen keine Wertschätzung und keinen Respekt. Wenn die Stille und der Mangel an Wertschätzung ohrenbetäubend werden, dann hört man die Granate ticken, und es droht ein erwachsener Trotzanfall. »Ka-WUMM! Hier ist doch allen alles egal! Das ist das Problem der heutigen Welt. Ka-RACH! Warum mache ich mir überhaupt noch die Mühe?! Auf mich achtet doch eh keiner! Ka-SCHEPPER!« Das Geschimpfe und Getobe ist schwer zu überhören. Da dieses verzweifelte Verhalten jedoch negative Aufmerksamkeit und Abscheu erzeugt, wächst die Wahrscheinlichkeit, dass die Granate bei der nächsten Provokation erneut explodiert.

Der Unterschied zwischen dem zuvor beschriebenen Panzer und der Granate besteht darin, dass der Panzer gezielt in eine Richtung feuert, während die Granate eine Explosion erzeugt, die alles ringsum trifft. Der Panzer richtet seine Geschosse auf einzelne Ziele, lässt aber das nützliche Personal und die sonstige Einrichtung unversehrt. Die Granate eröffnet Gefechtsfelder, die wenig oder gar nichts mit den gegenwärtigen Umständen zu tun haben. Ein

Panzerangriff ist ein Aufruf zum Handeln. Eine Granatenattacke ist ein Ruf nach Aufmerksamkeit.

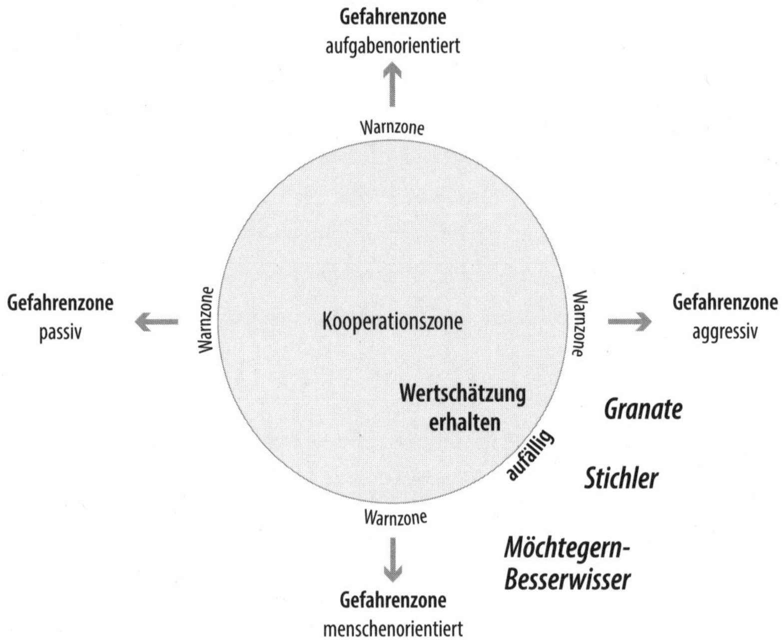

Netter Stichler

Die Stichler der netten Art wollen niemandem etwas Böses, sondern nur auf »lustige« Weise Aufmerksamkeit erregen. »Ich vergesse nie ein Gesicht – aber in deinem Fall mache ich eine Ausnahme.« In vielen zwischenmenschlichen Beziehungen gehören spielerische Schüsse aus dem Hinterhalt dazu. Normalerweise ist ein guter Gegenangriff die beste Verteidigung, denn der Gegentreffer drückt Wertschätzung aus, nicht Abwertung. Aber wenn die getroffene Person nicht auf diese wertschätzende Weise einstecken oder austeilen kann, dann lacht sie vielleicht äußerlich, während sie innerlich aus einer emotionalen Wunde blutet.

Möchtegern-Besserwisser

Möchtegern-Besserwisser sind Expertinnen und Experten für Übertreibungen, Halbwahrheiten, Fachbegriffe, nutzlose Ratschläge und unaufgeforderte Meinungen. Als charismatische und enthusiastische Personen, die verzweifelt nach Aufmerksamkeit streben, können sie ganze Gruppen von naiven Menschen überreden und auf gefährliche Irrwege führen. Diskutiert man mit ihnen, dann werden sie laut und störrisch und weigern sich, einen Rückzieher zu machen, bis man selbst so dumm dasteht wie sie.

Wenn die Absicht, *mit anderen auszukommen* und *Wertschätzung zu erhalten*, bedroht ist

Der Spagat zwischen der Absicht, *Wertschätzung zu erhalten,* und der Absicht, *mit anderen auszukommen*, erzeugt eine Spannung. Diese führt dazu, dass Menschen um jeden Preis anderen gefallen und helfen wollen, dafür aber auch unbedingt Wertschätzung erwarten.

Märtyrer

Märtyrer können oberflächlich angenehme Zeitgenossen sein, da sie für alle alles machen. Aber was sie wirklich suchen, ist Wertschätzung und eine Bedeutung im Leben anderer. Leider ist das, was sie leisten, nicht unbedingt das, was andere gebrauchen können. Deshalb bekommen sie oft nicht die Wertschätzung, die sie sich wünschen. Dies führt schließlich zum Zusammenbruch des Märtyrers. Dann beschwert er sich darüber, dass er alles für alle tut, und fragt, warum sich niemand um ihn kümmert.

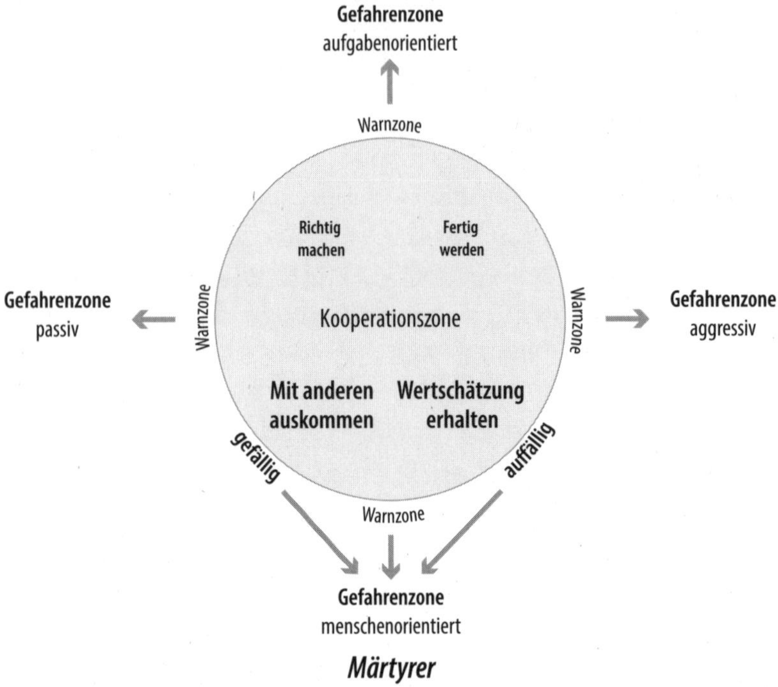

Zusammenfassung

- Das Verhalten wird *herrischer*, wenn die Absicht, *fertig zu werden*, vereitelt wird. Dadurch werden Menschen zu Panzern, Stichlern und Besserwissern.
- Das Verhalten wird *gründlicher*, wenn die Absicht, *es richtig zu machen*, vereitelt wird. Dadurch werden Menschen zu Nörglern, Neinsagern, Richtern und Nichtssagern.
- Das Verhalten wird *gründlicher* und *herrischer*, wenn die Absicht, *fertig zu werden* und *es richtig zu machen*, vereitelt wird. Dadurch werden Menschen zu Einmischern.
- Das Verhalten wird *gefälliger*, wenn die Absicht, *mit anderen auszukommen*, vereitelt wird. Dadurch werden Menschen zu Jasagern, Vielleichtsagern und Nichtssagern.

- Das Verhalten wird *auffälliger*, wenn die Absicht, *Wertschätzung zu erhalten*, vereitelt wird. Dadurch werden Menschen zu Granaten, Möchtegern-Besserwissern und Stichlern.
- Das Verhalten wird *gefälliger* und *auffälliger*, wenn die Absicht, *mit anderen auszukommen* und *Wertschätzung zu erhalten*, vereitelt wird. Dadurch werden Menschen zu Märtyrern.

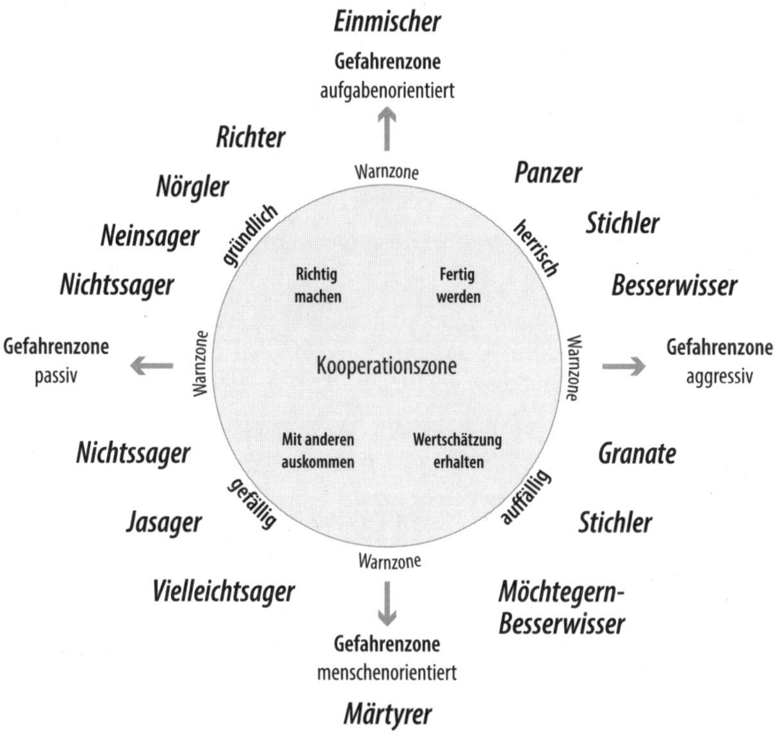

Als du die Beschreibungen der 10 (+3) schwierigen Verhaltensweisen unerträglicher Menschen gelesen hast, ist dir vielleicht aufgefallen, dass du selbst gelegentlich auch zu einer unerträglichen Person wirst, wenn deine Absichten vereitelt werden. Das ist keineswegs überraschend, denn jeder ist manchmal für jemand anderen unerträglich. Wer hat denn noch nie gejammert, sich noch nie beschwert, nie die Hoffnung aufgegeben, nie übertrieben, nie die eigenen Gefühle verborgen, sich nie ignoriert, versetzt oder abgekanzelt gefühlt, nie eine Entscheidung aufgeschoben, nie die Beherrschung verloren, nie andere angeprangert, sich nie ganz zurückgezogen? Der Unterschied zwischen dir und deinen Problempersonen mag eine Frage des Ausmaßes und der Häufigkeit sein oder in der Anerkennung der Verantwortung liegen. Aber der wesentliche Punkt ist, dass diese Verhaltensweisen beobachtbar und änderbar sind.

Das Verhalten unerträglicher Menschen wird durch ihre Wahrnehmung dessen bestimmt, was in Bezug auf das geschieht, was ihnen wichtig ist. Ihr Verhalten interagiert mit deinem Verhalten, das auf deiner eigenen Wahrnehmung der gleichen Variablen basiert. Was daraus folgt, ist entweder zufällig oder absichtlich. Was bei deinem Umgang mit Menschen in problematischem Zustand herauskommt, liegt größtenteils an dir.

TEIL 2

Überleben durch geschickte Kommunikation

Wir ergründen, warum wir Einigkeit suchen, aber auf Zwistigkeit stoßen, wie wir durch Zuhören Verständnis finden können und wie wir sprechen müssen, um verstanden zu werden. Wir lernen, dass man das Richtige nur bekommt, wenn man es erwartet, und wie man die eigene Einstellung ändert.

4. Vom Konflikt zur Kooperation

Mit den meisten Menschen kommunizierst du bereits erfolgreich, Schwierigkeiten hast du nur mit wenigen. In den folgenden Kapiteln ist unser Ziel, dir die Kommunikationstechniken bewusst zu machen, die du bereits unbewusst nutzt, um in zwischenmenschlichen Beziehungen Vertrauen aufzubauen. Sobald du diese Techniken erkannt hast, kannst du sie gezielt einsetzen, um deine Konflikte mit Problemmenschen in Kooperation umzuwandeln.

Zwei wichtige Techniken: Blending und Redirecting

Was macht manche Menschen so umgänglich, andere dagegen so schwierig? Wie ist es möglich, dass man mit dem einen gut auskommt, mit der anderen dagegen in Konflikt gerät? Die Antwort auf diese Fragen lautet: Einigkeit macht stark, Zwistigkeit macht Ärger. Konflikte treten auf, wenn in einer Beziehung die Unterschiede zwischen den Beteiligten im Vordergrund stehen. Je gespaltener man zu sein scheint, desto eher kommt es zur Krise.

Wenn dagegen die Gemeinsamkeiten im Vordergrund stehen, versteht man sich untereinander besser. Der Unterschied zwischen einem Konflikt mit einem Freund oder einer Freundin und einem Konflikt mit einer Problemperson besteht darin, dass der freundschaftliche Zwist durch die bestehenden Gemeinsamkeiten gemildert wird. Erfolg in der Kommunikation hängt davon ab, Gemeinsamkeiten zu finden, bevor versucht wird, die Interaktion auf ein neues Ergebnis hinzuführen. Natürlich ist der Abbau von Unterschieden wesentlich für deinen Erfolg im Umgang mit unausstehlichen Menschen.

Hier kommen *Blending* und *Redirecting* ins Spiel. *Blending* (»angleichen«) bezeichnet sämtliche Aktionen, mit denen du die Unterschiede zwischen dir und anderen Menschen verwischst, um sie dort abzuholen, wo sie sind, und eine gemeinsame Basis zu finden. Das Ergebnis des Blendings ist eine Verbesserung der unmittelbaren Beziehung. *Redirecting* (»umlenken«) bezeichnet das Ändern des Verlaufs der Interaktion mithilfe dieser Beziehung.

Das Blending ist eine wichtige Kommunikationstechnik. Menschen wenden sie von selbst und von Natur aus an, wenn sie eine gemeinsame Vision verfolgen, sich umeinander kümmern oder eine Beziehung vertiefen möchten. Du wirst staunen, wie sehr Blending bereits ein Teil deines Lebens ist. Hast du zum Beispiel schon einmal mitten im Gespräch mit jemandem unerwartet festgestellt, dass ihr beide am selben Ort aufgewachsen seid? In dem kurzen Moment der Entdeckung haben sich die Unterschiede zwischen euch reduziert, und ihr fühltet euch näher. Das ist, was beim Blending passiert.

Warst du schon einmal mit Freunden im Restaurant und hast mit Blick auf die Speisekarte gefragt: »Was nehmt ihr?« Dann hatte deine Frage wahrscheinlich wenig mit der Essensauswahl zu tun, sondern mehr damit, dass du den anderen deine Verbundenheit signalisieren wolltest. Wenn die anderen einen Aperitif nahmen und du ebenfalls einen bestellt hast, war das ein weiteres Beispiel fürs Blending.

Wenn dein Kind mit verweinten Augen und aufgeschürftem Knie vom Spielplatz kommt, was tust du dann? Wenn deine Liebe zu deinem Kind stark ist, hebst du das Kind entweder hoch, sodass ihr beide auf Augenhöhe seid, oder du beugst dich auf die Höhe des Kindes hinab. Vielleicht legst du sogar deine Hand auf dein eigenes Knie, verziehst das Gesicht und sagst in ebenfalls schmerzerfülltem Ton: »Tut es weh?« Das ist Blending und zeigt dem Kind, dass du mit ihm fühlst.

Wenn du dich schon einmal mit jemandem unterhalten hast, der Dialekt sprach, dann hast du vielleicht ein wenig von diesem Dialekt übernommen. Das war dann dein natürlicher Drang, den Unterschied zwischen dir und einem sympathischen Menschen zu verwischen.

Wenn du jemals fein herausgeputzt irgendwo aufgetaucht bist, wo alle anderen Shorts und T-Shirt trugen, dann kennst du auch das Gefühl, sich nicht einzufügen!

Man passt sich in vielerlei Hinsicht an Menschen an. Optisch gleicht man sich mit dem Gesichtsausdruck, mit Gestik und Körperhaltung an. Verbal fügt man sich mit der Stimmlautstärke und der Sprechgeschwindigkeit ein. Und inhaltlich wählt man die passenden Worte. Aber so natürlich es ist, sich Menschen anzugleichen, die man mag oder die ähnliche Ziele verfolgen, so natürlich ist es auch, sich den als schwierig empfundenen Menschen *nicht* anzugleichen. Aber das Versäumnis, sich anzugleichen, hat schwerwiegende Folgen, denn ohne Angleichung werden die zwischenmenschlichen Unterschiede zur Grundlage für Konflikte.

Wichtig: *Menschen kooperieren nicht mit jemandem, der gegen sie zu sein scheint.* Tatsache ist, dass es in menschlichen Beziehungen keinen Mittelweg gibt. Unbewusst oder bewusst wollen alle wissen: »Bist du auf meiner Seite oder nicht?« Du wirkst entweder heiß oder kalt, scheinst entweder am selben Strang zu ziehen oder der gegnerischen Seite zuzugehören. Ob du es glaubst oder nicht, das ist eines der Dinge, die du mit deinen Problemmenschen gemeinsam hast.

Wichtig: *Das Blending geht immer dem Redirecting voraus, egal ob man zuhört, um zu verstehen, oder spricht, um verstanden zu werden.* Erst nachdem man mittels Blending eine verbesserte Beziehung zur Problemperson aufgebaut hat, kann man die Interaktion umlenken und auf den Weg zu einem lohnenden Ergebnis bringen.

Im Folgenden stellen wir dir Techniken vor, die Blending und Redirecting für eine effektive Kommunikation mit Problemmenschen nutzen. Denk beim Lesen an Fälle, in denen du diese Techniken bereits erfolgreich angewendet hast, und an zukünftige Gelegenheiten, bei denen du sie erneut anwenden könntest. In der zweiten Hälfte des Buches greifen wir auf diese Techniken zurück, um zielführend mit den 10 (+ 3) schwierigsten Verhaltenstypen umzugehen.

Nonverbales Blending durch Körper- und Gesichtsausdruck

Manche Menschen sprechen mit den Händen, andere sprechen nur mit dem Mund. Manche Leute lächeln fast jeden höflich an, andere schauen immer finster, während wieder andere unergründlich wirken. Einige stehen zum Sprechen auf, andere setzen sich hin. Manche stehen krumm, manche gerade, und manche lehnen sich an. Diese Unterschiede können allerlei Fehlinterpretationen, Illusionen und Missverständnisse hervorrufen. Wer mit Händen und Füßen redet, empfindet diejenigen, die nur mit dem Mund reden, als stocksteif. Wer selbst nur mit dem Mund redet, hält alle, die viel gestikulieren, für wild geworden. Wer gern lächelt, empfindet finster dreinblickende Menschen als hasserfüllt, während die finster Dreinblickenden die Lächelnden als falsch oder dümmlich ansehen.

Wenn Menschen miteinander auskommen, gleichen sie sich auf natürliche Weise an, indem sie Körperhaltung, Mimik und Gestik ihres Gegenübers spiegeln. Wer sich in einem angenehmen Gespräch mit jemandem befindet, der mit gekreuzten Beinen dasitzt, kreuzt nach einer Weile auf die gleiche Weise die Beine. Wenn das Gegenüber die Beine öffnet und sich vorbeugt, reagiert man innerhalb von Augenblicken, indem man dasselbe tut. Wenn die andere Person lächelt, lächelt man zurück. Erzählt sie dann etwas, das sie beunruhigt, zeigt man auch selbst Besorgnis. Wenn sie mit Händen und Füßen spricht, antwortet man ebenso. Es kann so weit kommen, dass das Gegenüber sich am Kopf kratzt und man plötzlich an derselben Stelle einen Juckreiz verspürt. Wenn du ein Video von dir selbst im Umgang mit Menschen hättest, mit denen du gut kommunizierst, und du würdest dieses Video im Schnellvorlauf abspielen, dann würde es wie eine unbewusste und automatische Spiegelpantomime aussehen.

Während des restlichen Tages kannst du einmal darauf achten, wie Menschen das nonverbale Verhalten anderer spiegeln. Nimm wahr, wie du dich anderen angleichst und wie sich andere dir angleichen. Beobachte zwei Personen aus der Ferne und schaue, wie sie sich einander nonverbal angleichen. Wenn du ein Paar siehst, das sich streitet, dann beobachte, wie wenig Blending geschieht und wie die Unterschiede betont werden.

Meistens geschieht das nonverbale Blending automatisch und bleibt in der Regel unbemerkt, von beiden Seiten. Erfolgreiches oder fehlendes Blending kann zwischen dir und anderen Vertrauen oder Misstrauen herstellen,

Kooperation ermöglichen oder verhindern. Wenn du mit schwierigen Menschen in einer vergifteten Atmosphäre fertigwerden möchtest, kannst du dies dadurch erreichen, dass du dich bewusst ihrer Körperhaltung, ihrem Gesichtsausdruck und ihrer Gestik angleichst. Blending signalisiert: »Ich bin auf deiner Seite! Ich bin kein Feind! Mich interessiert, was du sagst und tust!

Wichtig: Es ist nicht nötig, so viel nonverbales Blending zu betreiben, dass dein Gegenüber es bemerkt. Du möchtest ja nicht, dass der andere denkt, du würdest ihn verspotten. Es ist unnötig, andere von Kopf bis Fuß zu spiegeln. Du sollst nur ein Verhalten simulieren, das von selbst auftreten würde, wenn ihr gut miteinander auskämet. Im normalen Umgang gibt es Zeitverzögerungen, bevor Änderungen in der Körperhaltung gespiegelt werden. Manchmal ist das nonverbale Blending ähnlich, aber nicht identisch. Schon mal einen Fußwipper getroffen? Da wirst du nicht unbedingt ebenfalls mit dem Fuß wippen, aber unwillkürlich im gleichen Rhythmus mit dem Bleistift wackeln.

Was man niemals spiegeln sollte, sind feindselige Gesten, die gegen einen selbst gerichtet sind. Wenn ein Mensch die geballte Faust in deine Richtung schüttelt und schreit: »Du bist doch ein Idiot!«, dann schüttle bitte nicht ebenfalls deine Faust mit dem Ruf: »Du aber auch!« Das ist kein Blending. Wir empfehlen nicht, Aggression mit Aggression zu begegnen. Der richtige Einsatz von Blending bei Aggression besteht darin, sie mit Bestimmtheit herunterzuspielen. Darüber sprechen wir noch, wenn wir uns mit Panzern und Granaten befassen.

Wenn wir die 10 (+ 3) schwierigen Verhaltenstypen untersuchen, wirst du merken, wie nützlich das nonverbale Blending sein kann. Durch Körpereinsatz ermöglichst du Jasagern, Vielleichtsagerinnen und Nichtssagern, sich in deiner Gegenwart wohlzufühlen. Panzern signalisierst du nonverbal, dass du dich selbst behaupten kannst, ohne aggressiv zu sein.

Verbales Blending mittels Lautstärke und Sprechtempo

Immer wenn du erfolgreich mit Menschen kommunizierst, gleichst du dich ihnen ganz von selbst in Stimmlautstärke und Sprechtempo an. Wenn sie lauter sprechen, sprichst du lauter. Wenn sie schneller sprechen, sprichst du schneller. Schneller sprechende Menschen genießen den Wortschwall. Langsamer sprechende Menschen genießen die Bedächtigkeit. Leise Menschen mögen es leise. Laute Menschen mögen es laut. Wenn es dir nicht gelingt, dich mit der Stimme an die Lautstärke und das Tempo anderer Menschen anzugleichen, dann führst du entweder nur Selbstgespräche oder musst mit ernsthaften Missverständnissen umgehen.

5. Zuhören, um zu verstehen

Menschen wollen gehört und verstanden werden

Wenn sich ein Mensch verbal äußert, möchte er die Rückmeldung, dass er angehört und verstanden worden ist. Das gilt auch dann, wenn er sich selbst nicht versteht, was oft dann der Fall ist, wenn aufgebrachte Menschen versuchen, ihre Gefühle und Gedanken auszudrücken. Aber wenn zwei oder mehr Menschen gleichzeitig gehört und verstanden werden wollen, aber niemand bereit ist, zuzuhören und zu verstehen, dann ist ein Streit oder eine Trennung fast unvermeidlich. Aus diesem Grund verfolgen fähige Kommunikatoren den Ansatz, zuerst zuzuhören und zu verstehen, bevor sie ihrerseits angehört und verstanden werden wollen.

Der Nachteil dabei: Strategisches Zuhören erfordert, dass du dein eigenes Bedürfnis, gehört und verstanden zu werden, vorübergehend zurückstellst, und zwar dann, wenn es dir am wenigsten passt. Der Vorteil: Indem du deinen Problempersonen gestattest, alles rauszulassen, steigerst du die Wahrscheinlichkeit, dass sie im Gegenzug dir zuhören können und sogar wollen. Denn wenn Menschen die Erfahrung gemacht haben, dass man ihnen zugehört und sie verstanden hat, lassen sie tatsächlich von ihrer Fixierung auf die eigenen Gedanken und Gefühle ab. Das Tor zu ihrem Innenleben schwingt auf, und es wird viel leichter, ihnen zuzuhören.

Verständnis entsteht auf zwei Ebenen: auf der *Gefühlsebene* – man hat das Gefühl, dass die eigenen Gefühle verstanden werden – und auf der *Verstandesebene* – man glaubt, dass die eigenen Worte verstanden werden. Wenn Menschen zu Problemmenschen werden (wenn also ihre positiven Absichten bedroht oder vereitelt werden), lohnt es sich, ihnen zuzuhören, um ihre Gefühle und Gedanken zu verstehen. Um dies zu erreichen, muss man ihnen allerdings aktiv statt passiv zuhören. Wenn du es dir zur Gewohnheit machst, so zuzuhören, wie wir es gleich beschreiben werden, kannst du tatsächlich verhindern, dass gewöhnliche Menschen zu unausstehlichen Menschen werden.

1. Schritt: Blending

Woran merkt dein Gegenüber, dass du zuhörst und verstehst? Im Wesentlichen daran, wie du aussiehst und dich anhörst, während es spricht. Während es seinen Emotionen Raum gibt, Dampf ablässt, jammert und klagt, Probleme abwälzt, über irrelevante oder irreführende Dinge spricht und dir Einzelheiten mitteilt, mit denen du nichts anfangen kannst, besteht deine Aufgabe darin, visuelle und akustische Nachweise dafür zu liefern, dass das, was dein Gegenüber sagt, für dich Sinn ergibt (selbst wenn das nicht der Fall ist!).

Lenke deinen Problemmenschen nicht mit verwirrten Blicken, Unterbrechungen oder Einwänden ab. Stattdessen schlagen wir vor, dass du sie oder ihn dabei unterstützt, sich vollständig auszudrücken. Dazu musst du nur zustimmend mit dem Kopf nicken, gelegentlich angemessene Geräusche des Verstehens wie »Aha«, »Oh« und »Hmm« machen und dann wiederholen, was er oder sie gesagt hat. Alles an dir, von der Körperhaltung bis zur Stimmlautstärke, muss den Eindruck erwecken, dass du zuhörst und verstehst.

Ab einem gewissen Punkt musst du aktiver werden. Du weißt mit Sicherheit, dass du an diesem Punkt angelangt bist, wenn deine Problemperson damit beginnt, bereits Gesagtes zu wiederholen. Dies solltest du als Signal betrachten, dass sie etwas Feedback von dir braucht.

2. Schritt: Backtracking

Feedback ist möglich, indem du das sogenannte *Backtracking* praktizierst, also das »Zurückverfolgen« oder Wiederholen einiger der vom Gegenüber ausgesprochenen Worte. Das sendet das klare Signal, dass du zuhörst und das Gesagte für wichtig hältst.

Backtracking ist nicht dasselbe wie Paraphrasieren oder Umformulieren. Wörter sind Symbole für Erfahrungen, und die Wortsymbole, die Menschen wählen, um ihre Erfahrungen auszudrücken, haben für sie einzigartige Bedeutungen.

Wenn du mit gut gemeinten Formeln wie »Mit anderen Worten …« oder »Also, was du sagen willst, ist …« das Gehörte umformulierst, kann das den Verständigungsprozess mit schwierigen Menschen verlängern, denn sie nehmen die veränderten Wortsymbole als Beweis dafür, dass du sie nicht verstehst.

Beim Backtracking musst du aber auch nicht zum Papagei werden und jeden Satz deiner Problemperson wiederholen. Wie viel Backtracking du machst, hängt von der Situation ab, in der du dich befindest. Wenn du es mit einem angreifenden Panzer zu tun hast, ist nur ein Mindestmaß an Backtracking erforderlich, weil der Panzer eine Aufmerksamkeitsspanne von zwei Sätzen hat. Hast du es dagegen mit einem Besserwisser zu tun, musst du einiges abspulen, sonst hörst du den Vortrag noch einmal. Beim Wischiwaschi von Ja- und Vielleichtsagern kommt es beim Backtracking vor allem auf die emotionalen Aussagen an. Du wirst feststellen, dass du bei allen 10 (+ 3) unerträglichen Typen eine Version dieser Technik anwenden kannst.

Backtracking ist besonders wichtig, wenn man es mit problematischen Menschen am Telefon zu tun hat, denn dabei haben diese keine visuellen Informationen über dich außer dem, was sie aus dem Klang deiner Stimme und deiner Wortwahl extrapolieren.

3. Schritt: Klärung

Nachdem du dir angehört hast, was dein Gegenüber zu sagen hat, beginnst du, Informationen über die Bedeutung des Gesagten zu sammeln. Es ist in Ordnung, wenn du an dieser Stelle verwirrt wirkst, weil du wirklich neugierig bist und einige Fragen hast. Klärungsfragen sind offene Fragen, die mehr als nur ein Grunzen als Antwort erfordern. Sie beginnen mit W-Wörtern wie *was, wer, wo, wann* und *wie:* »Von wem redest du?«, »Worauf beziehst du dich?«, »Wo ist das passiert?«, »Wann ist es passiert?«, »Wie ist es passiert?«. Nachdem du diese Informationen gesammelt hast, kannst du herausfinden, warum dein Gegenüber dies oder jenes sagt und welche Kriterien es mit seinem Verhalten zu erfüllen hofft.

Wichtig ist, dass du dir angewöhnst, statt in einen Reaktionsmodus in einen Modus der Informationsgewinnung zu wechseln. Wenn du mit schwierigen Menschen zu tun hast, kann es viel lohnender sein, die richtigen Fragen zu stellen, als alle richtigen Antworten zu haben. »Alle zusammen sind klüger als jeder Einzelne« ist ein nützlicher Leitspruch. Wer Fragen stellt, erreicht am meisten, denn er macht sich diese erweiterte Klugheit zunutze.

Im Umgang mit aufgebrachten Menschen ist es jedoch nicht immer möglich, die erweiterte Klugheit zu nutzen. Emotionen trüben die Denkfähigkeit von Menschen so sehr, dass es manchmal scheint, als wäre ihr Gehirn nicht mehr mit dem Mund verbunden.

Wie oft hast du schon in erregtem Zustand etwas gesagt, das du eigentlich nicht so meintest? Mit aufgebrachten Menschen lässt sich zwar praktisch nicht vernünftig argumentieren, aber es ist möglich, so auszusehen und zu klingen, als verstünde man das Gehörte, und dann so neugierig zu werden, dass man Fragen stellt.

Vorteile von klärenden Fragen

- *Du sammelst hochwertigere Informationen, als du ohne klärende Fragen bekommen würdest.* Fragen ermöglichen es beiden Seiten, Einzelheiten zu klären und die Besonderheiten eines Problems zu verstehen, statt mit vagen Verallgemeinerungen zu arbeiten.
- *Du hilfst deinem Gegenüber, rationaler zu werden.* Die richtigen Fragen können aufgebrachten Menschen dabei helfen, die Lücken in ihrem Denken zu füllen und dadurch wieder vernünftig zu werden.
- *Mit deiner Geduld und Unterstützung signalisierst du, dass du dich für das Gesagte interessierst.* Dadurch können aus Problempersonen wieder ruhige und kooperative Menschen werden.
- Fragen zu stellen kann *das Gespräch so verlangsamen, das du erkennst, wohin es führt.* So kannst du früher statt später korrigierend eingreifen.
- *Du bringst womöglich verborgene Absichten ans Licht und demaskierst Lügen, ohne feindselig zu wirken.* Mit diesem Trick arbeitet auch Inspektor Columbo in der gleichnamigen Erfolgsserie.

Allgemein ist es wahrscheinlich besser, eher mehr als weniger zu klären, auch wenn du bereits zu verstehen glaubst, was der andere meint. Allzu oft denkt man, dass man versteht, was jemand sagt, obwohl man es in Wirklichkeit nicht tut. Außerdem bedeutet das Stellen einer konkreten Frage nicht unbedingt, dass man eine konkrete Antwort erhält. Sowohl Nörgler als auch Nichtssager neigen dazu, in groben Verallgemeinerungen zu sprechen.

4. Schritt: Zusammenfassung

Um sicherzustellen, dass beide Seiten – sowohl du als auch deine Problemperson – wirklich begreifen, dass du das Gesagte verstanden hast, fasst du nun zusammen, was du gehört hast. »Also, wenn ich Sie richtig verstehe, ist das das Problem, ist der und der daran beteiligt, ist das und das passiert, und zwar so und so?«

Indem du zusammenfasst, erreichst du mindestens zwei Dinge: 1) Falls dir etwas entgangen ist, kann dein Gegenüber noch Einzelheiten ergänzen. 2) Erneut signalisierst du, dass du dich ernsthaft darum bemühst, alles vollständig zu verstehen. Dies erhöht die Wahrscheinlichkeit, dass dein Gegenüber eine spätere Richtungsänderung mitmacht.

5. Schritt: Bestätigung

Nachdem du aufmerksam zugehört hast, bist du jetzt an einem entscheidenden Punkt angelangt. Anstatt es als selbstverständlich vorauszusetzen, solltest du dich versichern, dass dein Problemmensch sein Problem vollständig und zu seiner Zufriedenheit zum Ausdruck gebracht hat. Frage: »Fühlen Sie sich verstanden? Gibt es sonst noch etwas?«

Indem du genügend aufrichtiges Fragen, Zuhören, Mitfühlen und Merken aufbringst, gewinnst du Verständnis und sorgst dafür, dass schwierige Menschen weniger schwierig werden und Zusammenarbeit möglich wird.

Zusammengefasst

Wenn dein Problemmensch redet, lautet die Devise: zuhören, um zu verstehen.

Maßnahmen

1. Blending: körperlich und stimmlich angleichen
2. Backtracking: das Gehörte teilweise wiederholen
3. Klärung: Bedeutungen, Absichten, Einzelheiten klären
4. Zusammenfassung: das Gehörte in Kürze wiedergeben
5. Bestätigung: sicherstellen, dass du verstanden hast

6. Mehr Verständnis

Bisher haben wir das Zuhören als eine Methode zur Förderung von Vertrauen, Zusammenarbeit und Verständnis besprochen. Doch manchmal bleiben die wichtigsten und brauchbarsten Aspekte des Gesagten nicht nur den Zuhörenden, sondern auch den Sprechenden verborgen. Wenn du diese Aspekte erkennst, kannst du die Interaktion durch gleichzeitiges Blending und Redirecting beeinflussen.

Positive Absichten (an-)erkennen

Mit positiver Absicht meinen wir den guten Zweck, dem eine bestimmte Äußerung oder ein bestimmtes Verhalten dienen soll. Wir gehen davon aus, dass allen Verhaltensweisen eine positive Absicht zugrunde liegt, auch den negativen Verhaltensweisen. Werden die positiven Absichten nicht erkannt und anerkannt, kann das dauerhafte Folgen haben.

Ein sehr wirkungsvolles Mittel, um aus schlimmen Mitmenschen das Beste herauszuholen, besteht darin, ihnen im Zweifelsfall recht zu geben. Man sollte immer davon ausgehen, dass hinter ihrem problematischen Verhalten eine positive Absicht steckt, und dementsprechend mit ihnen umgehen. Frage dich, welcher gute Zweck hinter den Äußerungen oder dem Verhalten von Menschen stehen könnte, und würdige ihn. Wenn du keine eindeutige positive Absicht erkennen kannst, dann erfinde einfach etwas. Selbst wenn die Absicht, die du für dein Blending verwendest, in Wahrheit gar nicht da ist, kannst du dennoch eine gute Reaktion hervorrufen.

Blending und die vier Absichten

- Wenn du es mit Menschen zu tun hast, deren oberste Priorität augenscheinlich darin besteht, *fertig zu werden*, dann würdigst du das und hältst eure Kommunikation knapp und sachlich, um ihnen nicht im Weg zu stehen. Dadurch förderst du die Zusammenarbeit und verhinderst Missverständnisse.
- Wenn du es mit Menschen zu tun hast, deren oberste Priorität augenscheinlich darin besteht, es *richtig zu machen*, würdigst du das und achtest in der Kommunikation auf jede Einzelheit. Dadurch förderst du die Zusammenarbeit und verhinderst Missverständnisse.
- Wenn du es mit Menschen zu tun hast, deren oberste Priorität augenscheinlich darin besteht, mit dir *auszukommen*, schenkst du ihnen im Rahmen einer Plauderei besondere Aufmerksamkeit. Dadurch förderst du die Zusammenarbeit und verhinderst Missverständnisse.
- Wenn du es mit Menschen zu tun hast, deren oberste Priorität augenscheinlich darin besteht, *Wertschätzung zu erhalten*, würdigst du ihren Einsatz mit freudiger Begeisterung. Dadurch förderst du die Zusammenarbeit und verhinderst Missverständnisse.

Frage dich immer, welche gute Absicht hinter den Handlungen oder Äußerungen einer Person stecken könnte. Welchen positiven Zweck könnte die Person mit ihren Worten und Taten verfolgen? Wenn dich das nächste Mal dein Ehepartner oder Freund verbal attackiert, dann verteidige dich nicht gegen den Angriff, sondern erkenne seine Absicht und gleiche dich an, indem du sagst: »Ich weiß es zu schätzen, dass du dich um mich sorgst, und ich möchte jetzt zwischen uns reinen Tisch machen.« Es besteht die reale Möglichkeit, dass die Person innehält und sich beruhigt und dass eine echte Kommunikation entsteht.

Wichtige Kriterien benennen

Kriterien sind die Filter unseres Blicks auf die Welt, sie sind die Maßstäbe, an denen wir Ideen und Erfahrungen messen, um festzustellen, ob sie gut oder schlecht sind. Sie sind das Instrument, mit dem wir bestimmen, was aus einer Sache werden sollte. Anhand von Kriterien entscheiden sich Menschen, ob sie »für« oder »gegen« eine Idee sind und ob diese es wert ist, verteidigt zu werden. Kriterien werden besonders wichtig, wenn unterschiedliche Ideen oder Standpunkte in der Diskussion aufeinandertreffen. Immer, wenn man in einer Diskussion Kriterien benennt, schafft man mehr Flexibilität und Zusammenarbeit.

Einmal haben wir in einer Firma eine Besprechung begleitet, bei der der beste Ort für ein Seminar gefunden werden sollte. Eine Person schlug den hauseigenen Schulungsraum vor. Als darauf jemand negativ reagierte, schlug ein Dritter ein Hotel vor. Eine weitere Fraktion drängte auf einen Ferienort am Meer. Als die Stellungen bezogen waren, begann das Tauziehen.

Wir fragten die erste Person ganz arglos: »Warum glauben Sie, dass der Schulungsraum am besten ist?« Sie antwortete: »Weil er uns nichts kostet.« *Geld* stand also ganz oben auf der Liste ihrer Kriterien für ein erfolgreiches Seminar.

Dann fragten wir den anderen: »Warum bevorzugen Sie das Hotel?« Als Antwort bekamen wir: »Wenn wir das Seminar bei uns im Haus durchführen, sind alle von ihrem Tagesgeschäft abgelenkt und rennen hin und her, um ihre Mails zu lesen und zu beantworten. Das habe ich schon einmal erlebt. Wir brauchen einen neutralen Ort, an dem sich alle auf das Thema konzentrieren können.« Zu den wichtigsten Kriterien für ein erfolgreiches Seminar gehörte für diese Person also die *Fähigkeit zur Konzentration.*

Dann fragten wir: »Wozu ans Meer?«, und bekamen diese Antwort: »Na, wenn wir alle zusammen an einen schönen Ort reisen, können wir uns entspannen und als Team zusammenfinden.« *Bindung* und *Teamarbeit* standen ganz oben auf der Liste dieser Person.

Ganz offensichtlich sprachen diese Leute nicht nur über das Seminar. Sie sprachen auch über Geld, Konzentration, Entspannung und Teamarbeit.

Sobald diese Kriterien benannt waren, bestand der nächste Schritt darin, sie zu priorisieren. Alle waren sich darüber einig, dass die Konzentration im Vordergrund stehen sollte und dass genug Geld für ein Hotel da war, aber nicht für ein Ferienresort. Die Gruppe begann mit einem Brainstorming darüber, wie sie sich innerhalb ihres Budgets gemeinsam entspannen und Teambuilding betreiben könnten. Sie kamen schließlich auf die Idee, am Abend des Seminartags eine Party zu veranstalten, zu der auch die Familien geladen sein würden. Durch die Benennung und Priorisierung von Kriterien konnte die Gruppe alle Parteien zufriedenstellen und dazu noch eine Party feiern.

Wenn du Fragen zu Kriterien gestellt hast und dir einigermaßen sicher bist, dass du alle wichtigen Kriterien kennst, dann fasse alles zusammen. »Wenn ich euch richtig verstehe, ist euch Folgendes wichtig …« Damit beweist du erneut, dass du zugehört, verstanden und dich erinnert hast, und begegnest dem Wunsch, verstanden zu werden, mit Blending. Achte darauf, dass die Problempersonen sicher sein können, dass ihre Kriterien zur Geltung gebracht wurden, indem du fragst: »Fühlt ihr euch verstanden? Sonst noch was?«

Immer, wenn eine Diskussion in einen Konflikt ausartet, sollte man herausfinden, *warum* jemand für oder gegen etwas ist. Danach sucht man nach einer Idee oder einer Lösung für das Problem, die die verschiedenen Kriterien vereinbart. Auch das ist Blending – und eine weitere Möglichkeit, Konflikt in Kooperation umzuwandeln.

Zusammengefasst

Wenn Diskussionen in Konflikt ausarten, lautet die Devise: mehr Verständnis.

Maßnahmen

1. Positive Absichten (an-)erkennen
2. Wichtige Kriterien benennen

7. Sprechen, um verstanden zu werden

Bisher haben wir *Blending* und *Zuhören* als Methoden zur Förderung von Vertrauen, Zusammenarbeit und Verständnis besprochen. Aber das, was wir anderen sagen, kann ebenfalls positive Wirkungen haben. In den Signalen, Symbolen und Suggestionen, aus denen unser kommunikativer Output besteht, stecken allerlei Chancen, um unsere Beziehungen zum Besseren zu beeinflussen. Die folgenden Anregungen sollten dabei helfen.

Auf den eigenen Tonfall achten

Dein Tonfall sendet deinem Gegenüber entweder eine positive oder eine negative Botschaft über deine Meinung über ihn als Menschen. Aufgrund des Tonfalls nehmen viele Menschen Dinge persönlich, auch wenn sie nichts mit ihnen zu tun haben. Hast du schon einmal einen richtig miesen Tag im Büro gehabt und bekamst dann einen Anruf von zu Hause? Selbst wenn du deine Worte mit Bedacht wählst – solange du dabei gehetzt, defensiv oder aggressiv klingst, kommt etwas ganz anderes an, als du eigentlich beabsichtigt hast.

Wenn der Tonfall nicht mit dem gesprochenen Wort übereinstimmt, entsteht eine widersprüchliche Botschaft, die in Beziehungen jeder Art große Probleme verursachen kann. Wer eine widersprüchliche Botschaft erhält, reagiert eher auf den Tonfall und ignoriert den Wortlaut.

Die Ironie ist, dass Menschen oft ihre Emotionen unterdrücken, um Konflikte zu vermeiden. Ihre Worte zeigen dann die Richtung an, die sie gern einschlagen würden, aber im Tonfall sickern ihre Emotionen durch. Der Empfänger oder die Empfängerin ignoriert den Inhalt der Äußerung und antwortet auf den Tonfall, und schon fühlt sich der Sender missverstanden. So kommt es zum Konflikt.

Solltest du dich dabei erwischen, dass du jemandem eine gemischte Botschaft vermittelst, dann lenke die Aufmerksamkeit darauf und erkläre, was mitschwingt: »Entschuldige, wenn ich etwas gehetzt klinge. Das liegt daran, dass ich es bin.« Oder: »Ich weiß, ich klinge wütend, aber das liegt daran, dass mir dieses Thema so wichtig ist.« Indem du deinen Tonfall ansprichst und klarstellst, was er bedeutet, verringerst du die Wahrscheinlichkeit, dass dein Gegenüber Anstoß nimmt.

Positive Absicht zeigen

Wenn effektive Kommunikation so etwas ist wie das Wählen einer Telefonnummer, dann ist die *Absicht* das Äquivalent zur Vorwahl. Am besten funktioniert sie vorneweg. Wenn du davon ausgehst, dass jemand deine gute Absicht von selbst versteht, oder wenn du deine Absicht nur andeutest, statt sie klar auszusprechen, dann kann das zu Missverständnissen führen. Vielleicht will uns das Sprichwort »Der Weg zur Hölle ist mit guten Absichten gepflastert« genau davor warnen.

Um solche Missverständnisse zu vermeiden, solltest du lernen, die Interaktion mit deiner positiven Absicht zu beginnen.

Als halbwegs normaler Mensch offenbarst du in Gesprächen mit anderen wahrscheinlich nicht als Erstes deine Absicht. Aber ironischerweise ist das wahrscheinlich der wichtigste Teil der Interaktion. Schließlich geht es dabei um den Zweck, den du verfolgst.

Um als Erstes deine Absicht zu kommunizieren, kannst du den Trick nutzen, dich vor dem Sprechen zu fragen: »Was ist meine eigentliche Absicht bei dem, was ich sagen will? Welches Ergebnis strebe ich eigentlich an?«

Angenommen, du bist wütend auf deinen oder deine Liebste und möchtest reinen Tisch machen, damit das Zusammenleben endlich wieder Freude bringt. Wenn du als Erstes darüber sprichst, wie aufgebracht du bist, läufst du Gefahr, dass sich dein Gegenüber angegriffen fühlt und entsprechend reagiert.

Wenn du dann auf diese Reaktion reagierst und er oder sie wiederum auf deine Reaktion reagiert, läuft das Gespräch auf eine Kriegserklärung hinaus! Stattdessen kannst du so beginnen: »Ich liebe dich und verschwende ungern meine Zeit damit, mich über dich zu ärgern. Ich möchte reinen Tisch machen, damit wir die Zeit miteinander genießen können.« Jetzt wissen der oder die Deine, was dein Anliegen ist. In einem so offenen Rahmen kann viel eher eine gute Kommunikation entstehen.

Warst du schon einmal in der Situation, dass dir eine Person etwas erzählt und du dich fragst: »Warum sagt sie mir das?« Zu sagen, warum man jemandem etwas sagt, bevor man es ihm oder ihr tatsächlich sagt, ist eine einfache Technik, um die Aufmerksamkeit dorthin zu lenken, wo man sie haben möchte. Wenn man die eigene positive Absicht zum Ausdruck bringt, gibt man dem Gegenüber einen guten Grund, zuzuhören. So kommuniziert man klarer und vermeidet Konflikte.

Taktvoll unterbrechen

Womöglich reibst du dir die Augen, wenn du die Wörter »höflich« und »unterbrechen« in einem Satz liest, und das auch noch im Zusammenhang mit schwierigen Menschen. Das liegt daran, dass die meisten absichtlichen Unterbrechungen grobe Aggressionen sind, die darauf abzielen, die Stimme des Gegenübers zu ersticken. Dennoch gibt es Gelegenheiten, in denen es notwendig ist, eine schwierige Person zu unterbrechen. Wenn jemand dich anschreit oder ein Meeting dominiert und niemanden sonst zu Wort kommen lässt oder in endlosen Spiralen zunehmender Negativität herumjammert, kann eine Unterbrechung die eleganteste Lösung sein.

Eine höfliche Unterbrechung erfolgt ohne Zorn, ohne Vorwurf und ohne Furcht. Man sagt einfach den Namen der schwierigen Person auf eine sachliche Art und Weise immer und immer wieder, bis man ihre oder seine Aufmerksamkeit bekommt: »Herr Schulze. Herr Schulze. Entschuldigen Sie, Herr Schulze …« Falls du den Namen der Person nicht kennst, verwendest du eine Formel wie »Entschuldige kurz« oder »Hören Sie, bitte«. Wenn du eine aggressive Person unterbrechen möchtest, übertönt sie dich womöglich, indem sie noch lauter redet. In einem solchen Fall bleibst du trotzdem hartnäckig. Die stetige Wiederholung der Anrede entfaltet eine unwiderstehliche Kraft, die Panzer, Besserwisser, Granaten oder Nörgler dermaßen ablenkt, dass sie innehalten müssen, um zu erfahren, was du willst! Sobald du die Aufmerksamkeit deines Gegenübers hast, kannst du deine Absicht offenbaren, seine oder ihre Äußerungen klären oder irgendeine andere der besprochenen Maßnahmen anwenden.

Die eigene Wahrheit sagen

Ehrlichkeit kann bei jedem schwierigen Verhalten schwieriger Menschen wirkungsvoll sein, *solange du deine Wahrheit auf eine Weise sagst, die andere aufbaut und nicht runtermacht.* Je mehr Vertrauen du zu anderen hast, desto wahrscheinlicher ist es, dass du gehört wirst. Vielleicht musst du also erst wochen- oder sogar monatelang durch Blending Vertrauen aufbauen, bevor du ein offenes und ehrliches Gespräch mit deinem Problemmenschen wagst. Und vergiss nicht, der Person mitzuteilen, warum du ihr deine Wahrheit sagst, bevor du es dann tatsächlich tust. Zeige deine positive Absicht und mache deutlich, warum es gut für die jeweilige Person ist, mehr zu erfahren. Hier sind weitere wichtige Voraussetzungen für ein offenes und ehrliches Gespräch:

- *»Ich«-Form verwenden.* »Aus meiner Sicht« und »So, wie ich es sehe« sind mildernde Sätze, die deinen Worten die Spitze nehmen. Sie vermitteln deinem Gegenüber, dass deine Äußerungen *deine* Wahrheit beschreiben und nicht *die* Wahrheit für sich beanspruchen. Das macht das Zuhören weniger beunruhigend und einengend.
- *Problematisches konkret benennen.* Sprich über das problematische Verhalten und nicht über die problematische Person. Verallgemeinerungen

wie »In jeder Besprechung übertreibst du« helfen da nicht weiter. Führe stattdessen konkrete Beispiele an.

- *Nachteile des Fehlverhaltens aufzeigen.* Um eine Eigenmotivation für Veränderungen zu schaffen, musst du der jeweiligen Person klarmachen, dass ihr selbst durch ihr Verhalten etwas Wichtiges verloren geht.
- *Neue Verhaltensweisen vorschlagen.* Mache einige spezifische Vorschläge dazu, was man in solchen Situationen anders machen könnte und was die wahrscheinlichen Folgen sein würden. Ehrlichkeit gegenüber anderen wird vielleicht vor allem von der Sorge verhindert, ihre Gefühle zu verletzen. Aber man tut ihnen keinen Gefallen, wenn man Informationen zurückhält und ihnen erlaubt, Verhaltensweisen fortzusetzen, die auch ihnen nicht nützen.
- *Verhaltensänderung unterstützen.* Wenn Menschen versuchen, ihr Verhalten zu ändern, ist es entscheidend, dass man bemerkt, wenn sie es richtig machen. Wenn du siehst oder hörst, wie jemand sich auf gewünschte oder wünschenswerte Weise verhält, musst du das sofort (oder schnellstmöglich) anerkennen und würdigen. Erfolg und Anerkennung helfen, aus schlimmen Mitmenschen das Beste herauszuholen.

Bereit sein zum Zuhören

Wenn du sprichst, um verstanden zu werden, haben deine Äußerungen unweigerlich einen Einfluss auf deine Problemperson. Sobald sie defensiv wird, musst du bereit sein, das, was du sagen willst, vorübergehend beiseitezulassen und dich ganz auf ihre Reaktion zu konzentrieren. Gib dein Bestes, um mithilfe von Backtracking, Klärung, Zusammenfassung und Bestätigung alles gründlich zu verstehen. Das mag langwierig erscheinen, aber es nimmt wahrscheinlich weniger Zeit in Anspruch und strapaziert dich mental und emotional weniger als ein Austausch nach dem Muster Aktion/Reaktion, der überhaupt kein lohnendes Ergebnis bringt.

Denke dran: In Beziehungen bekommst du das, was du belohnst. Wenn Menschen sich um Besserung bemühen, empfinden sie es als Belohnung, wenn ihre Fortschritte gewürdigt werden. Menschen wenden sich zur Wertschätzung hin wie Blätter zur Sonne.

Wenn du also mitbekommst, wie sich Menschen auf neue Verhaltensweisen einlassen, dann achte darauf, dass du dies anerkennst. Und wenn sie mit der Zeit in die alten Verhaltensweisen zurückfallen, dann denke daran, sie freundlich zu erinnern, wer sie sind und zu welchem besseren Verhalten sie fähig waren.

Ehrlichkeit ist fast immer die beste Strategie. Wir sind oft erstaunt, wie viele Taktiken Menschen im Umgang miteinander anwenden, ohne erst einmal die offene Aussprache zu suchen. Wir empfehlen dringend, mit problematischen Menschen einen ehrlichen Dialog zu führen, denn dies ist oftmals die effektivste Strategie, um aus schlimmen Mitmenschen das Beste herauszuholen.

Zusammengefasst

Im Gespräch mit Problemmenschen lautet die Devise: Sprich, um verstanden zu werden.

Maßnahmen

1. Auf den eigenen Tonfall achten
2. Positive Absicht zeigen
3. Taktvoll unterbrechen
4. Die eigene Wahrheit sagen
5. Bereit sein zum Zuhören

8. Projektion und Erwartung

Wenn Menschen zu Problemmenschen werden, reagiert ihr Umfeld unbedacht und daher negativ, und das erregt und verstärkt wiederum das Problemverhalten. Wenn du einen positiven Einfluss haben möchtest, musst du durchdacht reagieren. Es liegt in deinem Interesse, von guten Absichten auszugehen und deinen Problemmenschen einen Vertrauensvorschuss zu gewähren. Es liegt auch in deinem Interesse, ihnen bei der Abkehr von problematischen Verhaltensweisen und einem einschränkenden Selbstbild zu helfen und eine Hinwendung zu Verhaltensweisen zu verstärken, die du von ihnen erwartest. Wenn du dies kontinuierlich betreibst, sehen sie in dir eher einen geschätzten Verbündeten als einen Feind. Und dann erfüllen sie überraschenderweise deine positiven Erwartungen.

Pygmalion-Effekt nutzen

Wir haben vor vielen Jahren von einer interessanten Studie gehört, die im Chicagoer Schulsystem durchgeführt wurde und die Macht der Erwartungen sichtbar gemacht hat. Die Forscher Robert Rosenthal und Lenore Jacobson baten dazu einige Lehrer um ihre Unterstützung. Den Lehrern wurde gesagt, dass man sie aufgrund ihrer pädagogischen Fähigkeiten ausgewählt habe und sie eine Klasse begabter Kinder unterrichten sollten. Ziel des Experiments sei, herauszufinden, was begabte Kinder schulisch leisten, wenn sie nicht wissen, dass sie begabt sind, so die Forscher. Weder die Kinder noch die Eltern würden von dem Experiment erfahren.

Das Ergebnis: Die schulischen Leistungen der Kinder waren, wie von den Lehrern erwartet, herausragend. Die Lehrer berichteten den Forschern, dass die Arbeit mit den Kindern eine reine Freude gewesen sei, und sie äußerten den Wunsch, nur noch mit begabten Kindern arbeiten zu dürfen. Daraufhin teilten Rosenthal und Jacobson den Lehrern mit, dass die Kinder gar nicht unbedingt begabt waren, da sie zufällig aus allen Schülern Chicagos ausgewählt worden waren! Bevor die Lehrer sich über ihre eigene Genialität freuen konnten, teilten die Forscher ihnen mit, dass auch sie zufällig ausgewählt worden waren.

Die Forscher nannten dieses bemerkenswerte Ergebnis im Klassenzimmer den *Pygmalion-Effekt*. Die hohen Erwartungen der Lehrer an die Schüler, die nie offen ausgesprochen worden waren, halfen den Schülern, an sich selbst zu glauben und entsprechend zu handeln. Andere Studien haben in ähnlicher Weise gezeigt, dass Menschen bis zu einem gewissen Grad auf das Niveau der Erwartungen anderer empor- oder hinabsteigen.

Vielleicht hast du schon einmal erlebt, wie schwer es ist, die negative Meinung eines anderen zu überwinden, die trotz aller Bemühungen alles, was du sagst und tust, in etwas anderes verzerrt. Eltern verwenden den Pygmalion-Effekt, wenn sie ihren Kindern sagen: »Ich hab es dir schon tausendmal gesagt! Du bist so chaotisch/ungeschickt/verlogen/schlampig. Du kümmerst dich um niemanden außer um dich selbst!« Stattdessen kann dieser Mechanismus auch genutzt werden, um aus schlimmen Mitmenschen das Beste herauszuholen. Kluge Eltern wissen, dass man Kindern lieber sagt: »Das ist nicht deine Art! Du achtest doch auf dein Aussehen. Du passt doch auf deine Sachen auf. Du bist doch liebevoll und ehrlich. Du weißt ja, dass wir dich lieben. Du kannst alles schaffen, was du dir vornimmst!«

Wenn deine Problemleute Problemverhalten zeigen, bist du vielleicht versucht zu denken oder zu sagen: »Das liegt an dir. Immer machst du … Nie machst du …« Aber um den Pygmalion-Effekt zu nutzen, solltest du sagen: »Das ist nicht deine Art! Du kannst doch …« Dann beschreibst du, was du erwartest, und zwar so, als ob du der anderen Person zutraust, deine Erwartung zu erfüllen. Und immer wenn deine Problemleute sich so verhalten, wie du es gern öfter sehen würdest, sagst du: »Das ist eines der Dinge, die ich an dir mag. Du …« Dann beschreibst du das positive Verhalten so, dass die Person ihre Identifikation damit stärken kann.

Wir wissen, wie knifflig es ist, den Pygmalion-Effekt zu nutzen, wenn sich jemand wie ein Idiot verhält. Möglicherweise musst du diese Technik eine Weile lang im Kopf einüben, bevor du in der Lage bist, wie selbstverständlich auf diese Weise zu sprechen. Möglicherweise musst du vorsätzlich daran glauben, dass dein Gegenüber sich zu ändern vermag, auch wenn es für eine solche Fähigkeit kein Anzeichen gibt. Wir haben jedoch keinen Zweifel daran, dass du in dir eine überraschende neue Fähigkeit entdecken wirst, nämlich die, aus schlimmen Mitmenschen das Beste herauszuholen.

Gute Absicht unterstellen

Stelle dir vor, du bist eine Ingenieurin, die unter Abgabedruck steht. In der Hoffnung auf etwas Ruhe hast du dich in dein Büro zurückgezogen, um dich auf die Arbeit zu konzentrieren. Doch da sitzt schon ein lieber Kollege und gibt dir gute Tipps. Aber du brauchst keine Tipps, sondern Ruhe.

Jetzt könntest du sagen: »Hör mal, ich hab jetzt keine Zeit.«

Dann hätte dein Kollege vielleicht gedacht: »Na toll! Das war das letzte Mal, dass ich ihr helfe.«

Aber stattdessen sagst du: »Ich schätze wirklich deine Bereitschaft, mir mit deiner Zeit und deinen Ideen bei diesem Projekt zu helfen.«

Darauf antwortet er stolz: »Für eine gute Freundin immer.«

Du fährst fort: »Was mir an diesem Punkt wirklich helfen würde, wäre, wenn ich eine Weile allein sein könnte, um mich zu konzentrieren. Würdest du das für mich tun?«

Und natürlich sagt er: »Sicher. Kein Problem.«

Gute Absichten zu unterstellen kann einen positiven Effekt auf problematische Menschen haben, egal ob die Unterstellung der Wirklichkeit entspricht oder nicht. Im letzten Beispiel hat der Kollege vielleicht gar nicht versucht zu helfen. Vielleicht saß er nur im Büro, um irgendeiner anderen Arbeit aus dem Weg zu gehen.

Aber du hast bei ihm die gute Absicht vorausgesetzt, dir zu helfen, und da konnte er unmöglich sagen: »Dir helfen? Nein, du hast mich falsch verstanden. Ich sitze nur hier und verschwende deine Zeit, während ich Dinge aufschiebe, auf die ich keine Lust habe.«

Wenn man Leuten sagt, dass sie etwas falsch machen, werden sie defensiv. Diese Abwehrhaltung kann man abschwächen, indem man ihnen eine gute Absicht unterstellt und vom Besten ausgeht.

Ein Beispiel: Angenommen, du hast von einigen Kundinnen und Kunden negative Rückmeldungen über das Verhalten einer bestimmten Servicemitarbeiterin erhalten. Wenn du der Mitarbeiterin nun ohne Umschweife von den Beschwerden erzählst, kann sie dein Verhalten als gewöhnliche Schikane wahrnehmen. Dann wird sie Einspruch erheben oder die eigene Unschuld verteidigen. Oder sie beginnt sich in einem inneren Monolog zu rechtfertigen und hört dir einfach nicht mehr zu.

Wenn du dagegen vom Besten ausgehst, sagst du: »Ich weiß, dass Ihnen ein großartiger Kundenservice wichtig ist, weil Ihnen unsere Kunden wirklich am Herzen liegen.« Es ist höchst unwahrscheinlich, dass die Mitarbeiterin antwortet: »Nein, ich vergraule unsere Kunden gern, weil sie mir egal sind.«

Stattdessen sagt die Mitarbeiterin angesichts der Chance, sich mit einer positiven Absicht zu identifizieren, eher: »Natürlich tue ich das.«

Daraufhin kannst du deine Absicht äußern: »Und ich wünsche mir, dass es Ihnen gelingt, Ihren Job so gut wie möglich zu machen.« Damit hast du deutlich gemacht, dass du vorhast, zu helfen. »In diesem Sinne habe ich einige Rückmeldungen von Kunden für Sie, die Sie bei Ihrer Servicearbeit berücksichtigen sollten.«

Kritik willkommen heißen

Solltest du zu den Menschen gehören, die reflexartig auf Kritik reagieren, besonders wenn sie unfair erscheint, dann hast du vielleicht schon bemerkt, dass Selbstverteidigung alles nur noch schlimmer macht.

»Die Dame, mir scheint's, beteuert zu viel«, heißt es schon in Shakespeares *Hamlet*. Gemeint ist, dass Beteuerungen als Schuldeingeständnis gelten können und dass alles, was man sagt, gegen einen verwendet werden kann. Je mehr man sich also zu rechtfertigen versucht, desto mehr bleibt die Kritik haften. Hier ist ein einfacher Trick, um Kritik schnell zu dämpfen, ohne sie zu verinnerlichen oder dagegen anzukämpfen: Indem du die Kritik ausdrücklich wertschätzt, kannst du ihr ein Ende setzen. Keine Verteidigung, keine Erklärung, keine Rechtfertigung. Ein einfaches »Danke, dass du mir so ehrlich deine Meinung gesagt hast« genügt, und die Sache ist vorbei.

Indem du eine kritische Person verbal wertschätzt, verlierst du den Drang, dein Verhalten zu verteidigen, zu erklären oder zu rechtfertigen. Du hörst deinem Gegenüber einfach zu und dankst ihm oder ihr für den Input. Du musst zu dem Gesagten auch keine Fragen stellen, es sei denn, du meinst, dass eine nützliche Antwort zu erwarten ist. Wenn du dich nicht wehrst, ist die kritische Person fertig, sobald sie ihre Wortmeldung losgeworden ist. Du kannst »Danke für deine ehrlichen Worte« oder »Danke, dass Sie sich die Zeit genommen haben, mir Ihre Meinung zu sagen« oder »Danke dafür, dass du es so ernst nimmst« sagen. Das ist schlicht, subtil und nett.

Wenn dich das nächste Mal jemand kritisiert, dann probiere diese Taktik aus. Anfangs fällt dir dieser »Kniefall« vielleicht schwer, aber im Gegenzug für die würdigende Annahme der Kritik erhältst du auf lange Sicht eine große Friedensdividende.

Zusammengefasst

Wenn es zwischenmenschlich zum Schlimmsten kommt, lautet die Devise: vom Besten ausgehen.

Maßnahmen

1. Pygmalion-Effekt nutzen
2. Gute Absicht unterstellen
3. Kritik willkommen heißen

9. Die eigene Haltung ändern

Um mit unerträglichen Menschen umzugehen, ist es unerlässlich, dass du deine Haltung gegenüber den Problempersonen in deinem Leben in den Griff bekommst. Aber wie findet man den Mut zur Selbstbehauptung, wenn man nur weinen möchte. Wie hält man angesichts entschlossener Opposition die Stellung? Wie zügelt man sich, wenn man attackieren will? Wie erreicht man die Haltungsänderung, die nötig ist, um effektiv und quasi halbautomatisch auf schwierige Menschen zu reagieren?

Ob du die Techniken dieses Buchs erfolgreich anwenden kannst, hängt von deiner Fähigkeit ab, deine Haltung bewusst zu verändern. In den folgenden Kapiteln gehen wir darauf ein, welche Haltung man einnehmen muss, um mit einem bestimmten Problemverhalten umzugehen. In diesem Kapitel geht es darum, wie du deine Reaktionen verändern kannst.

Der Schlüssel liegt in dem Mechanismus, der deine Haltung gegenüber deinen Problemmenschen überhaupt erst hervorgebracht hat. Mache dir einmal bewusst, wie schnell und automatisch du reagierst, sobald das unerträgliche Verhalten wieder einsetzt. Diese Art von Reiz-Reaktions-Schema wird mehrmals täglich in dir ausgelöst, und die meiste Zeit sind seine Auswirkungen harmlos. Du weißt ja, wie dich ein bestimmtes Lied, ein Bild oder ein Duft in eine frühere Zeit deines Lebens versetzen kann. Genau so können negative Ereignisse aus der Vergangenheit angstbesetzte Assoziationen und Schreckreaktionen gegenüber Objekten und Erfahrungen der Gegenwart hervorrufen. Mindestens zwei Faktoren verstärken dieses Reiz-Reaktions-Schema: *Wiederholung* und *Intensität.* Und diese Faktoren kannst du bewusst ausnutzen, um deine Reaktion auf bestimmte unerträgliche Menschen zu verändern!

Reflexreaktionen ändern

Der erste Schritt besteht darin, zu entscheiden, was du willst. Welche Haltung wird dir dabei helfen, mit deinen Problempersonen auszukommen? Solltest du lieber ruhig sein? Zuversichtlich? Durchsetzungsfähig? Entspannt? Fürsorglich? Geduldig? Bestimmt? Eine Kombination aus allem? Gib der Eigenschaft einen treffenden Namen. Was du benennst, kannst du erreichen.

Suche nun eine Zeit oder einen Ort in deinem Leben heraus, wo es dir selbstverständlich war oder ist, diese Haltung zu vertreten. Wenn du glaubst, dass dir die benötigte Eigenschaft fehlt, dann borge sie dir von jemand anderem. Andere Menschen nachzuahmen ist eine Fähigkeit, mit der du geboren wurdest. Erinnerst du dich an all die Sätze und Angewohnheiten deiner Eltern, von denen du dir geschworen hast, sie niemals zu übernehmen? Hast du nicht trotzdem einige davon übernommen? Was ist passiert? Du hast diese Verhaltensweisen nachgeahmt.

Falls du Leute kennst, die gut mit deinen Problemmenschen umgehen können, dann suche sie auf und frage sie, wie sie das machen: Was denken sie, wie sehen sie die Problemperson, und was sagen sie zu sich selbst. Werde zum Detektiv und finde heraus, welcher innere Zustand es ihnen ermöglicht, mit deinen schwierigen Menschen so anders umzugehen als du. Frage sie so lange aus, bis du ihr vorbildliches Verhalten so genau verstanden hast, dass du es im Geiste einüben kannst. Gehe die problematische Situation durch und versetze dich dabei in den neuen inneren Zustand, bis du ihn dir zu eigen gemacht hast.

Es spielt keine Rolle, ob du die Vorbilder, die du aussuchst, persönlich kennst oder ob es sich um Filmstars oder Politiker handelt. Deine Vorbilder müssen nicht realer sein als Roman- oder Filmfiguren. Entscheidend ist, dass sie in deinen Augen die Einstellungen oder Verhaltensweisen besitzen, die du dir abschauen und als Mittel einsetzen möchtest.

Außerdem solltest du es dir zur Gewohnheit machen, vor deinem ungefährdeten geistigen Auge positive Varianten von Vergangenheit und Zukunft abspielen zu lassen. Je realistischer du dir deine veränderte Reaktion vorstellst und je öfter du diese inneren Bilder wiederholst, desto stärker wird die Assoziation.

Perspektive ändern

Die Art und Weise, wie man eine Situation wahrnimmt, hat einen starken Einfluss auf die Haltung. Hast du schon einmal geträumt, du würdest verfolgt, aber dann hat sich mitten im Traum deine Perspektive geändert, und du bist nicht mehr gelaufen, sondern hast dir selbst beim Laufen zugesehen? Hier gibt es zwei unterschiedliche Perspektiven. Die eine ist die Erfahrung des Beobachtens, des Schauens mit eigenen Augen, und wird *Assoziation* genannt. Die andere, bei der man sich selbst aus der Perspektive eines oder einer Dritten sieht, nennt man *Dissoziation.* Auch auf diese Weise kann man sich an Erlebnisse erinnern. Man kann *in* der Erinnerung sein, sie erneut durchleben, indem man sie mit eigenen Augen sieht und die Erfahrung von innen nachfühlt, als ob man wieder dort wäre. Man kann sich aber auch von der Erinnerung lösen, indem man sie aus der Ferne betrachtet und Gedanken darüber und Gefühle dazu hat.

Wir empfehlen dir, dich von unangenehmen Erinnerungen zu dissoziieren und daraus zu lernen. Um Abstand von unangenehmen Ereignissen oder schwierigen Menschen zu gewinnen und einen Standpunkt einzunehmen, kannst du eine Reihe von Dissoziationstechniken anwenden:

- Vergleiche deine Probleme mit Problempersonen mit schwierigeren Zeiten in deinem Leben oder mit imaginären Worst-Case-Szenarien. Was ist schon der Umgang mit dieser Person verglichen damit, ein Bein, einen geliebten Menschen oder den Verstand zu verlieren?
- Erhebe dich mental über das Problem hinweg und in eine zukünftige Zeit hinein, in der das Problem möglicherweise gar keine Rolle mehr spielt. Wir haben dies nach Rick Kirschners Vater die *Alan-Kirschner-Technik* genannt, denn Alan setzte diese Technik in Ricks Kindheit gern ein, um

einen klaren Kopf zu bewahren. In schwierigen Zeiten und Krisensituationen sagte sich Alan: »Wird das in 100 Jahren irgendwelche Auswirkungen haben?«

- Bearbeite deine Erinnerung mental, so wie man einen Film bearbeitet. Probiere es aus. Erinnere dich an deine letzte unangenehme Begegnung mit deiner problematischsten Person. Schaue sie dir in Gedanken auf einer Leinwand an, aus der letzten Reihe des Kinos. Dann lasse das Bild kleiner werden oder weiter entfernt spielen. Entferne die Farbe aus dem Bild und schaue, ob das Schwarz-Weiß seine Intensität verringert! Spiele die Erinnerung rückwärts ab. Schneide die Bilder der Erinnerung zu einer neuen Sequenz um. Zeige den Film deinen Freundinnen und Freunden.
- Durch rigorose Selbstdisziplin kannst du einen Teil von dir dazu abrichten, in jeder beliebigen Situation als unparteiischer und leidenschaftsloser Beobachter zu dienen. Nimm von außen wahr, wie du gerade dieses Buch liest und welche Gefühle und Gedanken du dabei hast.
- Stelle das Problem in einen neuen Zusammenhang oder Bezugsrahmen *(Reframing)* und ändere dadurch die Bedeutung der Erfahrung. Das Bild bleibt gleich, aber der Rahmen ändert sich. Mit dem neuen Rahmen erhält das Bild eine neue Bedeutung.
- Vergleiche das Problem mit deiner Problemperson mit etwas Schlimmerem. Rick Brinkmans Mutter Simone hatte immer ein Buch über den berüchtigten KZ-Arzt Mengele in ihrem Bücherregal stehen, der in Auschwitz Versuche an Zwillingen durchgeführt hatte. Simone war als Zwillingskind in Auschwitz gewesen und wäre dort beinahe an Mengele geraten. Dieser erschreckende Gedanke half ihr, in schweren Zeiten und schwierigen Situationen den Durchblick zu bewahren. Sie brauchte nur das Buch herauszuziehen und ein oder zwei Seiten zu lesen, und schon sahen die gegenwärtigen Umstände nicht so schlimm aus.

Versuchen wir, das Verhalten schwieriger Menschen neu zu interpretieren. Jede schwierige Person, die deinen Weg kreuzt, bietet dir, sobald du sie in einem positiven Bezugsrahmen siehst, die einmalige Gelegenheit, deine

Kommunikationsfähigkeiten zu entwickeln. An einem Menschen, der dir nicht so wichtig ist, kannst du möglicherweise genau die Fähigkeiten einüben, die du benötigst, um eine Ehe oder eine Beziehung zu retten, die dir wirklich wichtig ist. Dann hat dir ein schwieriger Mensch geholfen, etwas Wertvolles zu retten. Wenn du es so siehst, fühlst du dich sofort besser.

Inneren Monolog ändern

Hast du schon mal darauf geachtet, wie du mit der Stimme in deinem Kopf sprichst? Hast du dir schon mal gesagt: »Was für ein Idiot! Unglaublich, dass mir das passiert!« oder »Für so einen Scheiß werde ich nicht bezahlt!«? Wie wirken sich solche Gedanken auf deine Haltung und dein Verhalten aus? Helfen dir diese Gedanken, oder hindern sie dich?

So wie sich alles, was du denkst, auf das auswirkt, was du sagst, beeinflusst alles, was du zu dir selbst sagst, auch das, was du denkst. Wenn du die Art und Weise änderst, wie du mit dir selbst über ein Problem sprichst, änderst du gleichzeitig auch die Art und Weise, wie du darüber denkst. Wir empfehlen dir, deinen inneren Monolog in den Griff zu kriegen. Mache dir bewusst, was du dir selbst erzählst, und ersetze negative Gedanken durch positive, förderliche Gedanken. Achte beim Hören auf deinen inneren Monolog darauf, dass das Gesagte dich deinen Zielen näher bringt.

Du musst lernen, bewusst mit dir selbst zu sprechen, damit sich deine innere Haltung zum Besseren verändert. Dazu kannst du dir ein paar mentale Standardsätze ausdenken, mit denen du in schwierigen Lagen deinen Sinn für Humor und deinen Durchblick bewahrst. Hier sind ein paar großartige Sätze, die du dir selbst sagen kannst, jeweils mit der Erklärung, warum sie wahr sind:

- *»Was ich will, das versuche ich zu bekommen, und was ich bekomme, das will ich.«* Der Ast, der sich unter dem Schnee biegt, übersteht den Winter, aber der Ast, der dem Schnee widersteht, bricht. Wenn du dich deinen

Problemmenschen widersetzt (mit ihnen streitest; sie zu ändern, einzuschränken, zu hemmen versuchst; dich von ihnen zurückziehst), dann brichst in der Regel du, nicht sie. Versteh uns nicht falsch. Wir meinen damit nicht, dass du nichts gegen die Situation unternehmen solltest. Aber wenn du die Situation erst mal so akzeptierst, wie sie ist, kannst du auf deine Ressourcen zurückgreifen und das Verhalten der Schwierigen durch konstruktive Maßnahmen beeinflussen. Es ist, was es ist, und nicht, was es nicht ist, und so ist es eben. Nur wenn du die Situation akzeptierst, kannst du überhaupt ein lohnendes Ergebnis anstreben.

- *»Irgendwo in dieser Erfahrung steckt eine Chance.«* Vielleicht hat jede dunkle Wolke einen Silberstreif. Und bekanntlich findet man Gold, Silber und Diamanten in schlammigem Wasser, zwischen Schmutz und Geröll. Du musst nur nach Schätzen suchen oder zumindest bereit sein, sie zu entdecken, wenn sie sich offenbaren. Mit Chancen funktioniert es genauso.
- *»Jede Erfahrung, aus der ich lernen kann, ist gut.«* Was du aus dem Umgang mit schwierigen Menschen lernst, entwickelt deinen Charakter, macht dich stärker und hilft dir in vielen anderen Bereichen deines Lebens. Lernen bedeutet, dass am Ende kein Scheitern steht, sondern Erfahrung. Wenn du dir die Ursache-Wirkung-Beziehung zwischen dem Getanen und dem Erreichten ansiehst, lernst du, was funktioniert und was nicht.
- *»Ich kann flexibel sein.«* Wenn das, was du tust, nicht funktioniert, dann hast du für dieses Verhalten eine eiserne Garantie: Es funktioniert nicht! Alles andere, was du versuchst, hat diese Garantie nicht und damit eine größere Erfolgschance als das, was garantiert nicht funktioniert. Experimentiere! Probiere neue Ansätze aus. Sei unverschämt. Probiere das Letzte, woran du jemals denken würdest, als Erstes!
- *»Egal.«* Ob dir die Situation gefällt oder nicht gefällt – deine Meinung darüber ändert nicht wirklich viel daran, abgesehen von deiner Laune. Anstatt also aus Umständen, die dir nicht gefallen, ein großes Buhei zu machen, könntest du genauso gut tief durchatmen, »egal« sagen und deine Meinung beiseitelassen. Lasse sie los und mache einfach weiter.

- *»Alles geht vorüber.«* Wenn du Schwierigkeiten im Umgang mit schwierigen Menschen hast, dann hast du vielleicht das Gefühl, niemals aus dieser Situation herauszukommen. Aber das Gefühl, dass die Misere ewig weitergehen wird, ist nichts als eine Illusion. Denke nur mal kurz darüber nach, wie alt du bist und was du schon alles durchgemacht hast. Unglaublich, wie schnell die ganze Zeit vergangen ist, oder? Auch diese schwierige Zeit mit schwierigen Leuten wird vorübergehen. Wenn du mit diesem Wissen in die Zukunft blickst, nimmst du eine Perspektive ein, die den ganzen Prozess für dich einfacher macht.
- *»Früher hat mich das gestört. Das liegt jetzt alles hinter mir.«* Apropos Vergangenheit, warum sprichst du über deine Reaktion auf die Problemperson nicht einfach so, als läge das alles bereits hinter dir? Egal, ob du mit dir selbst oder mit anderen darüber sprichst, du solltest die Vergangenheitsform verwenden, damit du dich im Präsens entspannen kannst.
- *»Gott wird es schon richten.«* Alles wird sich zum Guten fügen. Möglicherweise entsteht irgendetwas Wunderbares aus deiner gegenwärtigen Lage, das du noch nicht erkannt hast. So wie die Sterne am Himmel hängen und die Jahreszeiten aufeinanderfolgen, gibt es auch in deinem Leben ein großes Ganzes, und mit der Zeit enthüllt sich alles. Der Schmerz, den du erfahren hast, ist vielleicht nur das Aufbrechen der Kruste, die deine Erkenntnis umschließt. Halte durch. Oder lasse los. Zu gegebener Zeit wird alles enthüllt und erlöst.

Alle in diesem Kapitel beschriebenen Techniken stehen dir jederzeit zur Verfügung. Du kannst bei jedem Ereignis deine Reaktion und deine Interpretation anpassen. Vergiss nicht, dass dich eine gelegentliche Haltungsänderung von Stress befreit und dir das Erfolgserlebnis beschert, aus schlimmen Mitmenschen das Beste herausgeholt zu haben.

Zusammengefasst

Wenn du angesichts von schwierigen Verhaltensweisen effektiver sein möchtest, um nicht in die Gefahrenzone zu geraten, und wenn du deine Haltung ändern willst, weil alles andere fehlschlägt, dann lautet die Devise: Beherrsche deine Haltung und deine Reaktionen.

Maßnahmen

1. Reflexreaktionen ändern
2. Perspektive ändern
3. Inneren Monolog ändern

TEIL 3

Aus schlimmen Mitmenschen das Beste herausholen

Wir eignen uns spezifische Fähigkeiten und Techniken an, um mit Panzern, Stichlern, Besserwissern, Möchtegern-Besserwissern, Granaten, Jasagern, Vielleichtsagern, Nichtssagern, Neinsagern, Nörglern, Richtern, Einmischern, Märtyrern und dem eigenen schwierigen Selbst umzugehen.

10. Panzer

Wenn dich der Panzer ins Visier nimmt, sieht er dich als Teil des Problems. Sein aggressives Verhalten soll dich entweder wieder auf Kurs bringen oder das Hindernis (dich) aus dem Weg räumen. Da in der Liebe und im Krieg alles erlaubt ist, kann sich praktisch jede Situation in ein Schlachtfeld verwandeln. Der Panzer mag eine Chefin sein, die ein Projekt auf Kurs halten muss; ein verärgerter Kunde, der Hilfe von einem zurückhaltenden Kundendienstmitarbeiter benötigt, oder sogar deine Partnerin oder dein Partner, die oder der sich trotz Unterbrechungen im Homeoffice konzentrieren muss – Panzer konzentrieren sich immer auf ein Endergebnis und rücken ungeduldig vor.

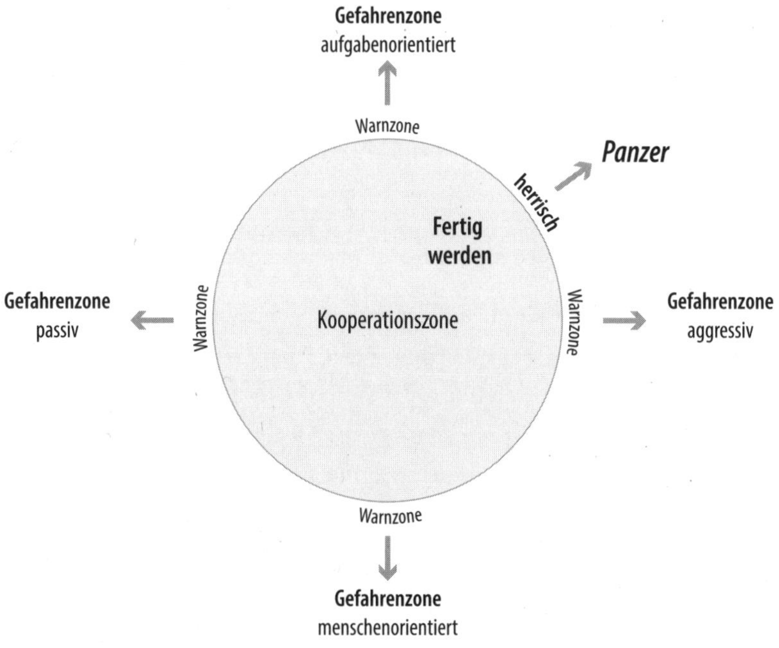

Die direkte Herangehensweise des Panzers hat nichts Subtiles. Sie kann ein dröhnender, machtvoller Frontalangriff sein oder die stille Intensität und chirurgische Präzision eines Lasers haben. Und auch wenn der Panzer dich persönlich in der Luft zerfetzen kann, liegt darin ironischerweise nichts Persönliches. Der Angriff ist nur ein Mittel zum Zweck. Und für den Panzer heiligt der Zweck die Mittel.

Eine Frage der Haltung

Achte auf deine Emotionen, denn sie können deine größte Schwachstelle sein. Es gibt drei typische emotionale Reaktionen auf einen angreifenden Panzer. Sie sind zwar natürlich, aber ziemlich zwecklos:

- *Vor lauter Wut gehst du zum Gegenangriff über!* Selbst wenn du ein durchsetzungsfähiger Mensch bist, bist du dennoch gut beraten, eine offene Feldschlacht Panzer gegen Panzer zu vermeiden. Mit überlegener Rüstung und Feuerkraft magst du zwar die Schlacht gewinnen, aber den Krieg könntest du trotzdem verlieren, weil der Panzer womöglich eskaliert, indem er ein Bündnis gegen dich schmiedet.
- *Du verteidigst, erklärst oder rechtfertigst deine Position.* Leider hat der Panzer kein Interesse daran, deine Erklärungen anzuhören, denn sie ändern nichts. Wenn überhaupt, dann verärgert dein defensives Verhalten den Panzer nur noch mehr, und er geht noch offensiver gegen dich vor. Wenn du dir jemals Entschuldigungen anhören musstest, obwohl du Ergebnisse sehen wolltest, oder wenn man dir in der Hotline ein Problem erklärt hat, anstatt es zu lösen, dann müsstest du wissen, wie ärgerlich so etwas sein kann. Wenn also der Panzer sagt, du seist ein genetischer Fehler, ist es zwecklos, ihm eine DNA-Analyse vorzulegen.
- *Du schaltest ab und wirst zum Nichtssager.* In einem Anfall von Furcht möchtest du dich vielleicht aus dem Kampf zurückziehen, dich davonschleichen und deine Wunden lecken oder dich in geheimen Hass- und

Rachegedanken suhlen. Aber solche feigen, schwachen und ängstlichen Reaktionen solltest du um jeden Preis vermeiden. Deine Furcht signalisiert dem Panzer, dass sein Angriff eindeutig gerechtfertigt ist und du sein Trommelfeuer irgendwie verdient hast. Furcht kann den Panzer sogar dazu bringen, dass er kein Pardon und keine Gnade gewährt.

Jeder Angriffs-, Verteidigungs- oder Rückzugsversuch wird sich gegen dich auswirken. Stattdessen musst du diese impulsiven Reaktionen zurückhalten, Mut zur Selbstbehauptung finden und dich gegen alle Widerstände dem Panzer stellen. Vermutlich hast du entweder gegenwärtig einen Panzer in deinem Leben oder du hattest irgendwann in der Vergangenheit mit einem zu tun. Jedenfalls folgen nun einige Vorschläge, wie du die richtige Haltung finden kannst.

Wenn du den Panzer vor deinem geistigen Auge siehst, dann stelle ihn dir als ein Aufzieh-Spielzeug vor, das entladen werden muss. Oder erinnere dich an eine Zeit in deiner eigenen Vergangenheit, als du dich gegenüber einem Mobber behauptet hast. Falls du irgendjemanden kennst, der weiß, wie man mit deinem Panzer umgeht, dann stelle dir vor, du wärst diese Person und würdest in der gleichen Situation so denken oder fühlen wie sie. Suche dir Vorbilder, die das nötige Selbstvertrauen, das Selbstwertgefühl und die Selbstbeherrschung haben, um ruhig und professionell mit aufdringlichen Menschen umzugehen. Stelle dir zum Beispiel vor, wie es sich anfühlen würde, Gandalf zu sein und zum Balrog zu sagen: »Du kommst hier nicht weiter.« Egal welchen Ansatz du verwendest, du musst den Umgang mit deinem Panzer ein paarmal mental einüben, bis du dich an die Begegnung gewöhnt hast und mit einem guten Gefühl in die praktische Anwendung gehen kannst.

Zur richtigen Haltung gehört zu guter Letzt auch, dass du die Rolle, die du möglicherweise beim Angriff gespielt hast, überdenkst. Vielleicht hast du dich mit Kleinigkeiten aufgehalten, wo eine kürzere Erklärung genügt hätte. Vielleicht schien dem Panzer deine auf Menschen fokussierte Plauderei ausschweifend, ja sogar ablenkend und störend. Vielleicht kannst du dich ja in die Lage des Panzers versetzen und die Situation mit seinen Augen betrachten. Dadurch kannst du die besten Hinweise erhalten, wie du die Angriffe deines Panzers ein für alle Mal bewältigen oder verhindern kannst.

Dein Ziel: Respekt

Immer wenn du verbal beschossen, belagert und beschuldigt wirst, muss dein Ziel sein, Respekt einzufordern, denn Panzer greifen schlichtweg keine Menschen an, die sie respektieren. Auf aggressive Menschen muss man selbstsicher reagieren. Dein Verhalten muss das klare Signal aussenden, dass du stark und kompetent bist, denn alles andere wäre eine Einladung zu Folgeangriffen. Dieses Signal musst du jedoch senden, ohne selbst zum Panzer zu werden. Wenn du am Pranger stehst, wird dein Charakter auf die Probe gestellt. Die Charakterstärke, die du zeigst, prägt letztendlich das Bild, das der Panzer von dir hat, und bestimmt sein zukünftiges Verhalten dir gegenüber.

Maßnahmen

1. Schritt: standhaft bleiben

Der erste Schritt besteht darin, sich nicht zu rühren und die Stellung zu halten, weder zu fliehen noch zum Kampf überzugehen. Ändere nicht deine Körperhaltung, egal ob du stehst, sitzt, dich anlehnst oder grübelst. Du gehst weder in die Offensive noch in die Defensive. Schaue stattdessen dem Panzer schweigend in die Augen und lenke deine Aufmerksamkeit auf deine Atmung. Atme langsam und tief. Bewusstes Atmen ist eine großartige Technik, die Selbstbeherrschung wiederzuerlangen. Und während du deine Fassung bewahrst, kann der Panzer ungehindert seine Salve abfeuern.

In manchen Situationen besteht das bestmögliche Verhalten darin, nach Schritt 1 eine Grenze zu ziehen und es bei der Selbstbeherrschung zu belassen.

Falls du zum Beispiel beim Militär bist und der befehlshabende Offizier auf dich losgeht, kannst du schon durch Wahrung deiner Fassung seinen Respekt gewinnen. Ein Navy-Captain hat uns mal gesagt: »Ehrlich gesagt, Jungs, wenn der Admiral mir sagt, dass ich eine Missgeburt bin, kann ich nur sagen: ›Yes, Sir!‹« Dem stimmen wir zu. In der militärischen Hierarchie kann es schon die größte Selbstbehauptung sein, wenn man in einer solchen Situation den Augenkontakt hält und weiteratmet.

Die am besten geeignete Reaktion richtet sich nach der Situation, in der man sich zu Beginn des Angriffs befindet. Wenn der Panzer dein Kunde ist, dann hat der Kunde immer recht. Wenn der Panzer dein Partner ist, dann musst du auf ihn eingehen. Wenn der Panzer ein unberechenbarer Fremder ist, solltest du kein Risiko eingehen, besonders wenn er vielleicht wahnsinnig ist – Flucht ist dann vielleicht doch die bessere Wahl. Wenn der Panzer dein Chef ist, dann … überleg dir, ob du in dieser Firma weiterarbeiten möchtest. Sind Dritte anwesend? Timing kann alles sein. Vielleicht sprichst du den Angriff lieber später unter vier Augen an. Denke daran: Vorsicht ist besser als Nachsicht. Oft reicht die reine Selbstbehauptung, um den Respekt des Panzers zu erlangen.

Es kann jedoch vorkommen, dass man die Grenze überschreitet und den nächsten Schritt in unserer Strategie zum Umgang mit angreifenden Panzern wagt.

2. Schritt: den Angriff unterbrechen

Der beste Weg, Leute zu unterbrechen, egal ob sie schreien oder nicht, besteht darin, ihren Namen immer und immer wieder zu sagen, bis man ihre volle Aufmerksamkeit hat. Vorname, Nachname, Titel – man nutzt am besten die Anrede, die man sonst auch verwendet.

Im Falle eines angreifenden Panzers funktioniert es am besten, seinen Namen mit fester Stimme, deutlich und immer wieder zu sagen, bis er aufhört. Fünf oder sechs Wiederholungen müssten ausreichen, um den entschlossensten Panzer zum Stehen zu bringen. Zwar versucht der Panzer manchmal, deine Stimme zu übertönen, indem er die Lautstärke erhöht, aber du musst trotzdem durchhalten und seinen Namen fortwährend wiederholen, bis er vollständig zum Stillstand kommt:

»Max. Max …«
»Unterbrich mich nicht! Ich hab dir …«
»Max …«
»Du sollst mich nicht …«
»Max.«

Sobald du mit dieser Vorgehensweise begonnen hast, kann ein Rückzug schlimmer sein, als überhaupt nichts getan zu haben. Es besteht keine Notwendigkeit, den Panzer zu überwältigen. Deine Absicht ist ruhige Selbstbehauptung, nicht aggressive Selbstverteidigung. Aggressive Menschen mögen Menschen, die sich selbst behaupten und für sich einstehen, solange die Selbstbehauptung nicht als Angriff empfunden wird.

3. Schritt: kurzes Backtracking

Sobald du die Aufmerksamkeit eines Panzers hast, kommst du auf seinen hauptsächlichen Vorwurf zurück. Backtracking zeugt von respektvollem Zuhören und vermittelt, dass du den Panzer angehört hast. Dies erspart dem Panzer auch, Vorwürfe wiederholen zu müssen, und bereitet den nächsten Schritt vor. Aber fasse dich kurz. Panzer sind auf Geländegewinn aus, und sie wollen solche Situationen ebenso schnell hinter sich bringen wie du. Da Panzer auf Hochtouren sprechen und denken, schaffst du Blending, indem du dich beeilst: »Mir ist klar, dass wir bei diesem Projekt keine Zeit zum Rumeiern haben.«

4. Schritt: auf das Endziel schießen

Das Endziel variiert je nach Situation, lässt sich aber normalerweise in zwei Sätze fassen. Da die Aufmerksamkeitsspanne eines Panzers extrem kurz ist, musst du so schnell wie möglich zum Punkt kommen. Leite deinen Vorstoß damit ein, dass du ihn persönlich machst, beispielsweise durch Formeln wie

»Aus meiner Sicht …« oder »So, wie ich das sehe …«. Damit verhinderst du, dass dein Schuss den Krieg neu entfacht. Was genau du danach sagst, hängt von der Situation ab.

Wenn dich dein Chef wegen einer überfälligen Aufgabe angeht, kannst du sagen: »Chef, ich verstehe, dass Sie meinen, dass das Projekt fertig sein müsste. [Blending durch Backtracking] Aus meiner Sicht wird durch die Zeit, die ich jetzt investiere, in Zukunft Zeit und Geld gespart.« [Endziel]

In einem völlig anderen Fall kann deine Selbstbehauptung im Angriffsfall so aussehen: »Maria, Maria, Maria. [Unterbrechung] Ich verstehe, dass du ein Problem damit hast, wie wir hier verfahren. [Backtracking] Aber ich bin nicht bereit, darüber zu diskutieren, wenn du so mit mir sprichst. [Endziel] Wenn du respektvoll mit mir sprechen möchtest, nehme ich mir dafür so viel Zeit, wie du willst. [Redirecting]«

Im Umgang mit Kunden musst du deutlich machen, dass du und der Kunde eigentlich auf derselben Seite stehen: »Ich verstehe, dass unser Service Sie nicht zufriedengestellt hat. [Backtracking] Ihre Zufriedenheit ist unser Ziel. Damit ich Ihnen schnell helfen kann, benötige ich einige Informationen, und Sie können mir helfen, Ihnen zu helfen, indem Sie ein paar Fragen beantworten. [Endziel]« Mit der Aussage »Damit ich Ihnen schnell helfen kann« betonst du, dass du und der Kunde am selben Strang ziehen. Mit den Worten »indem Sie ein paar Fragen beantworten« bietest du dem Panzer eine gewisse Macht über die Interaktion an. Für Panzer-Kunden zählen nur Ergebnisse. Durch Backtracking zeigst du, dass du verstehst, dass sie Hilfe brauchen, und durch gezieltes Redirecting zeigst du, dass du an ihrer Seite stehst. In diesem Fall könnte das Redirecting auch in Frageform geschehen: »Darf ich Ihnen ein paar Fragen stellen?«

5. Schritt: ehrenvoller Friedensschluss

Schlage einem Panzer niemals die Tür vor der Nase zu. Eine solche Aktion kann als Herausforderung angesehen werden, und der Panzer rennt dir die Tür ein. Nur wenn du die Tür offen lässt, hat der Panzer Platz zum Rückzug. Wenn seine Anschuldigungen falsch, seine Sicht der Dinge unrealistisch oder seine Forderungen unfair sind, muss dein Redirecting zu einer friedlichen Lösung hinführen, indem du dem Panzer das letzte Wort überlässt, aber selbst entscheidest, wo und wann.

Beginne mit einer Annahme und sprich mit Entschlossenheit in der Stimme: »Wenn ich mit meiner Präsentation fertig bin …« Diese Annahme setzt voraus, dass du mit deiner Präsentation fertig wirst. »Wenn du bereit bist, mit Respekt mit mir zu sprechen …« drückt die Erwartung aus, dass respektvoll mit dir gesprochen wird.

Also teilst du dem Panzer Zeit und Bedingungen für sein letztes Wort mit. Zum Beispiel: »Wenn ich mit meiner Präsentation fertig bin, freue ich mich über Ihr Feedback.« Oder: »Wenn du bereit bist, mit Respekt mit mir zu sprechen, können wir gern über diese Angelegenheit reden.«

Wenn du gern im *Auskommen*-Modus agierst, kann sich diese direkte Art der Selbstbehauptung so bedrohlich anhören und anfühlen wie ein Atomkrieg. Aber für den Panzer gehört dieser Umgangston zum ganz normalen zwischenmenschlichen Geplänkel. Für ihn ist es eine Gelegenheit zu sehen, was in dir steckt. Er misst daran deinen Charakter und dein Engagement. Durchsetzungsfähige Menschen mögen durchsetzungsfähige Menschen. Aber erwarte nicht, dass er die weiße Fahne der Kapitulation schwenkt. Wahrscheinlicher ist, dass er zum Abschied noch einen Schuss abfeuert und weiterrollt.

Du gewinnst vielleicht nicht jeden Kampf, aber du gewinnst mehr Respekt. Es sollte dich nicht überraschen, wenn du deinen vermeintlichen Feind mit deiner Selbstbehauptung als Verbündeten gewonnen hast, vielleicht für zukünftige Gefechte mit einem anderen Panzer!

Was, wenn der Panzer im Recht ist und du im Unrecht?

Alle obigen Empfehlungen setzen voraus, dass sich der Panzer in Bezug auf dich irrt. Aber was, wenn der Panzer genau richtig liegt? Was, wenn du wirklich Zeit, Geld oder Energie mit ablenkenden und irrelevanten Tätigkeiten verschwendest? Sollten die Vorwürfe eines Panzers in deinem Fall zutreffen, dann kannst du das Bombardement mithilfe von drei einfachen Maßnahmen beenden:

1. Räume deinen Fehler ein.
2. Fasse zusammen, was du aus der Erfahrung gelernt hast.
3. Erkläre, was du in Zukunft anders machen wirst, damit es nicht wieder passiert.

Schritt 3 ist entscheidend. Viele Menschen führen die Schritte 1 und 2 erfolgreich durch und sind frustriert, weil danach der Angriff fortgesetzt wird. Aber sieh die Sache aus der Sicht eines Panzers. Wenn der Panzer befürchtet, dass die unproduktive Tätigkeit in Zukunft erneut auftreten könnte, setzt er aus Angst vor Wiederholung den Angriff fort. Was den Angriff zum Stillstand bringt, ist vor allem deine Zusicherung, dass die Lektion gelernt ist. Hast du diese Zusicherung einmal gegeben, dann rede nicht weiter darüber. Panzer brauchen keine winselnde Kriecherei und können sie auch nicht ausstehen. Es braucht Mut, einen Fehler einzugestehen und daraus zu lernen. Also: strammstehen!

Zusammengefasst

Wenn ein Panzerangriff droht, lautet die Devise: Respekt einfordern.

Maßnahmen

1. Standhaft bleiben
2. Den Angriff unterbrechen
3. Kurzes Backtracking
4. Auf das Endziel schießen
5. Ehrenvoller Friedensschluss

11. Stichler

Für das Sticheln gibt es mehrere Motivationen. Manche Leute sticheln aus Ärger über den Lauf der Dinge. Sie hegen einen Groll gegen diejenigen, die ihre Pläne vereitelt haben. Manche sticheln auch, um diejenigen zu untergraben, die ihre Pläne stören könnten. Und andere wieder sticheln nur, um die Aufmerksamkeit derer zu bekommen, die sie mögen.

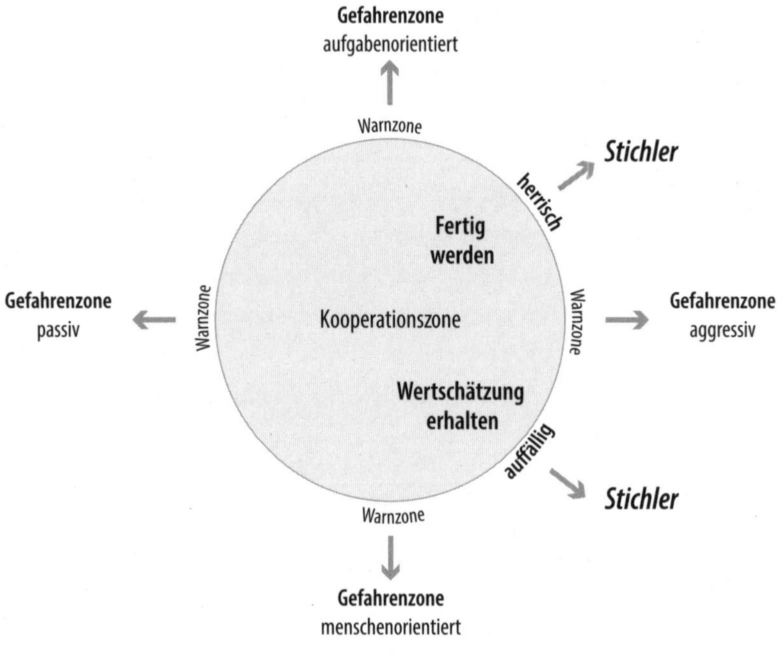

Wenn der Fortgang der Dinge anders als geplant verläuft oder von anderen behindert wird, versuchen manche Menschen mit *Fertigwerden*-Mentalität, die Opposition durch Sticheln auszuschalten. Um Vergeltungsmaßnahmen zu vermeiden, ist eine verdeckte Operation erforderlich. Daher nutzt man Taktiken des Hinterhalts: abfällige Kommentare, sarkastischen Witz, beißenden Tonfall und das klassische Augenrollen. Stichler setzen Verwirrung als Waffe ein, indem sie irrelevante Bemerkungen machen, die ihr Gegenüber aus dem Konzept bringen und dumm aussehen lassen. Ein paar gut gezielte Schüsse aus der Hüfte, und schon ist der Stichler der Einzige, der noch steht und das Sagen hat.

Wenn das Sticheln aus einem Groll heraus geschieht, heißt die Devise des oder der Stichelnden: »Rache ist Blutwurst.« Hier sind Beispiele für unterdrückte Altlasten, die in den Berichten unserer Seminarteilnehmenden zu schweren Sticheleien führten:

- Der Chauvinist, der widerwillig für eine weibliche Vorgesetzte arbeitet.
- Der Veteran, der sich einem jungen, unerfahrenen Emporkömmling nicht unterordnen will.
- Die Funktionärin, die glaubt, bei einem wichtigen Projekt übergangen worden zu sein.
- Die Frau, die den Mann liebte, den ihre beste Freundin geheiratet hat.
- Die Mutter, auf deren Rat bei der Partnerwahl nicht gehört wurde.
- Der Vater, dessen Tochter jemanden geheiratet hat, der nicht gut genug für sie ist.
- Der Schüler, der auf die guten Noten des Neuen in der Klasse neidisch ist.

Nett gemeint

Nicht jeder Schuss aus dem Hinterhalt soll verwunden oder gar töten. Es gibt auch relativ unschuldige, Aufmerksamkeit heischende, verspielte Sticheleien. Manchmal soll ein solches Frotzeln Aufmerksamkeit erregen, um andere Menschen zum Lachen zu bringen und so Wertschätzung zu erlangen. Manch dicke Freundschaft lebt von der spielerischen Rivalität des gegenseitigen Niedermachens. Diese Humorvariante wird in vielen Fernseh-Sitcoms und in dem Comedy-Format des »Roast« gepflegt. Jeder neckt dabei gnadenlos jeden. Das Studiopublikum lacht laut, und weiter geht's zur nächsten Nummer. Aber im wirklichen Leben ist Sarkasmus nicht bei allen beliebt, und nicht alle sind in der Lage, über eine witzig gemeinte Abwertung zu lachen. Anstatt die Zielperson nur zu streifen, kann spielerisches Sticheln eine tödliche Wunde schlagen. Und der oder die wohlmeinend Stichelnde merkt womöglich gar nichts von dem angerichteten Schaden, weil das Opfer des Spottes äußerlich lächelt und nur innerlich blutet.

Eine Frage der Haltung

Wenn du nicht gern gehänselt wirst und Spott nicht gut verträgst, kann es sich herumsprechen, dass du ein leichtes Ziel bist. Und wenn sich das Wissen um deine Schwäche einmal verbreitet hat, wird irgendjemand sie ausnutzen. (Wer beobachtet, wie sich Grundschulkinder gegenseitig traktieren, wird feststellen, dass die Schwächsten die meisten Hänseleien abbekommen!) Und dass du immer wieder auf die Stichelei reagierst, ermutigt die Stichler dazu, noch mehr auszuteilen.

Wenn du derart provoziert wirst, möchtest du vielleicht blind um dich schlagen oder weglaufen, aber das wird der Stichler in jedem Fall als Sieg werten. Vielleicht versuchst du auch zurückzusticheln, aber sei gewarnt: Wenn du nicht gelernt hast, auf humorvolle Weise fies zu schwierigen Menschen zu sein, geht dein halbherziger Racheversuch sicherlich nach hinten los.

Du kannst es also genauso gut einsehen: Damit die Stichelei aufhört, musst du lernen, damit zu leben, denn wenn der Stichelnde dir keine Reaktion entlockt, verliert das Sticheln seinen Wert.

Die Haltung, die du Stichlern gegenüber entwickeln solltest, ist die einer amüsierten Neugier. Damit gewinnst du eine neue Sicht auf ihr Verhalten. Wenn Stichler sticheln, nimmst du es nicht persönlich, sondern richtest deine Neugier auf sie statt auf dich selbst. Da das Sticheln ein Anzeichen von Unsicherheit sein kann, kannst du vielleicht den Witz an der Sache entdecken, indem du deine Problemperson als unsicheres Schulkind siehst. Vielleicht erinnerst du dich an die altbewährte Entgegnung: »Selber, selber, lachen alle Kälber.« Sich diesen Spruch im Kopf vorzusagen, kann eine große Hilfe sein. Und ihn laut auszusprechen hilft manchmal auch, ob du es glaubst oder nicht!

Wenn dich das Sticheln wirklich reizt, musst du lernen, Herr deiner eigenen Reaktionen zu werden. Suche dir jemanden, der als Vorbild für Coolness, Ruhe und Gelassenheit dienen kann. Oder verändere die erfahrene Demütigung mental, indem du die Erinnerung daran im Kopf abspielen lässt, nur dass du dieses Mal deinen Stichler mit locker hingeworfenen Worten kaltblütig niederstreckst.

Wenn du es mit einem unschuldigen Stichler zu tun hast, der wirklich nichts Böses meint, ist etwas Reframing angebracht. Nimm seine Bemerkung als Zeichen seiner Zuneigung oder als Marotte. Wenn du nicht darüber lachen kannst, kannst du die Stichelei immerhin weglächeln.

Dein Ziel: den Stichler aus der Deckung locken

Dein Ziel im Umgang mit Stichlern ist, sie aus der Deckung zu holen. Egal mit welcher Art von Stichler du es zu tun hast, ob aus Spaß, Kalkül oder Groll gestichelt wird, du musst dir nur eines merken: Stichler können nicht sticheln, wenn sie sich nirgends verstecken können. Ihre begrenzte Macht beziehen Stichler aus verdeckten Operationen und nicht aus offenen. Daher wird ihre Position nutzlos, sobald sie aufgedeckt ist.

Indem du direkt und bestimmt auf das Verhalten des Stichlers eingehst, nimmst du ihm den Spaß daran. Außerdem sorgst du für gleiche Chancen, indem du ihn aus dem Versteck holst und auf offenes Terrain zwingst.

Maßnahmen

1. Schritt: innehalten, wahrnehmen, Backtracking

Da es dein Ziel ist, den Stichler aus seinem Versteck zu holen, musst du zuerst sein Versteck ausfindig machen. Sobald du aufgrund einer Äußerung oder der Art und Weise, wie etwas geäußert wird, den Eindruck hast, dass jemand gegen dich stichelt, dann halte sofort inne! Auch mitten in einem Satz oder einem Wort. Unterbrich dich selbst, lasse deine momentane Tätigkeit vollständig ruhen. Halte nach dem Stichler Ausschau und fasse dann die Äußerung behände zusammen (Backtracking).

Es liegt eine große Macht darin, sich selbst zu unterbrechen. Egal ob im Zwiegespräch oder vor Zeugen, eine Selbstunterbrechung lenkt die gesamte Aufmerksamkeit auf den Stichler, auch die Aufmerksamkeit des Stichlers selbst. Wenn die Stichelei aus einer Grimasse besteht, die alle gesehen haben, ist ein verbales Backtracking wohl nicht möglich, aber du kannst die Grimasse schnell nachahmen. Die Chancen stehen gut, dass das für Lacher sorgt und beiderseits Spannungen abbaut. Wenn du einen stichelnden Einwurf mit raschem Backtracking konterst, ist das so, als ob du ein Geschoss mitten in der Luft fängst und unversehrt fallen lässt. Die nonverbale Botschaft lautet »Du hast danebengeschossen.«

2. Schritt: Suchscheinwerfer

Jetzt ist es an der Zeit, den Stichler mit gezielten Fragen aus der Reserve zu locken und sein Verhalten wie mit einem Suchscheinwerfer aufzudecken. Zwei Arten von Scheinwerferfragen kannst du dem Stichler nun stellen:

- *Die Absichtsfrage:* »Was meinst du eigentlich damit?« Du kannst nach dem tieferen Grund der Äußerung fragen und möglicherweise den Groll offenlegen, den der Stichler gegen dich hegt. Beispiel: »Als du gesagt hast, dass man lange braucht, um mich zu verstehen – was hast du damit gemeint?«
- *Die Relevanzfrage:* »Was hat das mit der Sache zu tun?« Du kannst nach der Relevanz der Äußerung für die aktuelle Situation fragen. Beispiel:

»Wir sind ja alle hier, um die Präsentation vorzubereiten. [Zielsetzung] Mein Ziel ist, das in optimaler Teamarbeit zu schaffen. [Orientierung an diesem Ziel] Was hat deine Bemerkung über meine Schuhe mit unserer Zusammenarbeit in dieser Sache zu tun?« [Scheinwerferfrage nach der Relevanz]

Egal welchen Suchscheinwerfer du auch verwendest, entscheidend ist, dass du deinen Tonfall neutral hältst und einen arglosen Gesichtsausdruck bewahrst. Lasse bloß keinen Sarkasmus durchsickern. Je gefasster und professioneller du klingst, desto stärker ist die Wirkung.

Indem du mit Scheinwerferfragen nach der Relevanz einer verwirrenden oder sarkastischen Bemerkung fragst, lenkst du die Aufmerksamkeit wieder auf die eigentlich anstehende Arbeit, damit es damit weitergehen kann. Durch solche Fragen kannst du vielleicht sogar klären, was tatsächlich relevant ist, und dadurch das Problem lösen.

Egal welche Scheinwerferfrage du wählst, der Stichler kann auf drei mögliche Weisen reagieren:

- *Aufgeben.* In diesem Fall macht ihr mit dem weiter, was ihr vor der Unterbrechung getan habt.
- *Weiter sticheln und sich damit immer weiter aus dem Fenster lehnen.* In diesem Fall betreibst du weiterhin Backtracking und stellst Scheinwerferfragen. Nach ein paar weiteren Fehlversuchen hört das Sticheln auf.
- *Aus der Deckung kommen und zum frontalen Panzerangriff übergehen.*

3. Schritt: Panzerabwehr, wenn nötig

Wenn der Stichler zum Panzer wird und dich beschuldigt, die Ursache für dieses oder jenes Problem zu sein – kein Problem. In gewisser Weise hast du die Situation verbessert, denn jetzt hast du bis zu einem gewissen Grad herausgefunden, was das Problem ist. Aber es ist wichtig, die Panzer-Taktik einzusetzen, um nicht nur dem Stichler, sondern auch den Zeuginnen und Zeugen des Angriffs Respekt einzuflößen.

Also: erst Selbstbehauptung, dann Unterbrechung, Backtracking des Hauptvorwurfs und Redirecting in Richtung Endziel. Zum Schluss machst du ein Friedensangebot, aber zu deinen Bedingungen.

4. Schritt: Groll auskundschaften

Wenn du vermutest, dass jemand einen Groll gegen dich hegt, es nicht sicher weißt, dann gehe auf Patrouille und schaue, was du auskundschaften kannst. Solltest du Nachweise für einen geheimen Groll finden, dann wäre es gut, reinen Tisch zu machen. Am besten geschieht das unter vier Augen. Manchmal hilft es, eine neutrale dritte Person dabeizuhaben, aber nicht beim ersten Termin. Zu Beginn des Gesprächs erinnerst du deinen Stichler an frühere negative Äußerungen, die dir bekannt sind, und stellst die Absichtsfrage, um herauszufinden, was der Stichler eigentlich meinte.

Wenn der Stichler jegliche Hintergedanken leugnet, musst du versuchen, sich in seine Lage zu versetzen. Gehe im Kopf das Vorgefallene durch, so wie du es wahrgenommen hast. Wenn du dazu eine Vermutung hast, dann sprich sie aus und warte auf eine Reaktion. Falls dir mehrere Möglichkeiten einfallen, dann zähle sie auf. Leite deine Vermutungen ein, indem du sagst: »Ich weiß nicht, wie du das Ganze wahrnimmst …«, oder: »Ist nur eine Vermutung, aber …« Wenn du die Ursache richtig geraten hast, bestätigt der Stichler sie wahrscheinlich und ergänzt Einzelheiten, die dir entgangen sind.

Ist es dir gelungen, den Groll ans Tageslicht zu holen, musst du unbedingt auf alles hören, was dein Stichler zu sagen hat. Dein Ziel ist es, dass der Stichler seine Sicht der Dinge so umfassend darlegt, dass du ihn verstehst. Verstehen bedeutet nicht, dass du ihm zustimmst oder nicht zustimmst oder dass du deshalb irgendwas unternehmen musst. Du musst dich also keineswegs verteidigen, erklären, rechtfertigen oder herausreden. Fasse stattdessen das Gehörte zusammen (Backtracking), schaffe Klärung und hilf dem Stichler, sein Missbehagen vollständig auszudrücken. Setze ihm nichts entgegen, und tue dein Bestes, um die Ereignisse so zu sehen, wie der Stichler sie sieht. Sobald du seinen Groll vollständig verstanden hast, lässt du den Stichler wissen, dass du ihn verstehst, und drückst ihm deine Wertschätzung für die offene Beschreibung des Problems aus.

Wenn seine Beschwerde gerechtfertigt ist, musst du deren Gültigkeit anerkennen und eventuell deinen Fehler zugeben. Dadurch stärkst du deine Glaubwürdigkeit und gewinnst Respekt. Falls du Informationen hast, die möglicherweise irgendetwas klären könnten, ist dies der richtige Zeitpunkt, um sie bekannt zu geben. »Darf ich dir erklären, wie das passiert ist?« Wenn die Antwort nein ist, antworte einfach: »Auch gut.« Und zwar auch dann, wenn die Beschwerde öffentlich geäußert worden ist, denn wer nun neugierig auf deine Seite der Geschichte ist, kann ja danach fragen, entweder sofort oder später.

Wenn beispielsweise jemand in einer Besprechung einen sarkastischen Kommentar fallen lässt, wiederholst du die Äußerung und stellst die Absichtsfrage, um den zugrunde liegenden Ärger aufzudecken. Der Stichler sagt: »Sie brauchen zu lange und erzählen uns zu viel. Die ganzen Einzelheiten brauchen wir jetzt nicht, und Sie haben die Ihnen zugeteilte Zeit überschritten. Andere Leute müssen auch noch drankommen.« Wenn du merkst, dass der Vorwurf wahr ist, sagst du einfach: »Sie haben recht. Ich komme zum Ende und überlasse das Wort jemand anderem.«

Falls der Stichler unter vier Augen einfach nicht redet, kann er als Nichtssager gelten. Mehr zum Umgang mit diesem Problemtyp findest du im 17. Kapitel.

5. Schritt: bessere Umgangsform vorschlagen

Egal ob das Gespräch unter vier Augen oder unter Zeugen stattfindet, du beendest es, indem du für die Zukunft eine alternative Umgangsform vorschlägst. Es kann hilfreich sein, sich zunächst mit dem Stichler auf ein gemeinsames Ziel zu einigen: das Wohl des Unternehmens, den Teamgeist oder Ähnliches. Dann sagst du: »Wenn Sie in Zukunft ein Problem mit mir haben, dann sprechen Sie bitte mit mir darüber. Ich höre Ihnen zu, versprochen.«

Bevor du es ausdrücklich gesagt hast, ist es der stichelnden Person vielleicht gar nicht in den Sinn gekommen, mit dir zu reden. Am Ende jeder

Begegnung oder Diskussion mit Stichlern ist es wichtig, sie wissen zu lassen, dass du in Zukunft eine offene und ehrliche Kommunikation bevorzugst.

Sonderfall: nett gemeint

Und was ist mit den Stichlern, die dich eigentlich mögen und nur aus Spaß frotzeln? Wie bringst du so jemanden dazu, keine Witze mehr auf deine Kosten zu machen? Denke daran, dass es am besten ist, ihn unter vier Augen auf sein Verhalten anzusprechen, denn auf lange Sicht ist keinem gedient, wenn du ihn in Verlegenheit bringst oder öffentlich demütigst. Sei ehrlich und teile ihm mit, dass du herabsetzenden Humor nicht schätzt. Sage ihm, dass dir das keinen Spaß macht und dass du seine Gesellschaft deswegen meidest. Lasse ihn wissen, dass du seine Gesellschaft gern genießen würdest und dafür eine Verhaltensänderung nötig wäre. Zwar mag er nicht verstehen, wie etwas so offensichtlich Gutartiges und Spaßiges irgendjemanden beleidigen kann, aber er wird sein Verhalten dir gegenüber wahrscheinlich ändern, zumindest für ein paar Wochen. Für die nächsten zwei Wochen nimmst du dir daher vor, ihn jedes Mal zu loben, wenn er einen Witz macht, der keine Spitze enthält. Da er *Wertschätzung erhalten* möchte, wird ihm dein positives Feedback zeigen, dass er dafür nicht unfreundlich sein muss.

Sonderfall: hinter deinem Rücken

Womöglich hörst du irgendwann, Soundso habe dies und das über dich gesagt. Die Frage in diesem Szenario ist: Wer stichelt hier überhaupt? Ist es Soundso, oder ist es die Person, die dir von der Stichelei berichtet? Manchmal sind Informanten in Wirklichkeit vermummte Stichler. Sie schieben Dritten irgendeine aus dem Zusammenhang gerissene und zugespitzte

Bemerkung unter und rammen dir das Ganze dann mit einem unschuldigen »Hast du schon gehört …?« mitten ins Herz.

Wenn dir der Grund, warum dir die Petze von der angeblichen Stichelei erzählt, schleierhaft ist, dann schalte den Suchscheinwerfer ein. Frage: »Weiß denn Soundso, dass du mir das erzählst?« Wenn die Antwort Nein ist, dann sage deinem Informanten, dass du die Sache nur mit allen Beteiligten weiter besprechen wirst: mit dir, dem Beschuldigten und dem Informanten. »Lass uns mit Soundso reden.« Damit setzt du der Sache ein sofortiges Ende, denn die Petze wird dem Scheinwerferlicht deiner Fragen tunlichst ausweichen.

Aber angenommen, deine Quelle ist eine Vertraute oder ein Vertrauter, auf deren Informationen du dich verlassen kannst. In diesem Fall lässt du alles stehen und liegen und gehst direkt zum möglichen Stichler. Sage ihm, was du gehört hast, und frage, ob es wahr ist, denn selbst eine zuverlässige Quelle kann sich irren. Falls der vermeintliche Stichler fragt: »Wer hat dir das gesagt?«, dann schütze auf jeden Fall die Identität deiner Quelle und erwidere die Frage, indem du deine ursprüngliche Frage wiederholst. »Das ist jetzt nicht die Frage. Ich frage dich: Hast du das über mich gesagt?« Bei Stichelei, egal ob von der Seite oder hinter deinem Rücken, besteht die Taktik darin, den Stichler aus dem Hinterhalt zu holen, indem du ihm das stichelnde Verhalten verleidest. Wenn der oder die Beschuldigte die Stichelei abstreitet, dann lasse es darauf beruhen, denn dein Ziel ist nicht ein Geständnis, sondern das Unbehagen des Stichlers. Solltest du noch einmal von solchen Äußerungen hören, dann wiederhole den ganzen Vorgang, denn Stichler können nicht sticheln, wenn man ihr Versteck auffliegen lässt.

Zusammengefasst

Wenn es zu Sticheleien kommt, dann lautet die Devise: Stichler aus der Deckung holen.

Maßnahmen

1. Innehalten, Wahrnehmen, Backtracking
2. Suchscheinwerfer
3. Panzerabwehr, wenn nötig
4. Groll auskundschaften
5. Bessere Umgangsform vorschlagen

12. Besserwisser

Besserwisser sind sachkundige und äußerst kompetente Menschen, die ihre Ansichten mit großer Bestimmtheit und Direktheit vortragen. Ihre Absicht ist es, in der von ihnen festgelegten optimalen Art und Weise *fertig zu werden*. Sie können daher sehr herrisch sein, und ihre Toleranz gegenüber Korrekturen und Widersprüchen ist gering. Neue Ideen oder alternative Ansätze sehen sie häufig als Infragestellung ihrer Autorität, egal wie vorteilhaft diese Ideen oder Ansätze sein mögen. Wenn man Entscheidungen oder Meinungen von Besserwissern infrage stellt, stellen sie sich dem Angriff. Und wenn ihre Entscheidungen und Meinungen hinterfragt werden, hinterfragen sie die Motive der Fragenden.

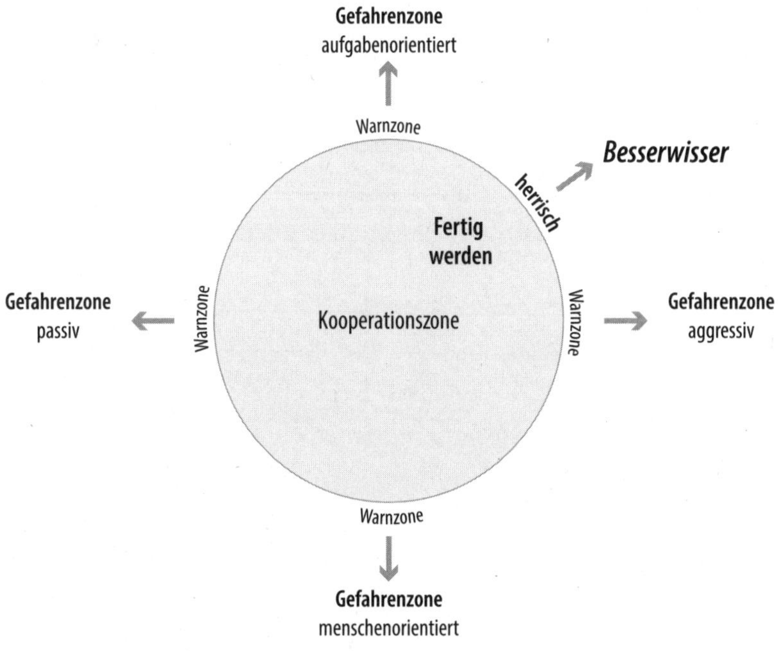

Besserwisser glauben, dass es eine Demütigung ist, sich zu irren. Sie halten es für ihr Schicksal und ihre Pflicht, zu dominieren, zu manipulieren und zu kontrollieren. Sie nehmen sich hemmungslos Zeit zum Reden heraus, verschwenden aber selbst keine Zeit mit den minderwertigen Ideen anderer. Infolgedessen ist es ziemlich schwierig und nahezu unmöglich, sie zum Zuhören zu bewegen.

Eine Frage der Haltung

Wenn du es mit Besserwissern zu tun hast, musst du der Versuchung widerstehen, selbst zum Besserwisser zu werden. Das kann nämlich zu mentaler Erstarrung führen und die Art von Nackensteifigkeit verursachen, die entsteht, wenn man nie mit dem Kopf nickt und nie nachgibt.

Du darfst dich auch nicht dazu hinreißen lassen, Besserwisser wegen ihrer arroganten Weigerung, eine zweite Meinung einzuholen, zu verachten. Solche Ressentiments wachsen oft heran und blähen sich auf, bis es zu einem sinnlosen Konflikt kommt, den du höchstwahrscheinlich verlierst. So hilfst du Besserwissern noch dabei, dich unglücklich zu machen.

Stattdessen kannst du auch umdenken und *flexibel*, *geduldig* und sehr *clever* darin werden, wie du deine Ideen präsentierst. Es ist also deine Entscheidung. Bist du bereit, alles Notwendige zu leisten, um effektiv mit diesen unerträglichen Menschen umzugehen? Wenn die Antwort Ja lautet, dann musst du als Erstes deine Wahrnehmung ändern und die vorgespiegelte Eminenz der Besserwisser durchschauen. Du musst erkennen, dass diese engstirnigen, schwierigen Menschen dazu verdammt sind, mit einer der Urgewalten des Lebens zu kämpfen: der Ungewissheit. Das Höchste, was in diesem Kampf errungen werden kann, ist der Trostpreis: recht zu haben. Denn wie Marcel Proust einmal sagte: »Die wahre Entdeckungsreise besteht nicht darin, neue Landschaften zu erforschen, sondern darin, Altes mit neuen Augen zu sehen!« In ihrer selbst geschaffenen, engen Welt sind Besserwisser ohne Zweifel innerlich sehr unglückliche und unsichere Menschen, egal wie sauber der Laborkittel oder wie tadellos der Lebenslauf ist.

Erinnere dich an deine bisherigen Erfahrungen mit Besserwissern. Frage dich, was du hättest anders machen können. Wer von deinen Bekannten verfügt über die Ressourcen Geduld, Flexibilität und Cleverness? Wie wären sie mit diesen Situationen umgegangen? Wann und wo in deinem eigenen Leben hast du diese Eigenschaften gehabt? Gehe nun vor deinem inneren, experi*mentalen* Auge zu deinen früheren Begegnungen mit Besserwissern zurück. Wiederhole die Vorfälle mehrmals und entwickle dabei Einfallsreichtum, Geduld und Präzision. Du wirst diese Eigenschaften brauchen, wenn du den Besserwissern auf eine nicht bedrohliche Weise deine Vorschläge und Alternativen vorlegst.

Dein Ziel: Neugier wecken

Bei Besserwissern muss es dein Ziel sein, ihnen die Augen für neue Informationen und Ideen zu öffnen. Der Tag kann kommen, an dem du eine bessere Idee hast oder das fehlende Puzzleteil findest! Wenn dieser Tag gekommen ist und du den moralischen Imperativ verspürst, deine Idee umzusetzen, dann lasse dich von diesem Ziel nicht abbringen. Falls dir dabei Besserwisser im Weg stehen, dann verwandle deinen Frust in den Willen, ihnen deine Idee nahezubringen.

Maßnahmen

1. Schritt: gut vorbereitet und informiert sein

Das Abwehrsystem des Besserwissers überprüft eingehende Informationen auf Fehler. Wenn es irgendwelche Fehler in deinem Denken gibt oder dein Vorschlag an irgendeinem Punkt unklar ist, wird das Radar des Besserwissers die Schwachstelle aufspüren und dazu verwenden, deine gesamte Idee zu diskreditieren. Damit der Besserwisser irgendwelche Alternativen und Vorschläge überhaupt in Betracht zieht, müssen deine Informationen von vornherein klar durchdacht sein. Da ein Besserwisser wenig Geduld für die Ideen anderer aufbringt, musst du genau wissen, was du sagen willst und wie du es kurz, klar und prägnant ausdrückst.

2. Schritt: respektvolles Backtracking

Sei gewarnt: Bei Besserwissern musst du mehr Backtracking aufbieten als bei anderen schwierigen Verhaltensweisen. Sie müssen das Gefühl haben, dass du die »Brillanz« ihrer Auffassungen erkannt und verstanden hast. Erst dann kannst du das Redirecting auf deine eigene Idee einleiten. Wenn ein Besserwisser etwas sagt, und du spiegelst es ihm nicht zurück, dann kann es passieren, dass er sich fortwährend wiederholt und du ihm zuhören musst, bis du nicht mehr kannst. Das kann eine sehr frustrierende, langwierige und unangenehme Erfahrung sein. Manche nennen es Folter. Wie auch immer du es nennst, du vermeidest es lieber.

Backtracking ist ein deutliches Zeichen für den Besserwisser, dass du zugehört hast. Einfaches Backtracking reicht jedoch nicht aus. Dein gesamtes Verhalten muss von Respekt und Ernsthaftigkeit geprägt sein. Es darf nicht den geringsten Hauch von Widerspruch, Verbesserung oder Herablassung, nicht die geringste Spur von Uneinigkeit darin liegen. Du musst so wirken und so klingen, als hieltest du den Standpunkt des Besserwissers wirklich für den einzig richtigen. Geduldiges Backtracking kann dir dabei helfen, diesen Eindruck zu erwecken. Wenn du dabei zu knapp zusammenfasst, kann es unaufrichtig klingen, so als wolltest du schnell zu deinem eigenen Standpunkt gelangen. Obwohl Besserwisser gern *fertig werden*, nehmen sie sich meist die Zeit, um sich in ihrer eigenen Brillanz zu sonnen.

Wird dein Besserwisser jedoch ungeduldig, dann backtracke lieber etwas weniger und mache weiter. Falls du ein »Kommen Sie endlich zum Punkt!« hörst, dann lasse das Backtracking und fahre mit Schritt 3 fort.

3. Schritt: Skepsis miteinbeziehen

Wenn der Besserwisser wirklich an einer Idee hängt, dann aufgrund bestimmter Kriterien, die diese Idee wichtig machen. Hat der Besserwisser Zweifel an deiner Idee, dann deshalb, weil diese entscheidenden Kriterien nicht berücksichtigt sind. Du kannst dir durch Blending helfen, indem du diese Kriterien anerkennst, bevor du deine Idee präsentierst. Weise dann nach, dass deine Idee diese Faktoren berücksichtigt.

Woher du die hochgestochenen Kriterien des Besserwissers kennen sollst? Tja, wie es der Zufall so will, benutzen Besserwisser oft eine begrenzte Anzahl von disqualifizierenden Standardsätzen, aus denen diese hochgestochenen Kriterien herausscheinen. Nach und nach werden diese Standardsätze für aufmerksame Zuhörer äußerst vorhersehbar. Unabhängig vom fraglichen Vorschlag wirft der Besserwisser im richtigen Augenblick eine Standardabfuhr wie »Wir haben keine Zeit« oder »Änderungen können wir uns momentan nicht leisten« in die Diskussion ein. Wenn du damit rechnen musst, dass die Gültigkeit deines Arguments mit einem dieser Einwände untergraben wird, dann musst du selbst diesen Einwand bringen, bevor der Besserwisser dazu Gelegenheit hat.

Meistens kannst du deine eigene Idee mit der besserwisserischen Skepsis kombinieren, indem du ihr die Abfuhr als Einleitung voranstellst. Ebenso kannst du die Wünsche deines Besserwissers ansprechen, indem du nachweist, dass deine Idee seine Kriterien erfüllt:

»Da wir uns unnötige Änderungen nicht leisten können …«

ODER

»Da wir für … keine Zeit haben …«

Durch respektvolles Backtracking demonstrierst du, dass du die besserwisserischen Ausführungen wirklich verstanden hast, und indem du dich den Zweifeln und Wünschen des Besserwissers angleichst, schaffst du eine

Lücke in seinem Abwehrsystem, durch die du seine Aufmerksamkeit erregen und deine Ideen vorzeigen kannst. Da keine deiner Verhaltensweisen als Angriff ausgelegt werden kann, gibt es für ihn nichts zu verteidigen. Jetzt bist du beim Augenblick der Wahrheit angelangt.

4. Schritt: Ideen indirekt ins Spiel bringen

Bei diesem Schritt musst du schnell, aber behutsam vorgehen. Du hast das Abwehrsystem vorübergehend deaktiviert. Jetzt kannst du die Aufmerksamkeit des Besserwissers auf deine Idee oder Information umleiten. Damit der Besserwisser bei diesem Redirecting nicht wieder seine Sperren errichtet, solltest du diese hilfreichen Hinweise befolgen:

- Verwende weiche Formulierungen wie »vielleicht« und »möglicherweise«, »Das tut jetzt nichts zur Sache«, »mal ins Blaue gedacht«, »Ich frage mich nur« und »Was meinen Sie?«. So klingst du eher hypothetisch und indirekt als bestimmend und fordernd.
- Verwende Plural-Pronomen wie wir oder uns anstelle von Singular-Pronomen wie ich oder Sie: »Was, glauben Sie, würde passieren, wenn wir …?« oder »Was wäre wohl das Resultat, wenn wir …?«. Auch dies signalisiert unterschwellig, dass du nicht der Feind bist und den Besserwisser nicht angreifst. Es bezieht den Besserwisser ein wenig in die Urheberschaft der Idee mit ein, wenn er sich darauf einlässt.
- Verwende Frage- statt Aussagesätze. Wenn sich Menschen wie Besserwisser verhalten, fühlen sie sich verpflichtet, Antworten zu haben. Und um eine Frage beantworten zu können, müssen sie sie anhören. Einen Vorschlag verpackt man daher am besten so: »Ich habe eine Frage: Was würde Ihrer Meinung nach passieren, wenn wir [dein Vorschlag] ausprobieren würden?«
- Sprich beim Stellen deiner Frage auch an, wie im Falle der Umsetzung deines Vorschlags die Zweifel und Wünsche des Besserwissers berücksichtigt werden könnten.

All diese Maßnahmen im Umgang mit Besserwissern erfordern von deiner Seite extreme Geduld. Du musst denken, bevor du sprichst; du musst gewissenhaftes Backtracking betreiben; du musst alle deine Äußerungen den Zweifeln und Wünschen deines Gegenübers anpassen; und du musst neue Ideen indirekt ins Spiel bringen. (Und vielleicht musst du als Allererstes Tabletten gegen Übelkeit nehmen.)

Wie bei allen schwierigen Menschen musst du zuerst für dich entscheiden, ob das erhoffte Endergebnis die ganze Mühe wert ist. Du kannst dich damit trösten, dass die Strategie mit der Zeit einfacher umzusetzen sein wird. Das liegt nicht daran, dass dir das Einschleimen leichterfällt. Es liegt daran, dass der Besserwisser dich nicht mehr als »Feind« auf dem Radar hat, wenn du dich ihm lange genug auf nicht bedrohliche Weise näherst. Wenn deine Ideen angenommen werden und sich als effektiv erweisen, baust du eine Erfolgsbilanz auf, die dir bei ihm Respekt verschafft.

5. Schritt: Mentoring

Dieser Trick kann die gewünschte langfristige Veränderung auf kürzestem Wege herbeiführen: Erkläre deine sachkundige Problemperson einfach zu deiner Mentorin oder deinem Mentor in einem Lebensbereich, in dem du dich gern verbessern möchtest.

Indem du deinen Besserwisser wissen lässt, dass du sie oder ihn als Experten anerkennst und gern etwas lernen möchtest, machst du dich weniger bedrohlich. Und dann wird dich der Besserwisser mehr unterweisen als behindern. Es ist durchaus möglich, dass du nun von der Gruppe der »Unwürdigen« in die Gruppe der »einigermaßen Anhörenswerten« umsortiert wirst. Folglich kannst du deine Ideen und Informationen mit viel weniger Mühe vorbringen, und sie werden auf viel weniger Widerstand stoßen. Und je mehr sich deine guten Ideen bewähren, desto mehr beeindruckst du den Besserwisser.

Zusammengefasst

Wenn du es mit Besserwisserei zu tun hast, lautet die Devise: Neugier wecken.

Maßnahmen

1. Gut vorbereitet und informiert sein
2. Respektvolles Backtracking
3. Skepsis miteinbeziehen
4. Ideen indirekt ins Spiel bringen
5. Mentoring

13. Möchtegern-Besserwisser

Aus dem Wunsch heraus, Anerkennung zu erhalten, entwickeln Möchtegern-besserwisser ein aggressives Verhalten. Wenn sie sich in irgendeiner Weise herabgesetzt fühlen, lehnen sie sich weiter aus dem Fenster und versuchen, noch mehr Aufmerksamkeit auf sich zu ziehen. Möchtegern-Besserwisser sind sehr durchsetzungsfähig und mischen sich auch in Angelegenheiten ein, bei denen sie möglicherweise gar nicht erwünscht sind. Sie sind sehr menschenorientiert, weil sie von Menschen die ersehnte Aufmerksamkeit und Wertschätzung erhalten.

Möchtegern-Besserwisser haben zumindest eine einzigartige Fähigkeit: Sie können sich weit genug in ein beliebiges Thema einfuchsen, um darüber reden zu können. Sie haben auch eine besonders schlechte Angewohnheit. Sie sind süchtig nach Übertreibung, denn damit lässt sich Aufmerksamkeit erregen. Eigentlich müssten sie wissen, dass sie wie Lügner klingen, aber sie halten sich gewiss nicht für Lügner. Sie glauben, was sie sagen, auch wenn sie es zum ersten Mal hören. Je defensiver sie werden, desto öfter wiederholen sie sich. Wenn sie sich selbst reden hören, glauben sie, dass andere ihnen zustimmen. Auf diese Weise legen sie sich einen Konsens zurecht, der allerdings nur in ihrem Kopf existiert.

Anfangs kann es Spaß machen, sich diese Irrtümer anzuhören – ja es kann sogar witzig sein. Aber in Zeiten der Krise oder des Wandels werden diese Irrtümer bestenfalls lästig und schlimmstenfalls gefährlich. Nach einer Weile hört niemand mehr zu. In ihrer Verzweiflung ringen die Möchtegern-Besserwisser dann womöglich um noch mehr Aufmerksamkeit, was zu noch größerer Isolation und Missbilligung führt. Ziemlich bald bekommen sie gar nichts mehr: keine Aufmerksamkeit, keinen Respekt und keine Unterstützung. Eher heißt es über sie: »Bloß nicht ermutigen!« Infolgedessen werden selbst ihre besten Bemühungen und guten Ideen abgelehnt oder übersehen. Leider vergrößert das nur ihr Verlangen nach Aufmerksamkeit und verstärkt das Möchtegern-Verhalten.

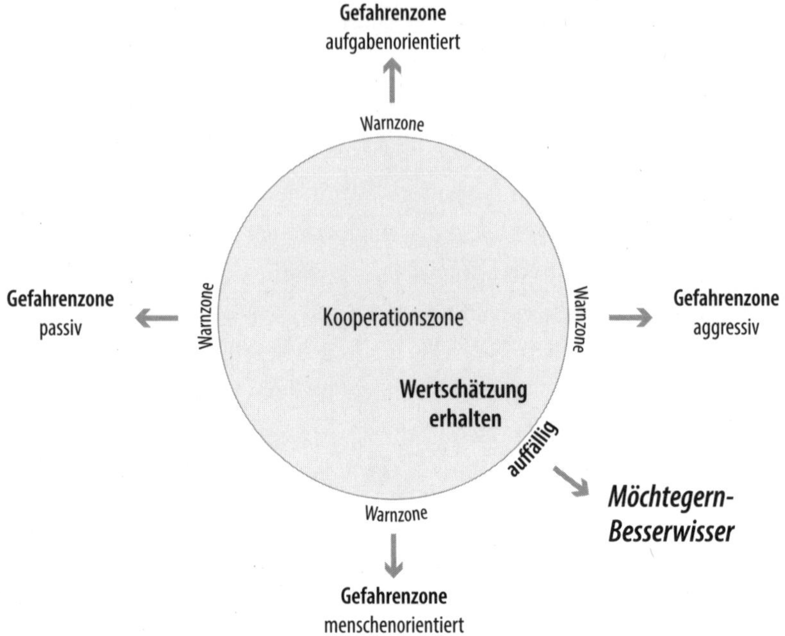

Eine Frage der Haltung

Wenn du eine geringe Toleranz gegenüber Menschen hast, die bis zur Lüge übertreiben oder falsche Informationen weitergeben, gibt es wahrscheinlich nichts, was du lieber tun würdest, als deren Blase zum Platzen zu bringen. Aber sei gewarnt: Wenn du sie herausforderst oder argumentativ bedrängst, besteht ihr einziger Ausweg darin, mit noch kühneren und lauteren Behauptungen zu kontern. Mit ihrer felsenfesten Überzeugung können sie Dritte beeinflussen, die es nicht besser wissen. Dies wiederum kann katastrophale Folgen haben, da Möchtegern-Besserwisser ihre Mitmenschen gern auf illusorische Wege führen.

Urteile nicht zu schnell. Glaube nicht, dass du über dieser Art von Verhalten stehst. Hast du selbst noch nie eine Idee vertreten, die du nicht durchdacht hattest und an die du nicht wirklich geglaubt hast? Vielleicht hast du schon mal etwas gelesen, es für wahr gehalten und anderen so präsentiert, als ob du etwas darüber wüsstest, und vielleicht bist du ausgerechnet dann an jemanden geraten, der oder die sachkundiger war – und wolltest dann einfach nur dein Gesicht wahren? Musstest du dich schon mal für eine Behauptung rechtfertigen, die du am liebsten nie geäußert hättest? Hast du schon mal etwas stark übertrieben? Immer wenn du so getan hast, als wüsstest du, wovon du sprichst, aber in Wirklichkeit unsicher warst oder keine Ahnung hattest, warst auch du ein Möchtegern-Besserwisser.

Also: Egal wie sehr sich dein Gegenüber die Wahrheit zurechtdehnt, du darfst nicht der Versuchung nachgeben, sie dir in die andere Richtung zurechtzudehnen. Wenn du das tust, verlierst du deine Glaubwürdigkeit, und man wird über dich genauso denken, wie du über deinen Möchtegern-Besserwisser denkst. Du musst den Drang unterdrücken, den Möchtegern-Besserwisser bloßzustellen, und stattdessen seine Einwürfe als geringfügige Störungen ansehen, auf die man kurz eingeht, bevor man weitermacht. Tatsächlich empfehlen wir als Haltung die Alan-Kirschner-Technik (siehe S. 82): »Wird das in 100 Jahren irgendwelche Auswirkungen haben?«

Das Gesicht zu verlieren, als Dummkopf dazustehen oder als Lügner abgestempelt zu werden, ist eine Furcht, die viele Menschen haben. In deiner Kindheit haben dich deine Eltern wahrscheinlich gelegentlich mit anderen Kindern verglichen. Vielleicht hast du auch die demütigende Erfahrung gemacht, im Schulsport als Letzter ins Team gewählt zu werden. Wir raten dir, in jedem Möchtegern-Besserwisser ein verängstigtes und unsicheres Kind zu sehen und mehr Mitgefühl für diese Menschen aufzubringen, die so hart um Aufmerksamkeit kämpfen müssen. *Mitgefühl* ist eine Haltung, aus der heraus du effektiver mit ihnen zurechtkommst. Das Leben von Möchtegern-Besserwissern ist hart, weil sie glauben, eine Fassade aufrechterhalten und ihre anhaltende Unsicherheit verbergen zu müssen. Mitgefühl gestattet dir, ihnen einen gesichtswahrenden Ausweg zu bieten, anstatt sie durch Demütigung zu strafen.

Was du auch noch brauchst, ist Geduld. Manchmal reden sich Möchtegern-Besserwisser regelrecht heiß und halten ihr Publikum in gespannter Aufmerksamkeit. Dann musst du möglicherweise auf den richtigen Moment warten, bevor du die Lage wenden kannst. Gutes Timing kann entscheidend sein, und gutes Timing erfordert Geduld.

Dein Ziel: dumme Ideen aus dem Verkehr ziehen

In der guten alten Varieté-Zeit zerrte man schlechte Artisten mit einem langen Haken von der Bühne. Genauso solltest du mit Möchtegern-Besserwissern verfahren, deren Nummer in die Hose geht. Allerdings musst du das so anstellen, dass sie dabei nicht in die Defensive geraten.

Maßnahmen

1. Schritt: Aufmerksamkeit schenken

Um Möchtegern-Besserwissern ein Minimum an Aufmerksamkeit zu schenken, gibt es zwei Möglichkeiten:

- *Begeistertes Backtracking.* Enthusiasmus ist für Möchtegern-Besserwisser das, was das Rampenlicht für Entertainer ist. Wenn du die Äußerungen deiner Problemperson mit Begeisterung zusammenfasst, kann sie todsicher sein, dass du ihr Aufmerksamkeit schenkst. Gleichzeitig traktierst du sie mit ihrer eigenen Dummheit.
- *Positive Absichten anerkennen, Inhalt ignorieren.* Zum Beispiel: In einer Besprechung macht ein Möchtegern-Besserwisser lächerliche Vorschläge und liefert nutzlose oder irrelevante Informationen. Um seine Absicht anzuerkennen, sagst du: »Danke für diesen Beitrag zur Diskussion.« Dabei musst du dem Inhalt des Beitrags keineswegs zustimmen. Stattdessen würdigst du die gute Absicht, die du der Anmerkung unterstellst.

Es ist höchst unwahrscheinlich, dass ein Möchtegern-Besserwisser an dieser Stelle ein ehrliches Geständnis ablegen wird: »Oh nein, ich wollte doch gar nichts beitragen. Ich bin ein Großmaul, das einfach gern im Mittelpunkt steht.«

Tatsächlich kann diese gutwillige Unterstellung ausreichen, um die böswillige Ablenkung zu beenden, denn damit erfüllst du den Wunsch nach Aufmerksamkeit. Und da dieser Wunsch nun erfüllt ist, tritt der Möchtegern-Besserwisser möglicherweise einen Schritt zurück und überlässt anderen das Rampenlicht des Gesprächs.

2. Schritt: nachfragen

Solange du sicher bist, dass dein Gegenüber *nicht* weiß, wovon es spricht, und dass du *weißt*, wovon du sprichst, sollte dir dieser Schritt nicht schwerfallen. Stelle deinem Besserwisser einige konkretisierende, klärende Fragen. Da Möchtegern-Besserwisser in groben Verallgemeinerungen reden, solltest du verallgemeinernde Ausdrücke hinterfragen:

»Alle« – »Wer genau?«
»Immer« – »Wann genau?«
»Signifikant« – »In welcher Hinsicht signifikant?«

Warnung: Sei nonverbal sehr behutsam. Mit konkretisierenden, klärenden Fragen kannst du Möchtegern-Besserwisser in die Enge treiben. Sie können möglicherweise keine genauen Angaben machen, weil sie nichts Genaues wissen. Und in die Enge getriebene Besserwisser verteidigen sich, indem sie defensiver werden. Du solltest daher beim Stellen deiner Fragen möglichst unschuldig oder neugierig wirken und der Versuchung widerstehen, dein Gegenüber gründlich in Verlegenheit zu bringen. Denke daran, dass Demütigung als langfristige Strategie niemals funktioniert.

3. Schritt: Fakten auf den Tisch

Jetzt ist ein guter Zeitpunkt, um das Gespräch wieder auf die Realität zu lenken. Du stellst fest, wie es aus deiner Sicht ist, und wenn du daran denkst, in der »Ich«-Form zu sprechen, klingen deine Richtigstellungen maximal harmlos. Leite die Fakten mit Formeln wie »So, wie ich es verstehe …«, »Wenn ich es richtig gelesen habe …«, »Ich habe gesehen, dass …« ein. Deine Richtigstellung kannst du auch mit dem Verweis auf seriöse Quellen untermauern, aber Vorsicht: Manche Möchtegern-Besserwisser kontern dann mit ihren »alternativen« (d.h. unseriösen) Quellen und stiften dadurch Verwirrung. Um dies zu verhindern, ist es unerlässlich, dass du vor deiner Richtigstellung dein Gegenüber mit klärenden Fragen ausreichend verunsichert hast. Also erst Schritt 2, dann Schritt 3!

4. Schritt: Ausweg zeigen

Nun hat für den Möchtegern-Besserwisser die Stunde der Wahrheit geschlagen. Es ist offensichtlich geworden, dass du im Gegensatz zu ihm weißt, wovon du sprichst. Widerstehe der Versuchung, ihn in Verlegenheit zu bringen. Hole ihn stattdessen auf deine Seite, indem du ihm einen Ausweg bietest und verhinderst, dass er in die Defensive gerät. Wenn du beispielsweise gerade einen Beleg zitiert oder vorgelegt hast, kannst du sagen: »Na, vielleicht hast du den Artikel noch nicht gelesen?«

Eine weitere Ausweichmöglichkeit, die du in dieser Phase gewinnbringend nutzen kannst, ist die sogenannte Junk-O-Logic (»Quatschlogik«), eine in den 1950er-Jahren von Werbeleuten entdeckte Technik. Demnach kann man jemandem zwei beliebige, voneinander unabhängige Ideen präsentieren und so tun, als wären sie verbunden – und der Empfänger der Doppelbotschaft stellt selbst die Verbindung her. Wenn du aufs Handy guckst, eine Zeitschrift aufschlägst oder eine Plakatwand anschaust, kriegst du höchstwahrscheinlich Bilder gezeigt, die nichts mit dem beworbenen Produkt zu tun haben.

Unser Rat ist, dass du die Ideen deines Möchtegern-Besserwissers nimmst, sie mit deinen eigenen verknüpfst und dann so tust, als wären sie irgendwie verbunden. Das verwirrt Möchtegern-Besserwisser und schickt sie auf eine Sinnsuche, von der sie vielleicht gar nicht mehr zurückkehren. Zumindest beschäftigt es sie lange genug, um das Meeting wieder in Gang zu bringen.

Hier ist ein Beispiel: »Danke. Ich bin froh, dass du das ansprichst! Denn es zeigt ja sehr eindrücklich die Bedeutung von …« – und schon kommst du auf die eigentliche Sachlage zurück. Damit bringst du den Möchtegern-Besserwisser kurzzeitig aus dem Konzept, sodass du das Gespräch wieder in vernünftige Bahnen lenken kannst.

Ein anderer möglicher Ausweg für deinen Möchtegern-Besserwisser besteht darin, so zu tun, als ob dich seine Falschdarstellung an die Fakten erinnert hätte. Sage ihm, dass du ihn für seine Bemühungen wertschätzt: »Danke, dass Sie das Thema ansprechen. Ich hatte diese Dokumente ganz vergessen. Jetzt weiß ich wieder …« Die angebotene Wertschätzung kann der Möchtegern-Besserwisser unmöglich ablehnen. Er hält inne, um die Wertschätzung wertzuschätzen, und du machst einfach weiter.

Das Entscheidende bei alledem ist die Erkenntnis, dass Möchtegern-Besserwisser nicht so an ihren Vorstellungen hängen wie Besserwisser. Wenn du ihnen die Möglichkeit gibst, mit dir einer Meinung zu sein, stehen die Chancen gut, dass sie auf den Zug aufspringen. Diese Taktik hat auch strategische Auswirkungen. Wenn Möchtegern-Besserwisser wiederholt zu spüren bekommen, dass du weißt, wovon du sprichst, verzichten sie eher darauf, deinen Standpunkt vor anderen anzuzweifeln. Eher werden sie versuchen, dein Kumpel zu werden, denn wer kein Gewinner ist, will wenigstens auf der Gewinnerseite sein. Hier kommt der nächste Schritt ins Spiel.

5. Schritt: Teufelskreis brechen

Die langfristige Vorgehensweise besteht darin, zunächst den Teufelskreis zu erkennen, in den das Verhalten eines Möchtegern-Besserwissers führt, und den Kreislauf dann zu durchbrechen. Solange solche Menschen als ahnungslose und störende Nichtswisser gelten, strengen sie sich nur noch mehr an. Dann werden sogar ihre besten Leistungen und guten Ideen ignoriert oder als Glückstreffer abgetan, und die Möchtegern-Besserwisser bekommen nicht die Anerkennung, die ihnen zusteht. Dies kann leider zu einer Zunahme des negativen Verhaltens führen.

Diesen eskalierenden Kreislauf kannst du auf zweierlei Weise durchbrechen:

- Kläre in sanfter Konfrontation über die Folgen des negativen Verhaltens auf.
- Achte aktiv darauf, was deine Problemperson richtig macht, und gib ihr die verdiente Anerkennung. Für manche ist das schon alles, was sie brauchen, und das Problemverhalten lässt nach. Andere lernen dadurch, wie sie Anerkennung gewinnen können. Dies kann die Flut von Dummheiten eindämmen und ihre Kraft in produktivere Kanäle lenken.

Zusammengefasst

Wenn jemand irrigerweise glaubt, es besser zu wissen, lautet die Devise: dumme Ideen aus dem Verkehr ziehen.

Maßnahmen

1. Aufmerksamkeit schenken
2. Nachfragen
3. Fakten auf den Tisch
4. Ausweg zeigen
5. Teufelskreis brechen

14. Granate

Wenn die Bemühungen eines Menschen, *Wertschätzung zu erhalten*, durch die Gleichgültigkeit anderer vereitelt werden, kann derjenige zur Granate werden. Sein ganzes Verhalten kann sich zu einer unausweichlichen und unmittelbaren Forderung nach Aufmerksamkeit wandeln. Als letzte Verteidigungstaktik gegen das Gefühl der Unwichtigkeit explodiert ein solcher Mensch dann oder verliert die Kontrolle über die Gefühle. Wird dieses Verhalten über Jahre toleriert, dann kann es auch zur ersten Verteidigungslinie werden.

Manche unterdrücken ihr Gefühl der Bedeutungslosigkeit zehn Jahre lang, bevor sie in die Luft gehen. Andere machen sich täglich Luft. Manche explodieren vor Fremden, während andere es sich für die Familie aufsparen. Aber jeder Mensch hat früher oder später einen Wutanfall. Eine Granate, die bereit ist zu explodieren, kann durch alles Mögliche aktiviert werden. Es kann ein Tonfall sein, ein Gesichtsausdruck, etwas Gesagtes oder Ungesagtes oder irgendein Aspekt der Situation an sich. Alles, was man an diesem Punkt sagt oder tut, verschlimmert die Situation nur noch. Nur Sekunden nach Beginn der Explosion artet sie zur Kettenreaktion aus.

Wenn du im Erwachsenenalter jemals vor Zeugen die Kontrolle über dich selbst verloren hast, wirst du bestätigen können, dass es beschämend ist, in die Luft zu gehen und nicht runterkommen zu können. Granaten hassen sich selbst für ihr Verhalten, und zwar währenddessen, nachher und immer dann, wenn sie befürchten, dass es wieder so weit ist. Dieser nie endende Kreislauf des Selbsthasses ist die tickende Uhr, die die Explosion auslöst. Oft verlassen Granaten den Ort der Explosion, sobald sie merken, was sie angerichtet haben. Sie hoffen, dass die Wunden heilen und die Zeugen vergessen, was passiert ist. Leider vergisst niemand, was passiert ist. Wenn sich der Rauch verzogen und der Staub gelegt hat und die Granate zurückkehrt, beginnt der Kreislauf normalerweise sofort wieder mit der Ansammlung einer kritischen Masse. Offensichtlich ist dies ein volatiler Kreislauf, der sich selbst fortsetzt, bis der Adrenalinvorrat vollständig erschöpft ist. In einer solchen Lage ist ein Gramm Vorbeugung mehr wert als ein Kilo Heilung. Es muss nicht zur Explosion kommen und auch nicht so oft. Man muss sich nur einmischen, sobald man das ferne Donnergrollen hört.

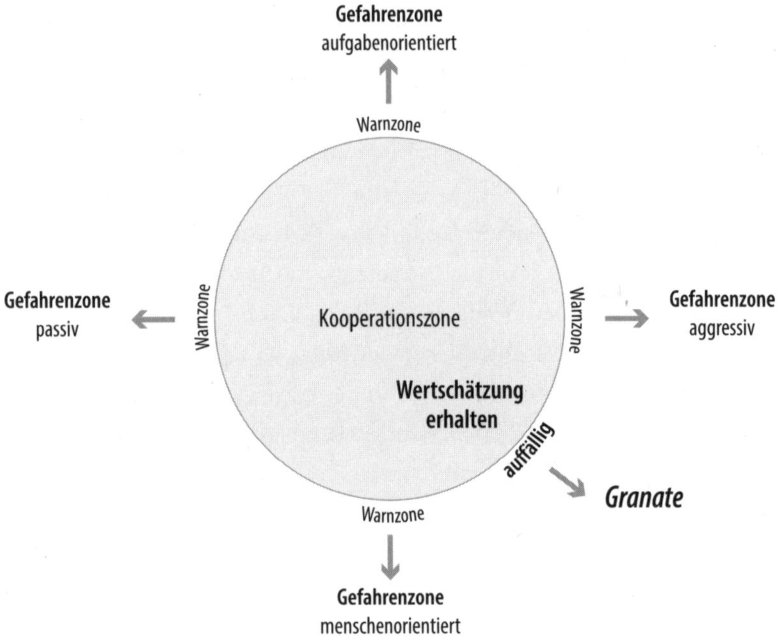

Eine Frage der Haltung

Die beiden häufigsten Reaktionen auf explodierende Granaten sind: 1) wegen der Explosion selbst explodieren oder 2) sich still zurückziehen und die Granate aus sicherer Entfernung hassen. Beide Reaktionen basieren auf Abscheu und manchmal auch Furcht. Menschen zu hassen, die sich selbst hassen, ist ungefähr so sinnvoll wie die Zugabe von Benzin zu einem ohnehin schon lodernden Feuer, wo doch eigentlich ein kühler Kopf und schnelles Handeln gefordert wären. Anstatt sich zu sagen: »Ich brauche das nicht und ich verdiene das auch nicht«, kannst du dir selbst einen Gefallen tun und deiner Granate ihre vorübergehenden Momente der Tobsucht verzeihen. Denn was man nicht verzeiht, das lebt man selbst. Um den Teufelskreis zu durchbrechen, musst du aufhören, der Granate das vorzuwerfen, was sie sich selbst schon vorwirft.

Wie verzeiht man fast Unverzeihliches? Man atmet einfach weiter ein und lässt mit jedem Ausatmen die quälenden Reflexe etwas mehr los. Wenn du rotsiehst, dann ändere die Farbe zu einem entspannenden Blau oder Grün. Oder schreibe einen wütenden Brief, in dem du all deiner eigenen Frustration und Enttäuschung Luft machst. *Achtung: diesen Brief nicht absenden!* Wenn du mit dem Schreiben fertig bist, verbrennst du ihn.

Lerne dann, die Granate mit anderen Augen zu sehen. In einem Seminar hat uns eine Frau erzählt, dass sie sich ihren Chef, sobald er einen Wutanfall bekommt, einfach als einen Zweijährigen mit voller Windel vorstellt, der einen Trotzanfall hat (was gar nicht so weit von der Wahrheit entfernt ist), und ihn entsprechend behandelt. Ein anderer Seminarteilnehmer hat uns erzählt, dass er sich gerne ein *komisches Bild* ausdenkt, um das Verhalten der Granate zu entschärfen. Zum Beispiel stellt er sich vor, der gerade explodierenden Granate eine Sahnetorte ins Gesicht zu klatschen.

Dein Ziel: die Lage in den Griff kriegen

Wenn Granaten beginnen, die Kontrolle über die Situation zu verlieren, besteht dein Ziel im Wesentlichen darin, die Kontrolle zu übernehmen. Du kannst die Granate zwar nicht daran hindern, zu explodieren, sobald der Splint gezogen ist, aber unter den richtigen Bedingungen können Granaten sich selbst stoppen. Diese Bedingungen kannst du schaffen.

Maßnahmen

1. Schritt: Aufmerksamkeit auf sich lenken

Um die Aufmerksamkeit von jemandem zu bekommen, der gerade die Kontrolle über sich selbst verliert, rufst du seinen Namen so laut, dass du durch die Explosion hindurch wahrgenommen werden kannst. Dabei machst du mit beiden Händen vor dem Körper eine beschwichtigende Bewegung. (Das funktioniert auch am Telefon.) Wenn du den Namen nicht weißt, benutzt du irgendeine Anrede, aber wie auch immer du die Granate nennst, du musst laut genug sprechen, um gehört zu werden. Da du nicht als aggressiv missverstanden werden willst, bleibst du in Tonfall und Wortwahl unbedingt freundlich. Bewege dabei die Arme vor und zurück, um Aufmerksamkeit zu erregen.

2. Schritt: aufs Herz zielen

Jetzt musst du deinem Problemmenschen dein aufrichtiges Mitgefühl zeigen, indem du sagst, was er hören will. Durch genaues Hinhören kannst du die Ursache der Explosion ermitteln und dann durch mitfühlendes Backtracking zurückspiegeln. Die ersten frustrierten Äußerungen, die zum Ausbruch führen, haben meist etwas mit den konkreten Umständen zu tun. Danach eskalieren sie schnell in grobe Verallgemeinerungen oder in Bereiche, die nichts mit den Umständen zu tun haben. Zum Beispiel: »Niemand fragt, wie lange ich daran gearbeitet habe! Niemand interessiert sich dafür, wie ich mich fühle! Das ist das Problem heutzutage! Schlamperei! Dasselbe mit der Regierung! Die Umwelt ist kaputt! So ein Verbrechen! Genau wie mein Vater, der …«

Dem setzt man entgegen: »Frank, Frank, wir sehen das. Wir sehen, wie lange du daran gearbeitet hast.«

Es ist nicht nötig, über die Weltlage, die Regierung, die Umwelt oder Franks Vater zu reden. Es reicht, seine anfänglichen Klagen anzusprechen.

Es gibt noch eine Möglichkeit. Du kannst bei Granaten allgemeingültige Unterbrechungsformeln anwenden. Du kannst sagen: »Ich möchte nicht, dass du dich so fühlst! Niemand sollte sich so fühlen müssen. Hier liegt ein

Missverständnis vor! Frank! Frank! Du musst dich nicht so fühlen.« Das kann funktionieren, weil die Granate ihre Gefühle genauso wenig mag wie du. »Frank, Frank, wir verstehen dich. Uns ist nicht egal, wie lange du daran gearbeitet hast, Frank! Du musst nicht so fühlen. Das ist ein Missverständnis!«

In einer privaten Beziehung kannst du wiederum anders verfahren. Du zielst auf den inneren Selbsthass ab, indem du sagst: »Ich liebe dich, ich sorge mich um dich, und es ist gut, all das rauszulassen. Lass es raus. Offensichtlich verärgert dich irgendwas, und darum kümmern wir uns jetzt.«

Zugegeben, solche Worte sind leicht dahergesagt. Sie tatsächlich auch zu meinen ist das Kunststück. Das Allerletzte, was du einer Granate sagen willst, ist: »Gut, das alles rauszulassen.« Aber die Granate ist meist so weggetreten, dass sogar leere Worte besser wirken als gar keine Worte. Und wenn deine Worte ins Herz treffen, wirst du überrascht sein, wie schnell sich die Granate beruhigt.

3. Schritt: Intensität mindern

Wenn du gut gezielt hast, reagiert die Granate auf den Herztreffer, indem sie die Wut abzuschütteln versucht oder schnell mit den Augen blinzelt. Das ist ein gutes Zeichen dafür, dass du ins Schwarze getroffen hast, denn es bedeutet, dass dein Problemmensch eine Systemprüfung durchführt, um festzustellen, ob etwas beschädigt wurde, bevor er oder sie wieder zur Besinnung kommt. Wenn du diese Art von Reaktion bemerkst, kannst du die Lautstärke und Intensität deiner Stimme langsam senken. Indem du die Intensität deiner eigenen Kommunikation reduzierst, kannst du Granaten vom Höhepunkt der Explosion auf ein normales Gesprächsniveau herunterreden.

4. Schritt: Pause einlegen

Es hat absolut keinen Sinn, ein vernünftiges Gespräch über die Ursache der Explosion zu führen, während im Blut der Granate immer noch kochendes Adrenalin zirkuliert. Erst einmal geht es darum, eine Auszeit zu verhängen und die Situation vollständig abkühlen zu lassen. Egal, ob das zehn Minuten, eine Stunde, einen Tag oder eine Woche dauert, erst nach einer solchen Pause kann man gewinnbringend auf den Wutanfall zurückkommen: »Frank, lass uns eine Pause einlegen. Danach können wir uns zusammensetzen und die Sache klären.«

5. Schritt: Prävention

Der fünfte Handlungsschritt betrifft die langfristige Beziehung und ist daher der wichtigste. Finde den Sicherungsring der Granate und ziehe nicht daran! Wenn du herausfinden kannst, was den Splint zieht, kannst du Maßnahmen ergreifen, die verhindern, dass er wieder gezogen wird. Die Suche nach der Sicherung geschieht zu einer anderen Zeit und an einem anderen Ort als die Explosion. Sie geschieht, wenn Ruhe herrscht und alle Beteiligten in der Kooperationszone sind. Du kannst ganz direkt danach fragen, was deine Granate so wütend macht. Dies setzt voraus, dass deine Beziehung zur Granate gut genug für eine solche Frage ist.

Einen passenden Einstieg findest du, indem du deine Absicht klar formulierst: »Ich möchte das Konfliktpotenzial mit dir reduzieren.« Erkundige dich dann, was die Granate beim »letzten Mal« so wütend gemacht hat. Setze klärende Fragen ein, um Einzelheiten zu erfahren. Eine nützliche Frage ist: »Woher weißt du, wann du wütend wirst?« Wenn eine Granate zum Beispiel sagt: »Ich bin ausgerastet, weil niemand zugehört hat«, dann versuche nicht, sie vom Gegenteil zu überzeugen, auch wenn du weißt, dass alle zugehört haben. Die Aussage der Granate bedeutet ja, dass das Signal, das anzeigt, dass alle zuhören, nicht empfangen wurde. Frage die Granate in einem freundlichen Ton: »Woran merkst du, ob die Leute zuhören?«

Die Antwort könnte lauten: »Daran, dass alle nicht einfach nur dasitzen. Daran, dass sie reagieren!«

Jetzt fragst du natürlich: »Wie würde sich das äußern, wenn sie zuhören?« Nimm bloß nichts als selbstverständlich hin. Sei präzise. Du kannst fragen, wie genau du helfen könntest, wenn die Situation das nächste Mal außer Kontrolle gerät. Manche Leute wollen gar keine Hilfe erhalten, sondern nur in Ruhe gelassen werden, sagen das aber von selbst nicht.

Vielleicht stellst du auch fest, dass gar nicht du selbst den Splint ziehst. Wenn jemand anderes im Betrieb der Stiftzieher ist, dann liegt die Lösung in Teambildung, zwischenmenschlicher Kommunikation und Konfliktlösung. Manchmal wird die Sicherung zu Hause gezogen und lediglich die Explosion passiert auf der Arbeit.

In diesem Fall muss man dafür sorgen, dass die Problemperson den Unterschied zwischen Zuhause und Büro versteht.

Was auch immer die Ursache der Explosion ist, wenn du dir jeden Tag ein wenig Zeit nimmst, um dir die Probleme der Granate aktiv anzuhören, und diese Person aktiv dabei unterstützt, zu reden, statt zu explodieren, dann hat das nach und nach eine positive Wirkung, die die Häufigkeit und Intensität des Problemverhaltens verringern wird. Zumindest wirst du einer der wenigen Menschen sein, in deren Nähe die Granate nie wieder in die Luft geht.

Zusammengefasst

Wenn eine Granate hochgeht, lautet die Devise: die Lage in den Griff kriegen.

Maßnahmen

1. Aufmerksamkeit auf sich lenken
2. Aufs Herz zielen
3. Intensität mindern
4. Pause einlegen
5. Prävention

15. Jasager

Bei vielen Jasagern steht einer starken Menschenorientierung eine schlechte Aufgabenorientierung gegenüber. Sie gehen also bei den meisten Aufgaben extrem unorganisiert vor. Wenn sie dazu noch ihr Leben nach den Wünschen anderer Menschen ausrichten, können sie sich leicht übernehmen. Manchmal haben sie gar keine klare Vorstellung davon, wie sie Aufgaben bewältigen sollen, zu denen sie sich bereit erklärt haben, weil sie die Aufgaben vorher gar nicht analysiert haben. Oft sagen sie hü und machen hott und denken gar nicht an die Konsequenzen. Sie merken nur, dass irgendjemand etwas will, und können nicht Nein sagen. Angetrieben von dem Wunsch, sich anzupassen und mit anderen auszukommen, nehmen Jasager gern zu viel auf sich, nur um zu gefallen.

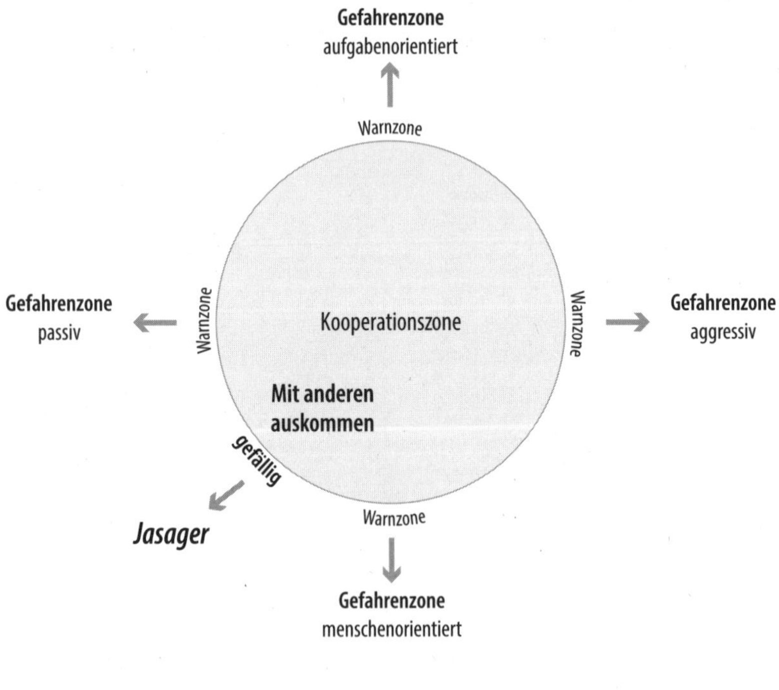

Weil sie nette Leute sind, hoffen Jasager, dass alles schon irgendwie klappen wird. Wenn es dann nicht klappt, fühlen sie sich deswegen wirklich furchtbar. Verantwortlich für ihr Versäumnis fühlen sie sich allerdings nicht, denn die Probleme haben immer eine Reihe von Ursachen, die außerhalb ihrer Kontrolle liegen. Also bieten sie Entschuldigungen und Erklärungen an und hoffen, damit die Nichteinhaltung ihrer Versprechen irgendwie auszugleichen.

Zeigt man sich dann ihnen gegenüber verärgert, dann wahren sie manchmal nach außen hin ein freundliches Gesicht, während in ihrem Inneren eine stille Feindseligkeit hochkocht. Jasager wollen niemanden vor den Kopf stoßen, nicht einmal diejenigen, auf die sie wütend sind. Dass sie mit anderen *auskommen* wollen, hindert sie daran, anderen unangenehme Wahrheiten zu sagen. Selbst wenn man ihnen eine Entschuldigung und das Versprechen, es beim nächsten Mal besser zu machen, entlockt, ist das keine Garantie dafür, dass sie vorhaben, das Versprochene wirklich umzusetzen.

Eine Frage der Haltung

Wenn dich ein Jasager mit einem Haufen leerer Versprechungen hängen lässt, fühlst du dich verraten und willst ihn am liebsten zur Rede stellen. Doch dem Jasager die Schuld zu geben und ihn zu beschämen, fördert das Fehlverhalten nur noch. Aus dem Wunsch heraus, mit dir *auszukommen*, wird er dir alles sagen, was dich vermeintlich besänftigt, selbst wenn es bedeutet, dass er noch mehr unrealistische Verpflichtungen eingeht. Und falls ihn das klärende Gespräch verärgert, drückt er seine Einwände wahrscheinlich nicht laut aus, sondern weicht auf passiv-aggressives Verhalten aus. Fazit: Du wirst Jasager nie dazu bringen, Versprechen zu halten, indem du ihnen ein schlechtes Gewissen wegen gebrochener Versprechen machst.

Möglicherweise musst du tief in deinem Inneren nach aufrichtiger, großherziger Anteilnahme suchen. Menschen, deren oberste Priorität es ist, mit anderen auszukommen, werden irgendwie spüren, wenn du etwas anderes als den Aufbau eurer Beziehung im Sinn hast. Mit Jasagern brauchst du grundsätzlich viel Geduld. Du musst einsehen, dass es Jasagern schlicht und ergreifend an organisatorischen Fähigkeiten mangelt und dass sie zu unorganisiert sind, um den Mangel zu erkennen und zu beheben. Aber du kannst eure gemeinsame Zukunft verbessern, indem du deinem Jasager hilfst, besser mit seinen Aufgaben umzugehen. Mit geduldiger und fürsorglicher Unterstützung erweisen sich Jasager mit der Zeit als die besten Teammitglieder, die man haben kann.

Dein Ziel: Verlässlichkeit fördern

Bei diesen Problemmenschen besteht dein Ziel darin, dass du Zusagen bekommst, auf die du dich verlassen kannst. Dazu musst du es ihnen ermöglichen, ehrlich zu sein. Du musst ihnen bei der Arbeitsorganisation helfen und eure Beziehung stärken. Wie du sehen wirst, ist das ein ähnliches Ziel wie beim Umgang mit Vielleichtsagern, die ihre Mitmenschen aus Entscheidungs- und Konfliktscheu hängen lassen. Der Unterschied besteht darin, dass es Jasagern ziemlich leichtfällt, den Anschein einer Entscheidung zu erwecken. Das Schwierige ist, sie dazu zu bringen, das Zugesagte auch zu tun. Jasager müssen lernen, dass nett zu sein ganz nett ist, aber zuverlässig zu sein viel netter. Dein Ziel bei den Jasagern ist also, Zusagen zu bekommen, auf die du dich verlassen kannst.

Maßnahmen

1. Schritt: Ehrlichkeit ermöglichen

Sorge für eine geschützte Gesprächsumgebung, in der beide Seiten aufrichtig prüfen können, ob Versprechen zukünftig eingehalten werden. Die Atmosphäre sollte so entspannt sein, dass auch über Ärger oder Ängste ruhig gesprochen werden kann, so wie man unter Freunden wohlwollend über

Differenzen redet. Mit genügend Geduld kann ein einmaliges, langes Gespräch reichen, vielleicht sind aber auch mehrere Termine über einen längeren Zeitraum nötig.

Eine geschützte Atmosphäre stellt man am besten durch nonverbales Blending und durch verbale Bestätigung her: »Hör zu, ich mag dich. Du bist freundlich und sorgfältig, und ich glaube, wir können gut zusammenarbeiten. Seit der Sache mit der Abgabe neulich habe ich das Gefühl, dass wir reden müssen, sonst fühlen wir uns beide total unwohl.«

Dieser menschenorientierte Kommunikationsstil betont die Gefühlsebene. Indem du den Jasager als Freund oder Freundin ansprichst und zuerst über die Zukunft eurer Beziehung redest, schaffst du ein Gefühl der Geborgenheit, bevor du sachte die Fehler der Vergangenheit ins Gespräch bringst:

> *»Ich möchte, dass du weißt, dass du ehrlich zu mir sein kannst. Kann ich auch ehrlich zu dir sein?«*
> *»Ja, klar. Es tut mir wirklich leid wegen der Sache neulich, aber das war nicht meine Schuld. Ich glaube nicht, dass du das verstehst.«*
> *»Du hast recht. Ich verstehe es nicht, aber ich würde es gern verstehen …«*

Mache dir bewusst, dass jede Minute, die du im offenen Gespräch mit Jasagern verbringst, eine Investition in die Zukunft ist. Je vertraulicher eure Beziehung wird, desto eher kannst du die wahren Gedanken und Gefühle deines Jasagers herausfinden. So kannst du den Fehlschlägen und Enttäuschungen ein Ende setzen, zu guten Ergebnissen kommen und befreit weitermachen. Wenn du es gut machst, wird ein einmaliges, tiefes Gespräch über die Qualität von Vereinbarungen entstehen. Wenn du es verpatzt, wird es ein anhaltender Zwist. Deshalb ist es wichtig, eure Gespräche mit Ruhe anzugehen, genug Zeit dafür einzuplanen und sie nicht auf die leichte Schulter zu nehmen.

2. Schritt: ehrlich miteinander sprechen

Jasager können über etwas verärgert sein oder ihre eigenen Ausreden glauben, egal ob das deiner Meinung nach gerechtfertigt ist oder nicht. Ermutige deinen Jasager, mit dir darüber zu sprechen. Höre ihm zu, ohne Einwände zu erheben, voreilige Schlüsse zu ziehen oder Anstoß zu nehmen. Wiederhole seine Aussagen und beseitige Unklarheiten. Würdige unbedingt seine Ehrlichkeit und sage ihm, wie sehr du ihn schätzt.

»Du hattest also gar nicht genug Zeit, um die Abgabe zu schaffen? Warum hast du mir nicht gesagt, wie beschäftigt du bist?«
»Na, ich wollte dich nicht enttäuschen. Du weißt, wie das ist.«
»Also, für mich klingt das, als hätte niemand außer dir mitbekommen, wie viel du zu tun hast! Kein Wunder, dass du überfordert warst. Danke, dass du mir so ehrlich davon erzählt hast.«

Wie du siehst, ist es in der Kommunikation mit Jasagern nicht so wichtig, auf ihre Verfehlungen einzugehen und den eigenen Ärger darüber auszudrücken. Wichtiger ist es, ihnen Anerkennung für ihre Ehrlichkeit zu zollen – um hoffentlich in Zukunft mehr davon zu sehen.

3. Schritt: Planung ermöglichen

Wenn du dir den Standpunkt deines Jasagers angehört hast, wird dir klar sein, warum du ein Ja als Antwort nicht mehr einfach akzeptieren solltest. Jetzt muss ein Lernprozess angestoßen werden. Da man Planung am besten aus Erfahrung lernt, gehst du nun mit deinem jasagenden Gegenüber eure gemeinsame Geschichte durch und schreibst sie so um, dass eine positive Erfahrung mit einem eingehaltenen Versprechen entsteht:

»Für mich ist es wichtig zu wissen, dass meine Freunde und Kollegen auf mich zählen können und dass ich mich auf sie verlassen kann. Überlege mal, was es mit unserer Teamfähigkeit macht, wenn uns immer irgendetwas daran hindert, unsere Zusagen einzuhalten. Ich möchte dich Fol-

gendes fragen: Wenn wir in der Zeit zurückreisen könnten zu dem Meeting, als du die Aufgabe übernommen hast, was würdest du anders machen?«

Die Antwort darauf mag für dich offensichtlich sein, aber für deinen Jasager ist sie es nicht. Deshalb hilfst du ihm, die Möglichkeiten zu erkennen, die er nicht genutzt hat: dass er nur einen Teil der Aufgabe hätte übernehmen können; dass er hätte Bescheid sagen können, als er sich überfordert fühlte; dass er sich gar nicht hätte freiwillig melden müssen; dass er weitere Aufgaben hätte ablehnen können; dass er die Anfrage, die er sich nicht abzulehnen getraut hatte, einfach an dich hätte weitergeben können. Es hätte allerlei Möglichkeiten gegeben, ihm fehlte nur die Motivation, sie zu nutzen. Aber Zuverlässigkeit und das Bitten um Hilfe sind beides Akte der Teamarbeit und der Freundschaft.

Indem du die vergangene Erfahrung als Blaupause nimmst, könnt ihr gemeinsam zurückgehen und die Aufgabe noch einmal so anpacken, als läge sie in der Zukunft. Welche Motivation hat wo gefehlt? Was hätte man anders machen können? Wie hätte die Situation anders gehandhabt werden können? Hilf dem Jasager, sich auf spezifische Handlungsschritte und Prozesse zu konzentrieren, die zur Erfüllung der Aufgabe erforderlich sind. Denn dafür nehmen sich Menschen, deren oberste Priorität es ist, mit anderen auszukommen, selten die Zeit, bis ihnen jemand zeigt, wie wichtig Gründlichkeit ist. Setze dich mit den Ausreden auseinander, die der Jasager vorgebracht hat: das ununterbrochen klingelnde Telefon; die ständig vorbeischauenden Leute; die abzuarbeitenden Dinge, die dazwischenkamen, und so weiter – all diese Anzeichen sind Symptome einer desorganisierten, menschenorientierten Person.

An diesem Punkt denkst du vielleicht: »Moment, ich möchte nicht ihre Arbeit für sie tun müssen!« Und das musst du auch nicht. Aber wenn du dich schon über die nicht eingehaltenen Zusagen ärgerst, kannst du die Energie, die du in den Ärger investiert hast, genauso gut sinnvoll einsetzen. Wenn du dir die Zeit genommen hast, eine geschützte Atmosphäre für ehrliche Kommunikation zu schaffen, und deiner Jasagerin noch ein paar Grundlagen des

Selbstmanagements beibringst, musst du dich in Zukunft nicht mehr mit der Jasagerei auseinandersetzen.

4. Schritt: Verlässlichkeit einfordern

Bedanke dich am Ende des Gesprächs bei deinem Jasager dafür, dass er das Problem mit dir besprochen hat, und frage ihn: »Was wirst du anders machen, wenn du mir das nächste Mal ein Versprechen gegeben hast und es nicht halten kannst?« Sobald du die Antwort darauf erhalten hast, musst du für die Zukunft Verlässlichkeit einfordern.

Hier sind fünf einfache Möglichkeiten, um die Verlässlichkeit und das Einhalten von Zusagen zu fördern:

- *Ehrenwort einfordern.* Die einfachste Möglichkeit ist, dass du den Jasager bittest, die Zusage mit seinem Ehrenwort zu bekräftigen. Du schaust ihm in die Augen und sagst: »Habe ich denn dein Wort, dass du das unter allen Umständen erledigst?« Wenn Menschen ihr Ehrenwort geben, ist das eine tiefere Art der Zusage als ein einfaches »Mhm« oder »Ja«.
- *Zusammenfassen.* Lasse dir vom Jasager zusammenfassen, was zu tun ist. Seine Beschreibung der Einzelheiten unterstützt du mit Backtracking und klärenden Fragen. Sage so etwas wie: »Ich möchte sicherstellen, dass wir beide verstehen, wie das gemacht werden soll. Kannst du mir beschreiben, was du tun wirst und wann?«
- *Schriftlich fixieren.* Damit sich der Jasager besser an die Verpflichtung erinnert, lässt du ihn die Zusage aufschreiben, bevor du gehst. Bitte ihn, aufzuschreiben, was er vorhat. Er soll sich eine Notiz mit der motivierenden Formel »Ich werde …« und der jeweiligen Aufgabe an den Bildschirm, die Pinnwand oder den Kalender heften und dir eine Kopie davon geben. Die meisten organisierten Menschen sind sich einig, dass der körperliche Akt des Aufschreibens dazu führt, dass man sich die Verpflichtung leichter merkt und eher durchführt.
- *Merkwürdige Abgabefristen setzen.* »Dann ist das also am Mittwoch um 10:23 Uhr auf meinem Schreibtisch?« Die meisten Leute runden Zeitan-

gaben ab. Unrunde Uhrzeiten sind ungewöhnlich und bleiben daher besser in Erinnerung.

- *Negative Folgen beschreiben.* Die fünfte Möglichkeit besteht darin, auf die möglichen negativen Auswirkungen einer Nichteinhaltung hinzuweisen. Deine Beschreibung dieser Folgen wirkt am stärksten, wenn du sie auf Zwischenmenschliches beziehst. »Stellen wir uns vor, es ist Mittwoch, 10:23 Uhr, und dein Projekt ist noch nicht fertig. Wie werden sich dann alle fühlen, die sich auf dich verlassen haben?«

5. Schritt: Beziehung festigen

Bei allen Menschen, die mit anderen auskommen wollen, aber besonders bei solchen, die bereits für einige Schwierigkeiten verantwortlich sind, musst du jede Interaktion als Gelegenheit zur Stärkung eurer Beziehung sehen. Lobe deine Jasager jedes Mal, wenn sie ehrlich ihre Zweifel und Bedenken mitgeteilt haben, feiere jede eingehaltene Zusage und gehe ganz behutsam mit gebrochenen Versprechen um.

Es wird weiterhin vorkommen, dass deine Jasager Versprechen nicht einhalten. Das liegt daran, dass Aufgaben- und Zeitmanagement Fähigkeiten sind, die man nur mit Zeit und Erfahrung lernt. Wir raten dir, mit gebrochenen Versprechen behutsam umzugehen. Wenn Menschen Fehler machen und man sie darauf hinweist, gehen sie schnell in die Defensive. Lieber solltest du Fehler und gebrochene Versprechen als Gelegenheiten nutzen, um deinem Gegenüber bei der Entwicklung seiner Fähigkeiten zu helfen. Wenn man Menschen geschickt korrigiert, verbessert sich dadurch die Beziehung. Das geht so:

- *Das Fehlverhalten und seine Folgen möglichst genau beschreiben.* Sage nicht deine Meinung, sondern liefere die Fakten. Achte darauf, dass du es mitfühlend und aufrichtig tust: »Du hast dich doch verpflichtet, das Angebot zusammenzubasteln.«
- *Feststellen, dass andere betroffen sind.* »Als Ergebnis haben wir uns vor einem wichtigen Kunden blamiert. Die Geschäftsleitung ist enttäuscht. Wir haben ihr Vertrauen verloren.«

- *Die eigenen Gefühle benennen.* Enttäuscht, wütend, frustriert und so weiter. Übertreibe nicht, aber sei ehrlich: »Ganz ehrlich, ich bin enttäuscht und sehr frustriert darüber.«
- *Gute Absicht unterstellen.* Sage: »Das ist nicht deine Art.« Auch wenn es natürlich seine oder ihre Art ist. Positive Unterstellungen streitet man nicht ab, sondern man versucht, sie zu erfüllen. »Das sieht dir nicht ähnlich, all diese Leute hängen zu lassen. Ich weiß, dass es dir wichtig ist, gute Arbeit zu leisten und Teil des Teams zu sein, und ich weiß, dass du liefern kannst, was du versprichst. Ich weiß auch, dass du keine Versprechen machen musst, die du nicht halten kannst.«
- *Aus dem Fehler eine Lehre für die Zukunft ziehen.* Im Moment des Lernens werden negative Erinnerungen in nützliche Erfahrungen verwandelt: »Sag mal, was würdest du anders machen, wenn du es noch einmal machen könntest?« Mit diesem Trick kannst du einen Misserfolg in einen Erfolg für euch beide verwandeln.

Dieselbe Vorgehensweise kann auch dann zur Stärkung der Beziehung angewendet werden, wenn jemand erfolgreich ein Versprechen erfüllt hat. Normalerweise hört man, wenn man Wort gehalten hat, ein knappes »Dankeschön«, und das war's. Bei Jasagern und Vielleichtsagern kann das Dankeschön die Wahrscheinlichkeit erhöhen, dass in Zukunft Versprechen eingehalten werden. Hier sind die gleichen fünf Schritte, aber eben auf eine gehaltene Zusage angewendet:

- *Den Erfolg und seine Folgen möglichst genau beschreiben.* Sage nicht deine Meinung, sondern liefere die Fakten: »Du hast dich verpflichtet, das Angebot zusammenzubasteln, und genau das hast du gemacht.«
- *Feststellen, dass andere betroffen sind.* »Als Ergebnis haben wir einen neuen Kunden gewonnen. Die Geschäftsleitung ist begeistert. Wir stehen richtig gut da.«
- *Die eigenen Gefühle benennen.* Erfreut, beeindruckt, dankbar: »Ich bin dankbar, dass du dich darum gekümmert hast. Ich bin auch beeindruckt von der Gestaltung des Angebots!«

- *Gute Absicht unterstellen.* Dadurch schaffst du eine mentale Verknüpfung mit der Eigenschaft, Wort zu halten: »Das ist eines der Dinge, die ich an dir mag. Wenn du etwas machst, dann richtig.«
- *Aus dem Erfolg auf die Zukunft schließen.* »Es war mir eine Freude, mit dir an dieser Sache zu arbeiten, und ich freue mich auf die zukünftige Zusammenarbeit.«

Durch die Stärkung deiner Beziehung zu Ja- oder Vielleichtsagern festigst du nicht nur dein eigenes Netzwerk aus zuverlässigen Menschen, sondern erreichst auch für dich eine besondere Befriedigung. Denn du schaffst damit eine bedeutende Verbesserung im Leben anderer Menschen.

Zusammengefasst

Wenn jemand zum Jasager wird, lautet die Devise: Verlässlichkeit fördern.

Maßnahmen

1. Ehrlichkeit ermöglichen
2. Ehrlich miteinander sprechen
3. Planung ermöglichen
4. Verlässlichkeit einfordern
5. Beziehung festigen

16. Vielleichtsager

Entscheidungsfreudige Menschen wissen, dass jede Entscheidung Vor- und Nachteile hat. Sie sind daran gewöhnt, auf der Grundlage verfügbarer Informationen die bestmögliche Entscheidung zu treffen und dann mit allen eventuell auftretenden negativen Folgen umzugehen. Aber diejenigen, die zu Vielleichtsagern werden, erkennen den Weg zur besten Wahl nicht mehr, weil die Kehrseite jeder Wahlmöglichkeit sie blendet.

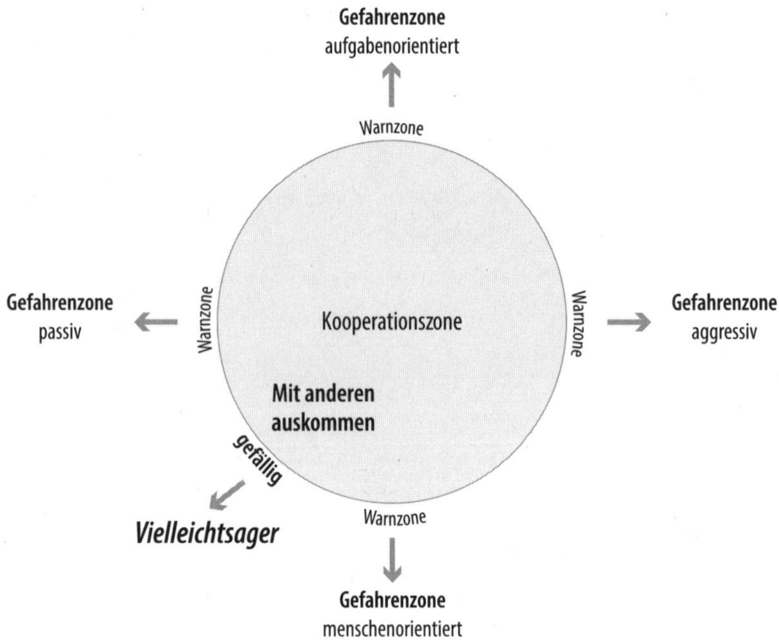

Aus allen möglichen Gründen – aus dem Wunsch heraus, niemanden zu stören, niemanden zu verärgern, nicht schuld an Fehlschlägen zu sein – suchen sich Vielleichtsager bei der Entscheidungsfindung keine Hilfe. Also prokrastinieren sie und schieben die Entscheidung hinaus, in der Hoffnung, dass sich noch eine bessere Wahl eröffnet. Leider kommt bei den meisten Entscheidungen ein Punkt, an dem es für die Entscheidung zu spät ist und die Entscheidung von selbst fällt.

Eine Frage der Haltung

Der Ärger über unentschlossene Menschen ist völlig verständlich und völlig wirkungslos. Ungeduld gegenüber den Zögernden erzeugt bei ihnen Stress, und Stress macht eine schwierige Entscheidung noch schwieriger. Wut gibt dem Entscheidungsprozess den Todeskuss. Wenn man Vielleichtsager zu einer Entscheidung drängt, setzen sie nur noch mehr Bedenken dagegen. Stellt man sie vor die Wahl, dann scheuen sie zurück und bocken. Wenn du wütend oder ungeduldig bist, solltest du dich daher lieber mit diesen Gefühlen auseinandersetzen, bevor du dich mit Problempersonen befasst.

Du brauchst menschliche *Wärme*, *Sensibilität* für die Gefühle anderer, *Geduld* und den *Wunsch zu helfen*. Wärme ist notwendig, weil sie Vielleichtsagern hilft, dir so weit zu vertrauen, dass sie sich entspannen und klarer denken. Sensibilität ist nötig, denn ohne Sensibilität kann das Vertrauen dieser Menschen augenblicklich weg sein. Dann stürzen Vielleichtsager womöglich in einen Abgrund des Zweifels, weil sie dir etwas anvertraut haben. Geduld ist erforderlich, weil die Informationsgewinnung Zeit braucht und von dir verlangt, dass du sie im Vielleichtsager-Tempo ablaufen lässt. Und der Wunsch zu helfen ist unerlässlich, weil du dieser Person Techniken der Entscheidungsfindung beibringen musst.

Dein Ziel: Entschlussfreudigkeit beibringen

Das wahre Problem von Vielleichtsagern ist simpel: Sie haben keine systematische Methode, um zwischen unvollkommenen Optionen zu wählen. Dein Ziel sollte daher sein, ihnen eine Strategie für die Entscheidungsfindung an die Hand zu geben und sie dazu zu motivieren, diese auch anzuwenden. Vielleicht hast du schon mal das Sprichwort gehört: »Gib Menschen einen Fisch, und sie haben einen Tag lang zu essen, aber lehre sie fischen, und sie werden ihr Leben lang satt.« Du musst also eine Atmosphäre schaffen, in der Vielleichtsager mit dem Aufschieben aufhören und lernen möchten, vernünftige Entscheidungen zu treffen.

Maßnahmen

1. Schritt: Komfortzone einrichten

Hast du schon mal einer Verkäuferin oder einem Verkäufer gesagt, du würdest »darüber nachdenken«, obwohl du das fragliche Teil sicher nicht kaufen wolltest? Warum hast du das getan? Weil der *Auskommen*-Teil von dir sich die Unannehmlichkeit ersparen wollte, die Wahrheit zu sagen?

Keine Frage: Nebulöse Ängste und negative Gefühle behindern das klare Denken. Denn wenn du es mit Menschen im *Auskommen*-Quadranten zu tun hast, dann treibt sie jede Konfrontation noch tiefer ins Wischiwaschi. Wenn du es schaffst, einen Vielleichtsager zu einer Entscheidung zu schubsen, ändert er wahrscheinlich seine Meinung, sobald ihn jemand drangsaliert, der andere Interessen verfolgt. Um ihm einen klaren Kopf zu ermöglichen, musst du um das Fällen der Entscheidung herum eine Komfortzone schaffen. Anstatt den Vielleichtsager zur Entscheidung zu drängen, solltest du dir Zeit nehmen und dich so einfühlsam wie möglich zeigen.

Sprich als Erstes an, wie wichtig eine verlässliche Beziehung zwischen euch ist, und äußere die Auffassung, dass sich Beziehungen durch offene Kommunikation verbessern. Da Vielleicht-Verhalten dann auftritt, wenn sich Menschen im *Auskommen*-Modus befinden, sprechen sogar Vorgesetzte auf diese Offenheit gut an. Zum Beispiel: »Es gibt bestimmt einen guten Grund, warum Sie sich noch nicht entschieden haben. Falls Sie sich Sorgen wegen meiner Reaktion machen, kann ich Sie beruhigen. Hauptsache, Sie sind ehrlich zu mir.«

Wenn du es für klug hältst, kannst du auch Vertraulichkeit zusichern. Dein Tonfall und Gesichtsausdruck sollten Geborgenheit und Sicherheit vermitteln.

2. Schritt: Konflikte benennen

Prüfe aus der Sicht der Vielleicht-Person gründlich alle Wahlmöglichkeiten und Hemmnisse, die mit dem Treffen der Entscheidung verbunden sind, und benenne alle Personen, die von der Entscheidung nachteilig betroffen sein könnten. Achte auf Worte wie »wahrscheinlich«, »ich denke schon«, »ziemlich«, »könnte sein« und so weiter. Nimm sie als Anzeichen des Zögerns und bohre nach. »Wenn dir irgendetwas an dieser Entscheidung Bauchweh macht, möchte ich es wissen. [Konflikt benennen] Du kannst es mir einfach sagen, auch wenn es mich betrifft. [Komfortzone schaffen]«

3. Schritt: methodisch entscheiden

Entscheidungen trifft man am besten mithilfe einer Entscheidungsfindungsmethode. Solche Methoden sind in großer Zahl entwickelt worden, sodass man das Rad hier nicht neu erfinden muss. Wenn du eine beherrschst, die bei dir gut funktioniert, dann bringe sie deinem Vielleichtsager bei.

Falls nicht, dann nimm die altbewährte, einfache Methode von Benjamin Franklin: Teile ein Blatt Papier mithilfe einer Längslinie in zwei Spalten. Platziere eine der Optionen oben auf der Seite und zähle links alle Pluspunkte auf und rechts alle Minuspunkte. Wiederhole diesen Vorgang für jede weitere Option. Manche Menschen vollbringen dies vor ihrem geistigen Auge, andere schreiben es lieber auf. Für Vielleichtsager ist es wahrscheinlich besser, klarer und für die Durchführung nutzbringender, wenn sie Vor- und Nachteile aufschreiben. Nachdem du diese Listen erstellt hast, vergleichst du sie. Sind alle Vor- und Nachteile ausformuliert, bekommt man ein allgemeines Gefühl dafür, welche Option die günstigere oder weniger negative ist.

Egal welche Entscheidungsmethode bei dir am besten funktioniert, du solltest sie konsequent mit deinen Vielleichtsagern anwenden, dann wird sie ihnen zur zweiten Natur.

4. Schritt: Rücken stärken

Sobald die Entscheidung getroffen ist, versicherst du deinem Vielleichtsager, dass es keine perfekten Entscheidungen gibt und dass die Entscheidung gut ist. Um die Durchführung zu gewährleisten, musst du an der Sache dranbleiben, bis die Entscheidung umgesetzt ist. Damit sie nicht im Sande verläuft, vereinbarst du am besten gleich eine Wiedervorlage: »Gute Entscheidung! Ich schaue heute Nachmittag noch mal vorbei, um zu hören, wie sie angekommen ist.«

5. Schritt: Beziehung festigen

Eine solche Stunde der Wahrheit bietet dir die Möglichkeit, deine Beziehung zum Vielleichtsager so zu festigen, dass Konflikte in Zukunft leichter an die Oberfläche kommen können. Als Ergebnis eures ehrlichen Austauschs kannst du ein besseres gegenseitiges Verhältnis in Aussicht stellen: »Kann ich mich darauf verlassen, dass du in Zukunft mit mir über solche Sachen sprichst? Das würde mir echt viel bedeuten!«

Nimm dir hin und wieder ein paar Minuten Zeit und höre dir die Sorgen deines Vielleichtsagers an. Sprich auf persönlicher Ebene mit ihm und hilf ihm bei jeder sich bietenden Gelegenheit, eure Entscheidungsmethode einzuüben. Wenn du ein wenig Zeit in diese Art der Anleitung investierst, lässt dich der Vielleichtsager nie mehr im Stich. Du wirst feststellen, dass ehemalige Vielleichtsager zu den zuverlässigsten Entscheidungsträgern werden können.

Zusammengefasst

Wenn es zu oft beim Vielleicht bleibt, lautet die Devise: Entschlussfreudigkeit beibringen.

Maßnahmen

1. Komfortzone einrichten
2. Konflikte benennen
3. Methodisch entscheiden
4. Rücken stärken
5. Beziehung festigen

17. Nichtssager

Nichtssager sind Menschen, deren Rückmeldung oft auf sich warten lässt. Und was bekommt man für das geduldige Warten? Meistens nichts. Nichts Verbales, nichts Nonverbales. Der Mund bleibt geschlossen, der Nichtssager starrt ins Leere, als ob man nicht da wäre.

Durch die Lupe des Verständnisses gesehen ergibt das Verhalten von Nichtssagern allerdings Sinn. Nichtssager sind immer passiv, können aber aufgaben- oder menschenorientiert sein, je nach vereitelter Absicht: es *richtig machen* oder *mit anderen auskommen*. Wenn ihre Absicht, mit anderen auszukommen, bedroht oder vereitelt wird, neigen schüchterne, stille oder nachdenkliche Menschen dazu, sich zurückzuziehen und immer passiver zu werden. Schweigen ist schließlich die ultimative passive Reaktion. Manche *Auskommen*-Typen wollen keinen Staub aufwirbeln, keine Welle machen und sich nicht die Finger verbrennen und halten sich deshalb zurück. Wir alle kennen Momente, in denen wir uns auf die Lippe beißen und nichts sagen; in denen wir uns einreden, dass Einwände nichts bringen; in denen wir fürchten, durch Äußerungen die Gefühle anderer zu verletzen; in denen wir nichts sagen, was wir später bereuen könnten. Wir alle kennen die Regel, dass man lieber nichts sagt, wenn man nichts Nettes zu sagen hat. Nichtssager vom *Auskommen*-Typus sagen in solchen Fällen garantiert nichts.

Nichtssager vom Team *Richtigmachen* streben nach einer Perfektion, die nicht erreichbar ist. Vielleicht haben sie den Eindruck, dass sich niemand so sehr um Fehlervermeidung kümmert wie sie und dass nichts diesen Zustand ändert, egal was sie sagen. Aus Frust darüber ziehen sie sich schließlich mit dem Gedanken zurück: »Na, dann macht es auf eure Art. Aber heult mir nicht die Ohren voll, wenn es nicht klappt.« Dann machen sie dicht. Vorschläge sind von ihnen nicht mehr zu erwarten.

Zwar ziehen sich Nichtssager scheinbar aus Konflikten zurück, aber in ihrem Inneren brodelt oft eine Feindseligkeit, die gelegentlich überkochen kann. Vielleicht hast du Leute kennengelernt, die Bleistifte zerbrochen oder

Schubladen und Türen zugeschlagen haben. Auf die Frage, was los sei, antworten sie: »Nichts!« Auf die Frage, ob alles gut sei, heißt es: »Alles GUT!«, wobei GUT die passiv-aggressive Abkürzung für *generut*, *unsicher* und *trotzig* ist. Passiv-aggressive Nichtssager regen sich durchaus über Missstände auf, halten aber aus Rücksicht auf andere ihre emotionale Feindseligkeit zurück. Dies erklärt ihre Ausbrüche gegenüber leblosen Objekten wie Bleistiften und Türen. Schweigen kann also eine Art von erstickter Aggression sein.

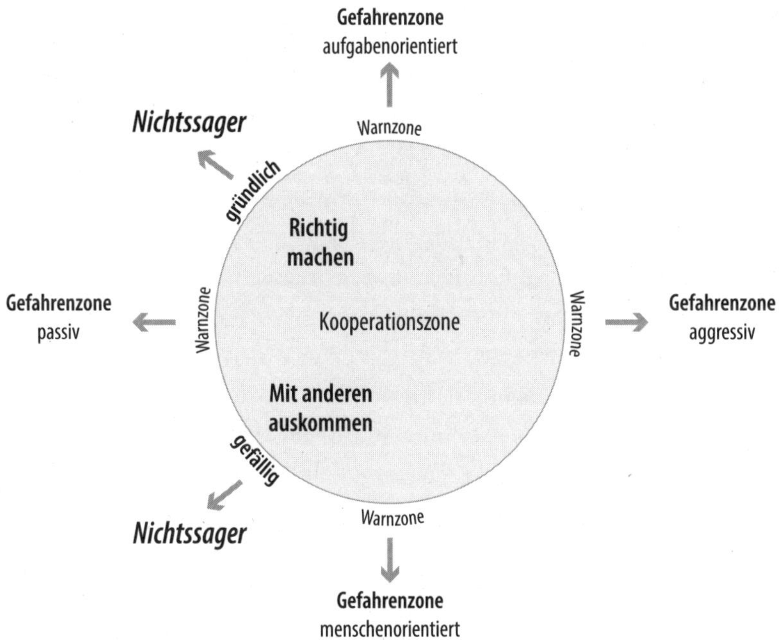

Eine Frage der Haltung

Damit du den schlimmen Zustand eines Nichtssagers nicht noch verschlimmerst, musst du es irgendwie schaffen, langsamer zu werden. Die größte Herausforderung besteht darin, im *Fertigwerden*-Modus Zeit zu finden und sich Zeit zu lassen, obwohl nicht viel Zeit bleibt. Vielleicht kennst du den Frust, wenn du ein Ziel schnell erreichen willst und von Nichtssagern ausgebremst wirst. Dieser Frust kann leicht in aggressive Äußerungen umschlagen, die dir garantiert nichts bringen. Und deine Ungeduld mit *Auskommen*-Nichtssagern, die Konflikte und Missbilligung tunlichst vermeiden, wirkt kontraproduktiv und macht sie nur noch nichtssagender.

Das ist auch einer der häufigsten Fehler, den Eltern im Umgang mit ihren Kindern machen. Nichts-Verhalten ist der beste Trick, den Kinder haben. Die eindringlichen Appelle, die frustrierte Eltern an ihre Kinder richten, treiben die Kinder eher noch tiefer ins Schweigen und frustrieren die Eltern noch mehr, die dann noch mehr eskalieren und die Kinder weiter von sich wegtreiben. Die Kinder tun dann alles, um vor dem verbalen Bombardement Schutz zu suchen, und bekommen gar nicht mehr mit, was überhaupt gesagt wird. Kurzfristig wird so nichts erreicht, und langfristig leidet die Beziehung.

Die gleiche Dynamik ist in Beziehungen zwischen Erwachsenen am Werk. Wenn du bei Menschen mit geringem Durchsetzungsvermögen die Beherrschung verlierst, musst du mit abnehmender Kommunikation rechnen. Da deine Ungeduld und Verärgerung Nichtssager noch tiefer in die Verweigerung treiben, ist es wichtig, dass du so wirkst und klingst, als hättest du alle Zeit der Welt. Die innere Eigenschaft, die diese äußere Erscheinung hervorbringt, ist *Gelassenheit*. Nimm dir die Zeit, dich zu sammeln, bevor du zu kommunizieren versuchst. Um von Nichtssagern irgendetwas zu bekommen, musst du *ruhig und gelassen* sein.

Eine weitere hilfreiche Eigenschaft ist *Einfühlungsvermögen*. Einfühlungsvermögen entwickelt man am besten dadurch, dass man versucht, die Welt durch die Augen eines anderen zu sehen. Eine andere Möglichkeit, das Einfühlungsvermögen zu steigern, besteht darin, eine ähnliche Körperhaltung und einen ähnlichen Gesichtsausdruck wie das Gegenüber anzunehmen und dann die eigenen Gefühle und Gedanken wahrzunehmen. Du wirst überrascht sein, wie gut du mit dieser Methode Nichtssager verstehen und mit ihnen kommunizieren kannst.

Dein Ziel: Nichtssager zum Reden bringen

Egal warum dir dein Nichtssager nichts sagt, dein Ziel ist es, ihn zum Reden zu überreden. Das ist nicht nur möglich, sondern auch wahrscheinlich, denn wenn du die folgende Methode anwendest, kann dich nichts aufhalten.

Maßnahmen

1. Option: genügend Zeit einplanen

Feindselige Nichtssager bringen manchmal Fristen in Gefahr. Du brauchst dringend bestimmte Informationen, ein Nichtssager hat sie, du willst sie, deshalb gibt er sie dir nicht. Dagegen musst du dich möglichst durch vorausschauende Planung absichern. Im Umgang mit Nichtssagern erfolgreich zu sein, das kann lange dauern. Wenn du angesichts des Abgabedrucks angespannt und aufgeregt bist, ist es der falsche Zeitpunkt für ein Gespräch.

Wenn du dir offene Kommunikation mit verschlossenen Personen zum Ziel gesetzt hast, muss dein Zeitkontingent dafür möglicherweise mehr als einen Termin im Monat betragen. Wir empfehlen, mehrere 15-minütige »Kommunikationsgelegenheiten« mit deinen Nichtssagern einzuplanen. Dann kannst du auf Dinge zurückkommen, die du nicht auf Anhieb klären konntest. Wenn Nichtssager merken, dass du nicht aufgibst, öffnen sie sich möglicherweise, nur damit du sie nicht immer wieder nervst.

2. Option: Antworten erwarten

Die beste Art von Frage, die man einem Nichtssager stellen kann, ist eine, die nicht mit Ja, Nein oder Hrmpf beantwortet werden kann. Wir empfehlen Fragen, die mit den Wörtern wer, was, wo, wann oder wie beginnen, denn sie zielen auf bestimmte Informationen im Kopf des Nichtssagers und können ein Gespräch anstoßen. So haben die Fragen »Was denkst du?« und »Wie möchtest du fortfahren?« und »Wie geht es weiter?« größere Erfolgsaussichten als »Magst du das?« oder »Bekommen wir bald deine Informationen?« oder »Kannst du es mir sagen?«.

Das Entscheidende ist aber nicht, was du fragst, sondern wie du es fragst. Wenn du die Frage stellst, musst du auch nonverbal signalisieren, dass du dir eine Reaktion wünschst. Du solltest so aussehen und klingen, als würdest du gleich eine Antwort erhalten. Dieser *erwartungsvolle Ausdruck* ist eine nonverbale Fähigkeit, die dem Prinzip folgt, dass man bekommt, was man erwartet (auch wenn es oft länger dauert, als man möchte). Du kannst ihn ausprobieren, wenn niemand hinschaut: Hebe die Augenbrauen, öffne leicht den Mund, neige den Kopf zur Seite und lehne dich ein wenig nach vorn, als ob du gerade eine Frage gestellt hättest und jeden Moment eine Antwort erwarten würdest.

Wenn du dem Nichtssager eine offene Frage stellst, musst du den erwartungsvollen Ausdruck möglicherweise länger durchhalten, als du es bei normalen Menschen tun würdest. Um dir die Zeit zu vertreiben, kannst du dir vorstellen, dass die Antwort gerade in der Kehle deines Gegenübers emporwandert, den Mund durchquert und auf der Zungenspitze darauf wartet, dass der Mund sich – endlich! – öffnet.

Achtung: Auf keinen Fall sollte dies zu einem Wettstarren ausarten. Wenn nichts passiert, fasst du einfach das bisher Geschehene zusammen, auch wenn es nicht viel ist, und stellst deine Frage erneut: »Gerade eben habe ich dich gefragt, was los ist, und du hast nicht geantwortet. Ich möchte immer noch wissen: Was ist los?«

Irgendwann baut sich durch dein Verhalten der Druck so weit auf, dass sich der Nichtssager gezwungen fühlt, dir zu antworten. Du siehst, wie sich der Mund öffnet, und heraus kommt die typische Antwort, nämlich: »Nichts« oder »Ich weiß nicht«.

Lautet die Antwort »Nichts«, dann kannst du fragen »Und sonst?«

Auf »Ich weiß nicht« kannst du erwidern: »Dann rate mal!« oder »Denk dir was aus!« oder »Wenn du es wüsstest, was wäre es dann?«. Gucke dabei so erwartungsvoll, wie du kannst. Du wirst überrascht sein, wie wirkungsvoll dies sowohl bei Erwachsenen als auch bei Kindern sein kann. Probiere es aus, wenn das nächste Mal jemand sagt: »Ich weiß es nicht.« Es ist erstaunlich, wie schnell Leuten etwas einfällt, obwohl sie nur wenige Augenblicke zuvor behauptet haben, sie wüssten nichts.

3. Option: Stimmung aufhellen

Wenn nichts anderes funktioniert, kann ein Schuss behutsam angewandter Humor viel bewirken. Absurde, übertriebene und unrealistische Vermutungen über die Ursache des Schweigens können ein Lächeln entfachen und die Abwehrhaltung der unnachgiebigsten Nichtssager aufbrechen. Wenn du Nichtssager zum Lachen bringen kannst, ruiniert das ihre schlechte Laune.

Deine nächste Waffe gegen das »Ich weiß nicht« kann eine Übertreibung sein. Bei einem Paarseminar behauptete eine Teilnehmerin, ihr Mann ließe zu oft Gläser in der Spüle stehen. Wir fragten: »Wie oft und wie viele?«, worauf sie antwortete: »Zu oft und zu viele.« Wir lachten und fragten nach einer Zahl, und sie sagte: »Ich weiß nicht.« Damit hatten wir gerechnet, also baten wir sie, zu raten, und warfen ihr unseren erwartungsvollsten Blick zu. Sie konnte den Blick nicht aushalten und sagte (erneut): »Zu oft und zu viele.«

Jetzt griffen wir zur Übertreibung: »Würdest du sagen, es sind 30 Gläser pro Tag, 7 Tage die Woche, 52 Wochen im Jahr?« Da sagte sie: »Nein, es sind wahrscheinlich etwa vier Gläser dreimal die Woche …« Wir wunderten uns: »Wo waren diese Zahlen gerade eben?« Das wissen wir bis heute nicht – aber wir wissen, dass Menschen konkret werden, sobald man übertreibt.

Du kannst auch selbst anfangen zu raten. Du kannst sagen: »Du bist sauer, weil ich schneller als du am Wasserspender war und weil es Vollmond ist, oder?« Oder du kannst sagen: »Ich rede, und du blinzelst: Einmal heißt Ja, zweimal heißt Nein.« Wir haben festgestellt, dass manche Nichtssager umso eher gesprächig werden, je unverschämter die Mutmaßungen und Vorschläge sind. Aber sei vorsichtig damit, denn Humor ist ein zweischneidiges Schwert. Er kann den Nichtssager oder auch dich selbst unbeabsichtigt verletzen, und daran ist nichts Lustiges. Also sei gewarnt. Wenn der Nichtssager Anstoß an deinem Humorversuch nimmt, solltest du gar nicht erst versuchen, die ernste Situation aufzuheitern. Entschuldige dich sofort aufrichtig. Erinnere dein Gegenüber daran, dass du einen Dialog wolltest, keinen Monolog. Wie viele andere Kommunikationstechniken funktioniert der Einsatz von Humor nicht in jeder Situation. Entscheide dich bewusst und mit Bedacht dafür oder dagegen.

4. Option: raten

Wenn dein Nichtssager weiter schweigt, wenn nichts anderes zu Ergebnissen geführt hat oder du eine Alternative zur dritten Option suchst, dann versuche Folgendes: Versetze dich in die Lage des Nichtssagers und denke über den Verlauf der Ereignisse nach. Was ist nach deinem Wissen vorgefallen, und wie kannst du das Vorgefallene so interpretieren, dass aus diesem negativen Schweigen etwas Positives wird? Wenn dir dazu etwas einfällt, dann teile es dem Nichtssager mit und warte auf eine Reaktion. Wenn dir mehrere Möglichkeiten einfallen, dann rattere sie herunter. Denke nicht darüber nach, welche wohl die richtige ist. Es macht nichts, wenn unsinnige Ideen darunter sind, also raus damit! Stelle deinen Mutmaßungen immer Formeln wie »Ich weiß nicht, was bei dir los ist, aber …« oder »Ist nur eine Vermutung, aber …« voran. Menschen hassen es, wenn man vorgibt zu wissen, was sie denken, aber sie haben es gern, wenn man richtig rät. Wenn du den Grund für das Schweigen richtig oder fast richtig errätst, kannst du so jemanden tatsächlich zum Reden bringen. Zumindest wirst du eine deutliche Veränderung in der Haltung dieser Person oder in ihrem Ausdruck bemerken.

5. Option: in die Zukunft blicken

Manchmal lassen sich Nichtssager nur dadurch zum Reden bringen, dass man sie aus dem Moment herausholt und in die Zukunft blicken lässt. Dort können sie die Folgen ihres fortgesetzten Schweigens sehen und vielleicht genug Einsicht und Motivation finden, um sich zu öffnen. Mit welchen Worten du das bewerkstelligst, richtet sich nach deiner Beziehung zur nichtssagenden Person:

- Einem *Richtigmachen*-Nichtssager kannst du sagen: »Na gut, du redest nicht. [Blending mit den Gegebenheiten] Aber stell dir vor, was alles schiefgehen kann und wie viel Zeit wir bei diesem Projekt verschwenden werden, weil uns dein Input fehlt.«
- Einem *Auskommen*-Nichtssager sagst du: »Na gut, du musst nicht reden [Blending], aber ich sehe nicht, wie unsere Beziehung auf lange Sicht überleben soll, wenn wir nicht kommunizieren.«
- Einem *Auskommen*-Nichtssager im Betrieb sagst du: »Na gut, du musst nicht mit mir reden [Blending], aber die Arbeit hier wird bestimmt keinen Spaß machen, wenn wir dabei alle in unserer kleinen Welt leben. Das wird den Teamgeist zersetzen und für viel schlechte Stimmung und Missverständnisse sorgen.«
- Einem feindseligen Nichtssager, der versucht, »dich zu kriegen«, indem er dich ausschließt, kannst du negative Folgen ausmalen: dass es zu Beschwerdeverfahren kommt, dass du ihn übergehst, dass Papierkram entsteht und dergleichen.

Warnung: *Nichts ankündigen, was du nicht halten kannst!* Leere Drohungen schwächen nur deine Position. Dein Ziel ist es, dass es für den Nichtssager unbequem wird, zu schweigen.

Wenn ein Nichtssager schließlich zu reden beginnt, kann es sein, dass er gleich von null auf hundert geht. Falls dir ein Schwall von scheinbar unzusammenhängenden Informationen entgegenkommt, solltest du nicht gleich mit klärenden Fragen unterbrechen, sondern dem Schwall ein Stück weit folgen, damit dein Gegenüber sich daran gewöhnt, laut zu sprechen. Versuche nicht, es einzudämmen. Wenn Nichtssager anfangen zu reden, musst du anfangen zuzuhören.

Zusammengefasst

Wenn jemand ein Nichtssager ist, lautet die Devise: zum Reden bringen.

Maßnahmen

1. Genügend Zeit einplanen
2. Antworten erwarten
3. Stimmung aufhellen
4. Raten
5. In die Zukunft blicken

18. Nörgler

Es gibt grundsätzlich drei verschiedene Arten von Nörgelei, und alle drei bekommen wir sicher im Laufe unseres Lebens zu hören: *hilfreiche, heilsame* und *heillose* Nörgelei.

Hilfreiche Nörgler machen auf Probleme aufmerksam, die angegangen werden müssten, und bieten zusammen mit ihren Klagen auch Vorschläge und Lösungen an. Dies kann tatsächlich zum Wachstum, zur Entwicklung und Verbesserung von Unternehmen, Organisationen und Beziehungen beitragen. Die meisten Menschen, die ein Problem haben, beschweren sich nicht bei der zuständigen Stelle. Sie sind die schweigende Mehrheit. Die wenigen Menschen, die Probleme ansprechen und auch an Lösungen arbeiten, sind ein Segen für ihre Kollegen, Familien, Arbeitgeber und Geschäftspartner.

Eine andere Art des Nörgelns kann geradezu therapeutisch sein. Wir alle müssen uns ab und zu mal erleichtern, Luft machen, Druck ablassen. Gelegentliches Jammern kann uns tatsächlich dabei helfen, uns vom Stress des modernen Lebens zu erholen. Den Mitmenschen vom eigenen Stress zu erzählen kann ein nützliches Ventil für aufgestaute Sorgen und angesammelte Energie sein.

Sich in Sorgen und Nöten zu suhlen ist dagegen die Spezialität der heillosen Nörgler. Mit Stressabbau hat das wenig zu tun. Das Gesuhle geht einfach weiter und weiter. Solche Nörgler bieten nie Lösungen an, und ihre Beschwerden zielen nicht auf irgendwelche Veränderungen ab.

Durch die Lupe des Verständnisses gesehen ergibt dieses schwierige Verhalten einen Sinn. Negativität tritt in einem Spektrum auf, das von hilflosem Gejammer bis zur hoffnungslosen Beharrlichkeit eines Neinsagers reicht. Beide Verhaltensweisen entstehen aus der Absicht, es *richtig zu machen*. Neinsager erkennen, was sein könnte und sein sollte, und sehen dann, was ist – und wenn das, was ist, nicht dem entspricht, was sein könnte und sein sollte, geben sie die Hoffnung auf.

Nörgler hingegen werden hilflos und hoffen, dass jemand anderes die Differenz beseitigt. Vielleicht lassen sie deshalb alle Anwesenden wissen, was mit der Welt nicht stimmt.

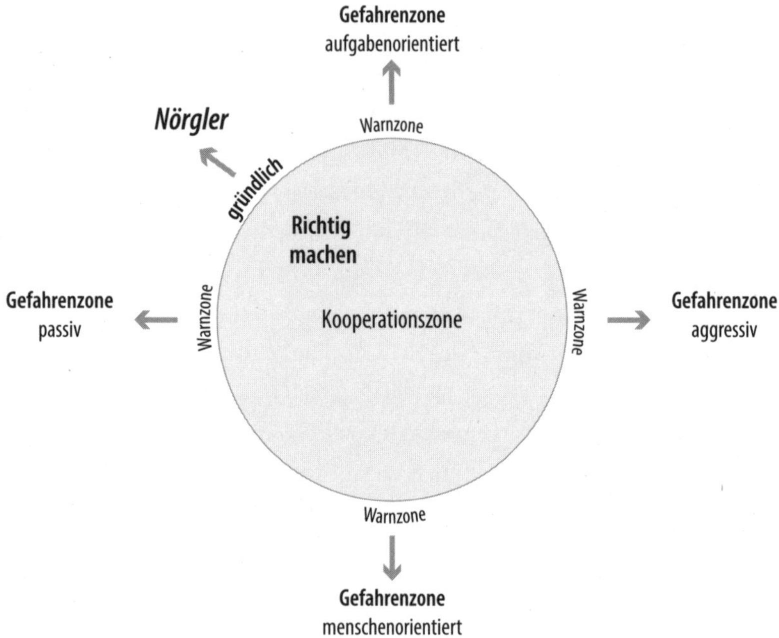

Nörgler mögen das vage Gefühl haben, dass die Dinge anders laufen sollten, aber sie haben keine Ahnung, *wie* sie anders laufen müssten. Deshalb können sie in keiner Weise effektiv mit dem umgehen, was sie nicht mögen, und deshalb kommen sie zu dir. Mit anderen Worten, wenn es für ihr Leben überhaupt irgendeinen Plan gibt, dann haben sie darin keinen Platz! Wegen dieser gefühlten Hilflosigkeit sind Nörgler im Vergleich zu Neinsagern weniger durchsetzungsfähig.

Drei Elemente tragen dazu bei, ihrer Stimme diesen charakteristischen Jammerton zu verleihen: der Druck auf ihren Schultern, der durch ihre gesammelte Leidenslast entsteht, die mit jedem neu aufgebürdeten Problem nur noch schwerer wird; die Anstrengung, die erforderlich ist, um über all das Falsche zu sprechen, an dem man sowieso nichts ändern kann; und die Zwecklosigkeit ihrer Klage, da auch du wahrscheinlich keine Lösung weißt und das Unrecht nicht beheben kannst.

Negative Äußerungen können virulent wirken und sich wie eine Grippe in einer Menschengruppe ausbreiten. Ehe man sich's versieht, nörgeln alle. Wenn dieses Verhalten zur Gewohnheit wird, geraten Arbeitsmoral und Produktivität in den Treibsand der Untätigkeit. Das soll nicht negativ klingen, aber wenn du dich nicht mit diesem Verhalten auseinandersetzt, sind Arbeitsmoral und Produktivität möglicherweise auf Dauer verloren.

Eine Frage der Haltung

Menschen, die mit Nörglern zu tun haben, werden manchmal selbst zu Nörglern. Dies macht den Umgang mit ihnen exponentiell qualvoller, da es schwierig wird, zu unterscheiden, wessen Beschwerden von wem kommen.

Es gibt vier Akte der Verzweiflung, die die Situation nur verschlimmern, die sogenannten vier *Nörgel-Nies*:

1. *Nie zustimmen.* Durch Zustimmung ermutigt man sie nur, sich weiter zu beschweren.
2. *Nie widersprechen.* Wer widerspricht, wiederholt zwangsläufig auch die Nörgelei.
3. *Nie versuchen, das Problem zu lösen.* Das schaffst du … nie.
4. *Nie fragen, warum sie sich bei dir beschweren.* Das verstehen sie als Aufforderung, noch einmal von vorn zu beginnen.

Es gibt drei notwendige Haltungsänderungen, die dir helfen, mit diesen Problemmenschen umzugehen, die sogenannten drei *Nörgel-Immers*:

1. *Immer Geduld haben* mit ihren unmöglichen Ansprüchen und ihrer scheinbar endlosen Negativität.

2. *Immer Mitleid haben* mit den armen Nörglern, deren Leben sich ihrer Kontrolle zu entziehen scheint.
3. *Immer Ausdauer haben* für den langwierigen Prozess, Nörgler auf Lösungen umzulenken.

Das Ziel und die Mittel, die du im Folgenden erlernst, um mit Nörglern umzugehen, ist auch der erste Schritt im Umgang mit negativen Neinsagern.

Dein Ziel: Lösungsallianz schmieden

Wenn du es mit Nörglern zu tun hast, besteht dein Ziel darin, dich mit ihnen zusammenzutun und eine Allianz zur Problemlösung zu bilden (und wenn das nicht funktioniert, dann besteht dein Ziel darin, sie zum Verschwinden zu bewegen!). Der Unterschied zwischen Problemlösern und Nörglern liegt in der Herangehensweise: Problemlöser betrachten die Einzelheiten eines Problems im Hinblick auf die Lösungsfindung; Nörgler sehen sich das Problem an, fühlen sich hilflos und schließen daraus, dass das Problem schlimmer sein muss, als es in Wirklichkeit ist.

Das Beste, was du also für dich und zum Wohle aller Umstehenden mit nörgelnden Personen tun kannst, ist, mit ihnen zusammenzuarbeiten und ihre gefühlte Hilflosigkeit zu verringern, indem du ihnen bei der Suche nach Lösungen hilfst. Wenn du diese Methode konsequent anwendest, kannst du damit manche Nörgler ein für alle Mal heilen. Wenn das Gefühl der Hilflosigkeit abnimmt, nimmt auch das Bedürfnis zu jammern ab.

Maßnahmen

1. Schritt: das Wesentliche heraushören

Ja, ja! Das Allerletzte, was du in Gegenwart eines Nörglers tun möchtest, ist zuhören! Doch es ist genau das, was du mit Nörglern tun musst. Wir raten dir sogar, mit Papier und Stift in der Hand zuzuhören, damit du dir die Haupt-Beschwerdepunkte notieren kannst. Diese Empfehlung sprechen wir aus mehreren Gründen aus.

Erstens lieben Nörgler das Mitschreiben, weil es ihnen zeigt, dass du zuhörst. Womöglich verstehen sie es sogar so, dass du den Lieferschein für ihr Bündel Elend unterschreibst.

Zweitens hilft es dir beim Backtracking und bei der Klärung, was der nächste Schritt sein soll. Denn wenn du dir die Hauptpunkte notierst, musst du dir die einzelnen Beschwerden nie mehr als einmal anhören, weil du sofort merkst, wenn damit begonnen wird, bereits geäußerte Klagen zu recyceln!

2. Schritt: unterbrechen und konkretisieren

Durch eine höfliche Unterbrechung übernimmst du das Kommando über das Gespräch. Stelle nun klärende Fragen nach den Einzelheiten des Problems, da Pauschalbeschwerden selten lösbar sind. Aber mache dich auf einen Haufen Pauschalisierungen gefasst.

Auf die Frage »Was ist falsch?« heißt es: »Alles.«

Wenn du dann sagst: »Aber was genau ist daran falsch?«, kommt: »Alles daran.«

Frage nach, wann es vorkommt, und du hörst: »Ständig.«

Frage, wer es tut, und die Antwort ist: »Alle.«

Und die Antwort auf die Frage »Was hast du dagegen getan?« lautet natürlich: »Alles.«

Sei gut vorbereitet, denn nachdem drei Pauschalisierungen vom Stapel gelassen wurden, kann dich deine wachsende Frustration über das fehlende Vorankommen dazu verleiten, hastig zur Lösungsfindung überzugehen. Tue das nicht. In diesem Stadium besteht dein Ziel nur darin, Geduld zu beweisen.

Verallgemeinerung ist ein normales menschliches Verhalten. Wie sie funktioniert, weißt du selbst. Wenn du an zwei oder drei roten Ampeln hintereinander halten musst, sagst du: »Heute sind alle Ampeln rot.« Wenn du zwei oder drei Menschen mit schlechter Laune begegnest, sagst du: »Heute sind aber alle mies drauf.« Nörgler und Neinsager machen es genauso, aber in viel größerem Maße.

Wenn du also einer negativen Person Fragen stellst, kann es hilfreich sein, wenn du dir euer Gespräch als eine Art archäologische Ausgrabung vorstellst. Begraben unter all dem ganzen Pauschalschutt liegt ein Körnchen Wahrheit. Wenn du weiter gräbst und vielleicht deine Fragen sogar ein zweites Mal stellst, stößt du am Ende auf etwas Konkretes.

Manchmal sind Nörgler einfach nicht in der Lage, konkret zu werden, weil sie das Problem in ihrem Bündel des Elends versteckt haben, ohne es vorher genauer zu untersuchen. Wenn dies der Fall ist, kannst du sie anweisen (falls du ranghöher bist) oder ihnen vorschlagen (falls nicht), mehr Informationen zu sammeln und dir diese Informationen zu einem bestimmten Zeitpunkt zu übermitteln. Das gibt ihnen etwas, worauf sie sich freuen können, anstatt sie der Hilflosigkeit zu überlassen.

3. Schritt: den Fokus auf Lösungen verlagern

Sobald du dich konkret mit den Beschwerden von Nörglern befasst, erkennen sie auf einmal die konkreten Aspekte ihres Problems. Auch wenn du vielleicht weißt, was zu tun ist – verrate es nicht. Frage stattdessen: »Was willst du?« Manche Nörgler kann diese einfache Frage in eine gedankliche Richtung lenken, in die sie noch nie zuvor gegangen sind, und dann fällt ihnen tatsächlich eine praktische Lösung ein. An diesem Punkt fragst du dich vielleicht, warum sie nicht vorher darauf gekommen sind. Die Antwort ist, dass sie vorher nicht darauf kommen konnten. Menschen können ihre Aufmerksamkeit nicht auf alles gleichzeitig richten. Wenn ihre Aufmerksamkeit auf das Allgemeine statt auf das Besondere gerichtet ist, ist eine Lösung nirgendwo zu finden. Aber sobald die Aufmerksamkeit wieder auf die Besonderheiten eines Problems gelenkt wird, ist eine Lösung des Problems auf einmal möglich.

Auf deine Nachfrage kann als Antwort ein einfaches »Ich weiß nicht« kommen, und darauf erwiderst du: »Das ist okay. Denk dir was aus. Wenn du den Grund wüsstest, was wäre es dann?«, und guckst erwartungsvoll.

Wieder andere Nörgler kommen nach reiflichem Nachdenken über deine Frage möglicherweise mit einer Wunschliste, die völlig unrealistisch ist.

Wenn der Nörgler zum Beispiel sagt: »Ich erledige die Arbeit von drei Leuten. Ich möchte, dass drei weitere Leute eingestellt werden«, dann musst du sagen: »Ja, du schaffst viel. Aber wir wissen beide, dass die Firma nicht drei weitere Leute einstellen wird. Also bleibt die Frage: Was willst du?«

Falls die Antworten eines Nörglers auf deine Fragen unpraktikabel, absurd oder unwahrscheinlich sind, ist es wichtig, dass du einen Realitätscheck machst. Sage es, wie es ist, und frage noch einmal nach: »Wenn wir das zugrunde legen, was willst du dann?«

Falls der Nörgler eine vernünftige Antwort hat, solltest du ihn fragen, was im Hinblick auf die Lösung die nächsten Schritte sind oder sein sollten.

4. Schritt: Ausblick in die Zukunft

Wenn Menschen sich hilflos fühlen, ist es sinnvoll, ihnen etwas zu geben, worauf sie sich freuen können. Wenn sich herausstellt, dass die Lösung des beklagten Problems in deiner Verantwortung liegt, musst du deinen Nörgler über den Fortschritt auf dem Laufenden halten. Bezieht sich die Beschwerde auf Dritte, kannst du anbieten, bei der Einberufung eines Treffens mit den Objekten der Beschwerde zu helfen. Oder du bittest den Nörgler, das Problem im Auge zu behalten und schriftlich zu dokumentieren. Mit Mitarbeiterinnen und Mitarbeitern oder Familienmitgliedern kann dann ein Folgetermin vereinbart werden, an dem die gesammelten Informationen besprochen werden.

So kannst du zum Beispiel sagen: »Offensichtlich weißt du mehr über das Problem als ich. Ich schlage vor, du behältst die Sache in den nächsten zwei Wochen im Auge. Dann meldest du dich zu dem und dem Zeitpunkt mit drei möglichen Lösungen und einer Empfehlung bei mir. Und dann machen wir den nächsten Schritt.«

5. Schritt: Grenze ziehen

Wenn das Backtracking, Klären und Nachfragen nicht zum gewünschten Ergebnis geführt hat und dein Nörgler die Lösungssuche verweigert, ist es unerlässlich, einen Schlussstrich unter die Sache zu ziehen. Wie du die Grenze ziehst, hängt von deiner Beziehung zum Nörgler ab.

- Als Vorgesetzte oder Vorgesetzter eines Nörglers solltest du Autorität zeigen und der Jammerei eine klare Grenze setzen, weil Negativität die Arbeitsmoral und den Teamgeist untergraben und zersetzen kann – vielleicht mehr als jedes andere in diesem Buch behandelte Verhalten. Du kannst sagen: »Wenn Sie nicht über Lösungen reden wollen, ist das Ihre Entscheidung. Aber ich will keine Klagen mehr hören. Und ich möchte nicht, dass Sie die anderen mit ihrem Genörgel ablenken. Wenn es so weitergeht, werde ich gezwungen sein …« Dann kündigst du spezifische negative Konsequenzen an, die erfolgen werden, wenn der Nörgler weiter demoralisiert.
- Bei Menschen aus dem Arbeitsumfeld oder dem direkten Freundeskreis muss die Abgrenzung behutsamer geschehen: »Hör mal, unsere Freundschaft ist mir wichtig, aber die Jammerei führt zu nichts, wenn wir nichts unternehmen. Wenn du mit mir über Lösungen sprechen willst und nicht nur über Probleme, steht dir meine Tür offen.«

Lasse dich nicht mit »Aber …« und »Du verstehst das nicht …« in die Misere zurückziehen. Setze deinem Nörgler eine Grenze, indem du die Schlussstrich-Aussage wiederholst: »Wie ich schon sagte, wenn du deine Meinung änderst und Lösungen anzubieten hast, dann lass es mich wissen.« Wenn er es nicht kapiert, kannst du deine Botschaft nonverbal verstärken, indem du ihm die Hand auf die Schulter legst und ihn zur Tür führst oder indem du dich umdrehst und weggehst.

Zusammengefasst

Bei anhaltender Nörgelei lautet die Devise: Lösungsallianz schmieden.

Maßnahmen

1. Das Wesentliche heraushören
2. Unterbrechen und konkretisieren
3. Den Fokus auf Lösungen verlagern
4. Ausblick in die Zukunft
5. Grenze ziehen

19. Neinsager

Neinsager sind aufgabenorientierte Menschen mit der Absicht, alles *richtig zu machen*, indem sie Fehler vermeiden. Perfektion ist ihr Maßstab dafür, was wann wo von wem und vor allem wie getan werden sollte. Wenn der Perfektion dieser Menschen die Unzulänglichkeiten, Schwächen und Fehler anderer im Wege stehen, dann ist nichts gut genug, dann lauern überall Fehler, dann verzweifeln die Neinsager. Sie sehen sich selbst als die Einzigen, die erkennen, was schiefläuft oder schieflaufen wird, und finden in allem und jedem das Negative.

Manche Neinsager bemühen sich um möglichst lautes Gegrummel, während andere in eine völlig passive und apathische Hoffnungslosigkeit verfallen. Negative Neinsager haben die unheimliche Fähigkeit, durch Gedanken, Worte und gelegentlich auch Taten die Hoffnung in anderen auszulöschen und kreative Funken zu ersticken, bevor sie sich zu einem Feuer auswachsen. Es ist fast so, als wollten sie ihre ganze Umgebung vor Enttäuschungen schützen, indem sie alle daran hindern, sich Hoffnungen zu machen. »Was steigt«, sagen sie uns, »das fällt auch wieder.« Und was fällt, so könnte man folgern, darf nie wieder hochkommen.

Wie wir im vorigen Kapitel bereits dargelegt haben, hat Negativität eine heimtückische Wirkung auf andere. Sie untergräbt die Motivation, bremst die Entwicklung und löst bei anderen Depressionen und Hoffnungslosigkeit aus. Die Wurzel des Nörgelns mag das Gefühl der Hilflosigkeit sein, jedenfalls ist die Wurzel des Neinsager-Verhaltens das Gefühl der Hoffnungslosigkeit. Und genau wie die Nörgelei ist auch dieses Verhalten ansteckend. Wenn du es zu lange duldest, fangen auf einmal alle damit an.

Dabei haben Neinsager gar nicht die Absicht, alle anderen unglücklich zu machen. Sie glauben wirklich, dass die Lage so hoffnungslos ist, wie sie es sagen. Sie haben die ganze Sicherheit und Arroganz eines Besserwissers, der von der dunklen Seite der Macht verführt worden ist. Extrem negative Menschen bauen ihr Leben auf und um Enttäuschungen aus der Vergangenheit auf. Die Probleme verziehen sich, aber die Bitterkeit bleibt hängen. So können negative Menschen tief verwurzelte Vorurteile über das Leben entwickeln, die all ihre Wahrnehmungen in die Farben der Verzweiflung tauchen.

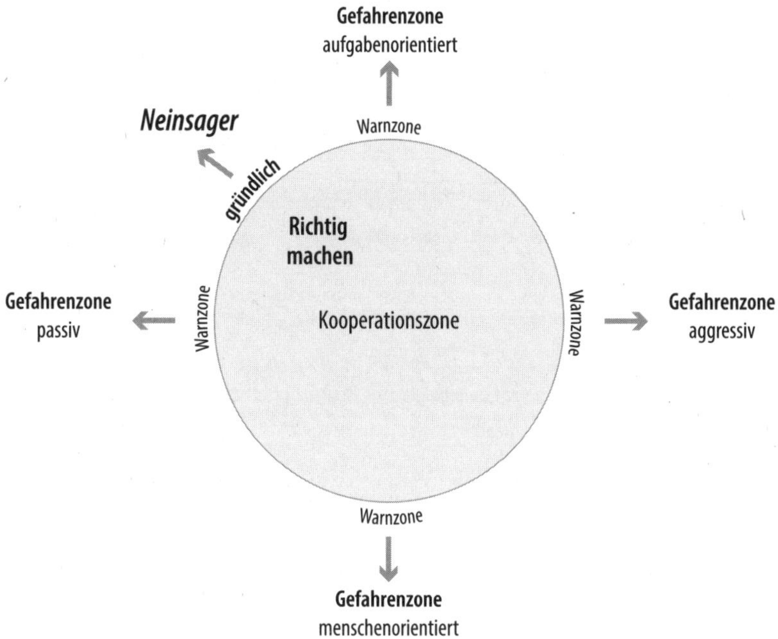

Eine Frage der Haltung

Der Schlüssel zum Umgang mit Neinsagern ist: Mitgefühl statt Verachtung. Außerdem braucht man Weitblick und Geduld. Welche Prüfungen und Wirrungen dein Neinsager in seinem Leben durchgemacht hat, welche Hindernisse er überwinden musste und welche Zustände er überlebt hat, wirst du vielleicht nie erfahren, und das musst du auch gar nicht. Es genügt zu wissen, dass der Verbitterung eines Menschen normalerweise eine negative Geschichte vorausgegangen ist.

Wir empfehlen die dissoziativen Techniken, die im 9. Kapitel, »Die eigene Haltung ändern«, beschrieben sind. Sie helfen *dir* beim Ändern *deines* Blickwinkels. Vergleiche deine Neinsager-Probleme mit etwas noch Unangenehmerem – dir wird schon etwas einfallen, es sei denn, du bist selbst schon verbittert. Oder frage dich: »Wen wird diese Negativität in 100 Jahren noch kümmern?«

Auch wenn es manchmal den Anschein hat, dass sich trotz all deiner Bemühungen um Verhaltensänderung bei deinem Neinsager nichts ändert – bleib geduldig. Manche Verhaltensänderungen geschehen im Schneckentempo, da zahlt es sich aus, mit dem Prozess Geduld zu haben. Weniges im Leben ist so befriedigend wie die Erfahrung, dass eine negative Person den Mut gewinnt, die Angst abzuschütteln und wirklich zu leben. Aus dieser Haltung heraus kannst du ganz anders mit Negativität umgehen.

Dein Ziel: zur Problemlösung übergehen

Wenn du es mit Neinsagern zu tun hast, sollte dein Ziel sein, von der Fehlersuche zur Problemlösung zu kommen, vom Stillstand zur Neuerung, vom Missstand zur Besserung. Du magst die Schwemme der Negativität nicht ganz eindämmen können, aber vielleicht gelingt es dir, die Flut wieder in die richtigen Bahnen zu lenken.

Maßnahmen

1. Option: Nörgler-Methode anwenden

Als Erstes bietet sich bei negativen Menschen die Nörgler-Methode an: konkret werden. Neinsager schwimmen ebenso wie Nörgler in einem See von Pauschalurteilen. Bei Nörglern rufen diese Verallgemeinerungen ein Gefühl der Hilflosigkeit hervor, bei Neinsagern dagegen Hoffnungslosigkeit. Wie das funktioniert? Die Sache mit Pauschalisierungen ist, dass man, sobald das

Pauschalurteil gefällt ist, nur noch diejenigen Beweise wahrnimmt, die das Urteil bestätigen, aber alle entlastenden Indizien ignoriert. Nachdem Neinsager alle Hoffnung aufgegeben haben, fällt ihnen alles auf, was zu ihren negativen Pauschalurteilen passt. Dadurch werden diese Urteile und das negative Gefühl der Gewissheit noch verstärkt. Deshalb lautet das Motto der chronisch Negativen: »Ich bin nicht negativ, ich bin realistisch.«

Verschwende deine Zeit nicht damit, Neinsager davon zu überzeugen, dass alles gar nicht so schlimm ist, oder sie darauf hinzuweisen, dass es noch schlimmer kommen könnte. Höre stattdessen zu, liefere Backtracking, kläre Einzelheiten, frage nach Lösungen und lege zukunftsorientierte Maßnahmen fest, so wie du es im vorigen Kapitel über Nörgler gelernt hast.

2. Option: Negativität nutzbar machen

Neinsager können in deinem Leben zwei wertvolle Funktionen erfüllen: Sie können zur Bildung deines Charakters beitragen, und sie können als Frühwarnsystem für Probleme dienen.

Wer Muskeln aufbauen will, muss gegen Widerstand trainieren. Widrigkeiten bilden den Charakter. Wenn du also deinen Charakter trainieren willst, dann gib dich mit Neinsagern ab und bleibe positiv. Versuche nicht, negative Menschen in positive zu verwandeln, denn das würde dich unweigerlich in eine negative Person verwandeln. Behalte deine positive Einstellung bei. Sage dir, dass du für die großen Herausforderungen deines Lebens trainierst und dein Neinsager die Aufgabe hat, dir bei der Festigung deines Charakters zu helfen. Schließlich ist dies eine Welt voller Herausforderungen. Deine Belohnung für die Annahme der Herausforderung wird innere Stärke sein, und Charakterfestigkeit ist eine wesentliche Ressource für ein glückliches Leben.

Wenn du Spaß haben willst, kannst du deinem Neinsager, wenn er dich das nächste Mal mit Negativität vollschwallt, sanft die Hand auf die Schulter legen, ihm in die Augen blicken und sagen: »Danke für die großartige Arbeit, die du gerade leistest.« Das wird ihn wahrscheinlich verwirren und vom Jammern abbringen, und du wirst dich nach der kleinen Fopperei wahrscheinlich besser fühlen.

Neinsager können auch eine ähnliche Funktion wie ein Rauchmelder erfüllen: Sie warnen frühzeitig vor möglichen Problemen. Uns ist ein Unternehmen bekannt, dessen Management eine Neinsagerin enthält. Die anderen Manager legen ihr jede neue Idee, jede geplante Maßnahme vor und bitten sie um Kritik, bevor irgendetwas umgesetzt wird. »Ich habe eine großartige Idee, aber ich bin mir sicher, dass damit etwas nicht stimmt. Bitte einmal zerlegen!« Das ist strategisch klug, denn wenn man fragt, zuhört und gründlich prüft, findet man oft etwas Wahres an den Bedenken einer negativen Person. Aus diesem Wissen lassen sich dann vorbeugende Maßnahmen ableiten. Oft sind Neinsager die Ersten, die ansonsten übersehene Probleme bemerken. Es stimmt zwar, dass sie diese Probleme gern pauschalisieren, aber andererseits kann ein übersehenes Problem viel mehr Schaden anrichten als jede Negativität.

Alle Menschen pauschalisieren gelegentlich, und alle Äußerungen (einschließlich dieser hier) sind bis zu einem gewissen Grad Verallgemeinerungen. Negative Menschen verallgemeinern Probleme. Sie beginnen mit der Beobachtung von Einzelheiten, die darauf hindeuten, dass etwas schiefgelaufen ist, schiefläuft oder schieflaufen wird. Von diesen Einzelheiten wird dann auf die ganze Welt geschlossen: »Alles ist falsch, nichts ist richtig, und es wird niemals funktionieren.« Das ist der Punkt, an dem man durch Backtracking und klärende Fragen zu den konkreten Einzelheiten zurückkehren muss. Je klarer man das Problem definiert, desto eher werden adäquate Lösungen gefunden.

3. Option: Zeit schinden

Neinsager agieren in einer anderen Zeitlichkeit als ihre Mitmenschen. Jeder Versuch, sie zu einer Entscheidung zu drängen, macht sie zwangsläufig noch langsamer. Zwingt man sie zum Handeln, hemmen Neinsager sämtliche Abläufe so stark, dass sie die ganze Gruppe zum Stillstand bringen. Oder sie werden zum Sand im Getriebe, der am Ende die Maschine zerstört. Es mag verlockend sein, sie hinauszuwerfen, auszuschließen oder wegzudrängen, aber klüger ist es, ihnen die Zeit zum Nachdenken zu geben und die Tür offen zu lassen, damit sie wiederkommen können, wenn sie dazu bereit sind.

Mit Aussagen wie »Sag Bescheid, wenn du deine Meinung geändert hast« oder »Wenn Sie eine Lösung finden, melden Sie sich bitte bei mir« oder »Denk mal drüber nach und melde dich, wenn dir was zur Lösung des Problems eingefallen ist« lässt du deine Tür offen. Zwar verlangt die moderne Welt von uns allen, in kürzerer Zeit immer mehr zu erledigen, aber manchmal macht die Geduld das Rennen – nicht durch Höchstgeschwindigkeit, sondern indem sie den kürzesten und freiesten Weg nach vorn findet. Wenn du etwas Zeit einräumst, kannst du durch einen Start mit Bedacht viel Strecke machen.

4. Option: polarisieren

Was erreicht man, wenn man einem Zweijährigen sagt, er solle ins Bett gehen? Man polarisiert ihn: »Ich will nicht ins Bett!« Je mehr man aufs Zubettgehen besteht, desto mehr besteht er aufs Aufbleiben. Diesen Widerspruchsgeist kann man sogar zum eigenen Vorteil nutzen, indem man sagt: »Du darfst nicht ins Bett und musst die ganze Nacht aufbleiben!« Das Kind wird wahrscheinlich sagen: »Aber ich bin doch müde.«

Dasselbe Muster sieht man bei Teenagern, die es hassen, wenn man ihnen sagt, was sie tun sollen, und zu deren Identität unbedingt auch das Anderssein gehört. Sagt man ihnen, dass ihre Ideen schlecht sind, unternehmen sie alles, um das Gegenteil zu beweisen, indem sie genau diese schlechten Ideen in die Tat umsetzen. Wenn das trotzig erscheint, liegt das daran, dass es Trotzverhalten ist. Es ist auch vorhersehbar, und man kann damit umgehen, indem man es ausnutzt.

Das Allerschlimmste, was man mit Neinsagern tun kann, ist der Versuch, sie davon zu überzeugen, dass alles nicht so schlimm ist. Dies zwingt sie dazu, sich tiefer in die Negativität hineinzupolarisieren. Je tiefer sie sich darin eingraben, desto mehr beharren sie darauf, dass alles schlimmer ist, als man denkt. Der Versuch, negative Menschen davon zu überzeugen, positiv zu sein, ist wie der Versuch, aus Treibsand herauszuklettern: Je mehr man sich abmüht, desto mehr sinkt man ein. Aber wenn man ihre polarisierte Reaktion aufgreift und noch ein wenig weiterspinnt, können sie dieser extremen Negativität nur negativ begegnen, indem sie selbst positiv werden.

Ein uns bekannter Firmenchef hat sich einmal bei seinem Assistenten darüber beschwert, dass die Belegschaft des Unternehmens ineffizient, inkompetent und nicht in der Lage sei, auch nur das Geringste richtig zu machen. Sein Assistent schlug mit vollkommen ernster Miene vor: »Sie haben recht. Am besten treiben wir sie draußen zusammen, erschießen sie und brennen das Gebäude ab!« Der Chef lachte über diese Idee und gab dann zu: »Na gut, so schlimm ist es nicht!«

Eine solche polarisierende Antwort lässt sich im Umgang mit Neinsagern auf zwei Arten einsetzen. Die erste besteht darin, das Negative anzusprechen, bevor dein Gegenüber es tut. »Folgendes wäre mein Vorschlag, und Folgendes wäre daran problematisch.« Wenn Neinsager hören, dass du deine Idee »realistisch« angehst (also mit Blick auf das Problematische), weisen sie oft darauf hin, wie es richtig zu machen wäre.

Eine zweite Möglichkeit, das Polarisierungsprinzip anzuwenden, besteht darin, die Hoffnungslosigkeit der Lage anzuerkennen und noch einen Schritt weiterzugehen. Fordere deinen Neinsager heraus, indem du darauf beharrst, dass nicht mal er eine Lösung des Problems finden könnte: »Du hast recht. Es ist hoffnungslos. Nicht einmal du weißt, was man da machen könnte.« Sei nicht überrascht, wenn dein Neinsager nun gegensteuert und dir erklärt, dass und wie es möglich ist.

5. Option: gute Absicht unterstellen

Wenn du in negatives Verhalten gute Absichten hineinprojizierst, glauben am Ende sogar die Neinsager an diese Diagnose. Und dann können sie ihren analytischen Perfektionismus auf eine nützlichere, tatsächlich hilfreiche Weise zum Tragen bringen. (Siehe 8. Kapitel.) Hier sind einige positive Absichten, die du Neinsagern unterstellen kannst:

»Ich schätze es, dass Sie so hohe Ansprüche haben.«
»Danke für deine Bereitschaft, so offen auf Probleme hinzuweisen, damit wir Lösungen finden können.«
»Danke, dass Sie uns auf die Fallstricke aufmerksam gemacht haben, die wir vermeiden müssen.«

Vergiss nicht: Wenn du eine gute Absicht in jemand anders hineinprojizierst, brauchst du ein gewisses Maß an Authentizität, um es glaubhaft zu machen, und viel Geduld, weil du möglicherweise lange darauf beharren musst. Stelle dir jede positive Projektion so vor, dass sie dem Neinsager einen Schubs in die positive Richtung gibt. Auch negative Menschen denken über sich selbst lieber konstruktiv als destruktiv. Es ist unwahrscheinlich, dass sie deine positive Projektion in Bezug auf ihr negatives Verhalten leugnen, und wenn du dabei bleibst, verinnerlichen sie deine Projektion möglicherweise als ihre eigene und passen dann ihr Verhalten an, um konstruktiver zu sein.

Wenn etwas funktioniert, von dem ein Neinsager meinte, es könne niemals funktionieren, musst du der Versuchung widerstehen zu sagen: »Ich hab es dir doch gesagt.« Beziehe stattdessen den Neinsager in deinen Siegestaumel mit ein. Selbst wenn der Neinsager purer Ballast für das gesamte Projekt gewesen ist, solltest du so tun, als hätte er Anteil an der gewinnbringenden Teamleistung. Das hat nicht nur eine Wirkung auf den Neinsager, sondern kann manchmal auch einen bemerkenswerten Einfluss auf die Art haben, wie andere den Neinsager sehen.

Ein uns bekannter Teamleiter hat diese Methode einmal angewendet. Nachdem sein Team mehrfach ausgezeichnet wurde, sagte die Neinsagerin: »Leute, ich freu mich, dass unsere Arbeit so viel Anerkennung bekommt. Vielleicht habt ihr ja recht: Nicht alles endet mit einer Enttäuschung …«

Zusammengefasst

Wenn Neinsager alles blockieren, lautet die Devise: zur Problemlösung übergehen.

Maßnahmen

1. Nörgler-Methode anwenden
2. Negativität nutzbar machen
3. Zeit schinden
4. Polarisieren
5. Gute Absicht unterstellen

20. Richter

Richter legen einen Maßstab fest, dem niemand gerecht werden kann, und sprechen dann ein Urteil in Form von andauernder Kritik aus.

Sie sind perfektionistisch, pingelig und peinlich genau, und ihre Urteilsfindung ist unfehlbar. Sie erklären dich für SCHULDIG und verurteilen dich zur Haftstrafe im Gefängnis ihrer Missbilligung.

Durch die Lupe des Verständnisses gesehen entsteht das richterliche Verhalten aus der guten Absicht, es *richtig zu machen*. Die Absicht, *es richtig zu machen*, kann auf zweierlei Arten zu diesem schwierigen Verhalten führen:

Bedrohte Absicht: Angst vor eigenen Fehlern.
Projizierte Absicht: Fehler bei anderen erkennen.

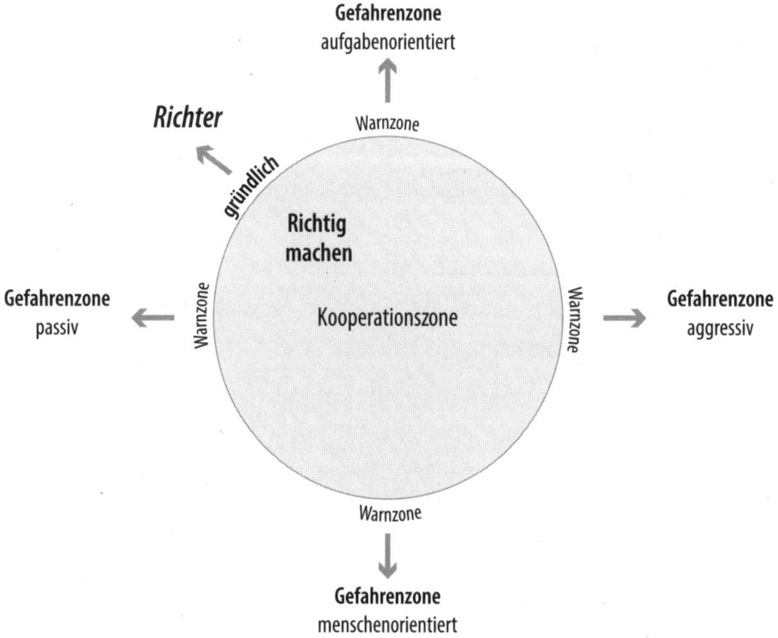

Richterverhalten setzt dann ein, wenn jemand, der es *richtig machen* will, auf den Richterstuhl klettert und von dort aus festlegt, was in einer bestimmten Situation richtig ist. Es erfolgt die Feststellung, dass irgendjemand oder irgendetwas fehl am Platz, aus dem Tritt oder nicht im Einklang ist oder den höchstrichterlichen Maßstäben nicht entspricht. Irgendetwas stimmt also nicht! Und in diesem Fall wird die gute Absicht des Richters zu einem unerbittlich pingeligen Perfektionismus, der sich in Krittelei und Herablassung manifestiert.

Richter neigen dazu, Fehler in allem und jedem zu suchen und zu finden. Ihr innerer Drang zu kritisieren wird immer stärker. Von ihrer Mitwelt werden Richter dann als erbitterte Perfektionisten, hoffnungslose Zyniker oder unerbittliche Erbsenzähler wahrgenommen.

Schuldig oder unschuldig

Vor Gericht ist man entweder unschuldig oder schuldig. Dazwischen gibt es nur wenige Graustufen, die das Urteil mildern können. Allerdings gibt es mehrere Arten, Gericht zu halten.

Es gibt die *Bagatellrichter*, die sich bei der einen Person über die Verfehlungen der anderen beschweren. Diese Richter legen Beweise vor, fällen das Urteil und verkünden es in Form von Klatsch und Gerüchten.

Dann gibt es die *Ordnungshüter*, die sich wie Menschen mit einem Putzfimmel auf Kleinigkeiten ohne wirkliche Bedeutung fixieren. Diese Richter wollen Ordnung im Gerichtssaal. Um das Ausbrechen von Chaos zu verhindern, bedecken sie den Teppich und alle Möbel mit Plastikfolie und schließen dann das Zimmer ab, damit es nicht durch menschliche Berührung beeinträchtigt und verdorben wird.

Es gibt auch *Scharfrichter*, die beim geringsten Widerspruch das Fallbeil sausen lassen. Scharfrichter sind engstirnig, setzen unnachgiebig ihre Regeln durch und übertönen jedes Argument der Verteidigung mit ihrem Hammer. Am Hof des Scharfrichters sind Urteile unanfechtbar.

Dann gibt es noch die *Abkanzler*, die nur aufblicken, um ihre zynischen Verrisse und Verdikte zu erteilen. Sie gehen davon aus, dass andere nur durch Egoismus motiviert sind.

Schließlich gibt es noch die *Bewährungshelfer*, die allen anderen in ihrer Jurisdiktion gern über die Schulter schauen. Bewährungshelfer sagen dir, dass du das, was du gerade tust, nicht tun darfst; dass das, was du anfängst, nicht gut enden wird; dass ohne Erlaubnis gar nichts versucht werden sollte und dass es, egal wie du es machst, falsch ist.

Diese problematischen Verhaltensweisen schaden sowohl den Richtenden als auch den Gerichteten. Richter leben letztendlich in ständigem Schmerz, weil sich die Welt einfach nicht ihren Maßstäben anpasst. Und die Verurteilten können zynisch und apathisch werden und jede Motivation verlieren. Denn egal, wie sehr sie sich bemühen: Es ist nie gut genug.

Eine Frage der Haltung

Wer sich verteidigt, verurteilt sich selbst. Wer nichts sagt, wirkt schuldig. Man darf dem Richter nicht widersprechen, aber man darf ihn insgeheim korrigieren. Wenn er sich in Bezug auf dich irrt, solltest du dir verkneifen, den Richter zurechtzuweisen, denn dann riskierst du eine Bestrafung wegen Missachtung des Gerichts. Korrigiere ihn stattdessen in Gedanken. Im Umgang mit Richtern ist das Entscheidende, dass du den negativen Urteilen, ob direkt oder implizit, nur im Bereich deiner Gedanken entgegenwirkst. Dazu denkst du dir einfach die positive Entsprechung jedes negativen Urteils:

Der Richter sagt oder impliziert: *»Du bist ein mieser Freund.«*
Du denkst: *»Ich bin ein guter Freund, sonst hätte ich längst aufgelegt.«*
Die Richterin sagt oder impliziert: *»Du hast es total vermasselt.«*
Du denkst: *»Ich weiß, dass ich mein Bestes gegeben habe.«*
Der Richter sagt oder impliziert: *»Ich habe eine halbe Stunde auf dich*

gewartet und meine Tasche abgestellt, also habe ich sie nur wegen dir vergessen.«

Du denkst: *»Es lag nicht an mir. Er hat die Tasche stehen gelassen.«*

So behältst du einen klaren Kopf. Selbstbestätigung ist ein innerer Lichtstrahl in einem von Vorwürfen verdunkelten Umfeld.

Dein Verhalten muss signalisieren, dass du nichts zu verbergen hast und die Beweislage für dich spricht. Hüte dich davor, große Sprünge in der Argumentation zu machen. Es ist wichtig, dass du bei der Beweisführung langsam und Schritt für Schritt vorgehst. Ein Hauch von Ironie und Amüsiertheit kann nützlich sein, weil du damit signalisierst, dass dich die Vorwürfe nicht wirklich treffen. Vermeide jedoch sarkastische Bemerkungen. Wenn du dein Plädoyer hältst, muss es so aufgebaut sein, dass es besagt: »Eine sorgfältige Prüfung der Sachlage ist alles, was zur Wahrheitsfindung nötig ist. Wenn Sie mir Gehör schenken, werden Sie sicherlich zu einem fairen Beschluss kommen.« Bleibe dabei leidenschaftslos, zumindest bis zum Schlussplädoyer. Mit ruhiger, methodischer, logischer und folgerichtiger Argumentation kommst du am besten durch und gewinnst am Ende den Prozess.

Stelle das Urteil des Gerichts nicht infrage. Wenn du das tust, wird dir der Richter wahrscheinlich wegen Missachtung eine Strafe auferlegen. Wenn du dem Richter implizit oder sogar explizit sagst, dass er falsch liegt, dann liegst du falsch! Mache dir stattdessen bewusst, dass das, was der Richter gesagt hat, seine oder ihre Sicht der Tatsachen widerspiegelt. Du bist nicht da, um ihm zu widersprechen. Du bist da, um neue Beweise vorzulegen oder die Fakten neu zu interpretieren.

Dein Ziel: das Urteil abschmettern

Wenn du auf der Anklagebank sitzt, weil du irgendwie der perfektionistischen Weltordnung des Gerichts nicht gerecht geworden bist, dann verteidige dich, aber ohne in die Defensive zu geraten. Dein Ziel vor dem Richter ist die Aufhebung des Urteils.

Maßnahmen

1. Option: akzeptieren und ignorieren

Diese Option funktioniert hervorragend mit dem *Bagatellrichter*. Manchmal ist es besser, das Urteil einfach zu akzeptieren und weiterzumachen, anstatt mit viel Zeit- und Krafteinsatz zu versuchen, die Meinung des Gerichts zu ändern. Wenn du dich für dieses Vorgehen entscheidest, bedankst du dich für die gute Absicht deines Richters und gehst dann deiner Wege:

> *»Danke, dass du mir so ehrlich deine Meinung gesagt hast.«*
> *»Danke, dass Sie mich darauf aufmerksam gemacht haben.«*
> *»Danke für deine wertvollen Denkanstöße.«*

Wenn sich das Urteil auf jemand anders in der Familie bezieht:

> *»Danke, dass du dich um seine Angelegenheiten sorgst.«*
> *»Danke, dass du mich wissen lässt, wie du über sie denkst.«*
> *»Danke für deine Sichtweise.«*

Wechsle dann das Thema, stehe auf und gehe oder frage, ob du irgendetwas holen sollst. Da du durch positive Projektion vom Urteil selbst abgelenkt hast, befasst sich der Richter möglicherweise mit sich, seiner guten Absicht und den Schlüssen, die er gezogen hat.

2. Option: Annahme verweigern

Diese Option funktioniert gut mit dem Fehler suchenden *Ordnungshüter*. Wenn du es leid bist, dir anzuhören, wie der Richter über dir nahestehende Menschen urteilt, kannst du das Urteil an seinen Urheber zurückschicken, indem du dem Richter sein Urteil in die Wiedervorlage schiebst. Für dich mag es offensichtlich sein, dass die kritisierte Person sich nicht an die Gesetze des Richters halten möchte. Aber dem Richter ist das möglicherweise gar nicht so klar. Das liegt daran, dass sich Richter auf ein von ihnen persönlich in Kraft gesetztes inneres Gesetzbuch beziehen und fälschlicherweise davon ausgehen, dass alle anderen auch eine Ausgabe besitzen. Die beste Art, einem Richter nahezubringen, dass niemand sonst dieses Gesetzbuch hat, besteht aus sanftem Backtracking, gefolgt von der Frage nach der Autorität, mit der der Richter urteilt.

Wiederhole also zuerst das Urteil, damit der Richter weiß, worauf du dich konkret beziehst. Zitiere dabei so wörtlich wie möglich, damit es keinen Fehler gibt.

»Wenn Sie sagen, dass Leute, die so aussehen, sich nicht öffentlich blicken lassen sollten, würde ich doch gerne wissen, wie Sie zu dieser Schlussfolgerung kommen. Wer bestimmt so was?«
»Wenn du sagst, das einzig Anständige sei, den Mund zu halten und nicht zu widersprechen, woher weißt du das? Wer sagt, dass das das einzig Anständige ist?«

Wenn du als Antwort ein pauschales »Weiß doch jeder« bekommst, dann frage nach. Auf »Jeder« fragst du: »Wen genau meinen Sie damit?« Auf die Antwort »Immer« sagst du: »Wann genau?« Behauptet der Richter: »Das leuchtet doch ein!«, dann hakst du nach: »Wem leuchtet das ein?« Die Antwort »Jedem denkenden Menschen« gibst du zurück mit: »Aber welchem denkenden Menschen konkret leuchtet das ein?« Spiele den Ball immer wieder ins Feld des Richters. Dass er dort gelandet ist, merkst du daran, dass der Richter endlich sagt: »Mir!«

3. Option: Berufung einlegen

Folgendes Szenario: Angenommen, du hast es mit einem *Scharfrichter* zu tun. Über dich oder jemand dir Nahestehenden, der wegen all der Urteile

Schwierigkeiten mit dem Richter hat, fällt ein abwertender Kommentar. Die Urteile erfolgen im Format des Vergleichs: »Du bist zu viel« oder »Du bist zu wenig« oder »Du bist nicht genug« oder »Du bist weit entfernt davon«. In jedem Fall kannst du entweder den richterlichen Beschluss anfechten oder vor einem höheren Gericht in Berufung gehen (und zwar vor dem Gerichtshof deiner eigenen Meinung!).

Vor dem Scharfrichter selbst musst du deinen Einwand nur dann einreichen, wenn du neues oder bisher unberücksichtigtes Beweismaterial hast, das der Meinung des Gerichts direkt widerspricht. Lautet das Urteil beispielsweise: »Deine Tochter versucht nicht mal, abzunehmen«, dann kannst du neue Beweise vorlegen, wenn du zufällig weißt, was sie alles unternimmt, um Gewicht zu verlieren:

> *»Ich merke, wie wichtig dir das ist.* [Gute Absicht unterstellen] *Hast du nicht mitbekommen, dass sie in den letzten drei Wochen Zucker weggelassen hat?* [Einleitungsfrage, die neue Informationen einführt] *Sie spricht regelmäßig mit mir darüber und …«*

Nun lieferst du Informationen, die das Pauschalurteil des Richters widerlegen, und schlägst ein alternatives Strafmaß vor, um den Richter hin zu konstruktivem Handeln zu lenken. Falls deine Fakten handfest sind und dein Leumund einwandfrei ist, kann dies die Meinung des Richters beeinflussen, sodass er die Strafe auf Bewährung aussetzt oder zumindest die Härte seiner Krittelei vorübergehend mindert.

Wenn eine dritte Person vor anderen abgeurteilt wird und du ihr aus der schrecklichen Lage helfen möchtest, dann sollte auch dein Einspruch vor den anderen geschehen. Sage der Angeklagten etwas Nettes und frage nach ihrem Erfolg oder Fortschritt. Wird die Person beispielsweise wegen ihres Aussehens kritisiert, kannst du sagen: »Du siehst wirklich gut aus. Was hast du gemacht? Was auch immer es ist, weiter so.« Wird ihre Leistung entwertet, kannst du sagen: »Mir ist aufgefallen, dass du in letzter Zeit wirklich hervorragende Arbeit geleistet hast. Was machst du anders?«

Richten sich die Abwertungen jedoch gegen dich, dann wende dich an die höhere Instanz deiner eigenen Meinung. Dieser Ansatz betrifft deine eigene Haltung, wie bereits weiter oben im Kapitel beschrieben. Nimm dich selbst als Maßstab, indem du Gegenbeispiele zu den Urteilen des Richters anführst. Wenn ein Richter dein Aussehen bemängelt, sagst du dir im Stillen etwas Ermutigendes: »Ich gebe mir alle Mühe damit, und ich mache Fortschritte.« Wenn es heißt: »Du bist schuld!«, dann sage dir selbst: »Ich tue mein Bestes. Diese Vorwürfe haben mehr mit ihm zu tun als mit mir.« Das kannst du womöglich nicht laut aussprechen, weil der Richter nicht mit der Wahrheit umgehen kann. Aber *du* kannst damit umgehen, also sage es dir selbst! So bleibst du trotz des abwertenden Verhaltens frei von den negativen Zuschreibungen, fest in deinem Wissen um die Fakten und sachbezogen in der Gegenwart des Richters. Du behältst die Kontrolle über dein eigenes Leben und beeinflusst langfristig die Haltung des Richters dir gegenüber.

4. Option: polarisieren

Häufig wird bei Richtern der Fehler gemacht, ihre Meinung ändern zu wollen. Solange dir kein Einspruchsrecht gewährt wird, verschwendest du deine Zeit. Du kannst jedoch das Urteil eines Richters so drehen, dass er vom Beschuldigen zum Entschuldigen übergeht!

Glücklicherweise reagieren Richter ebenso wie Neinsager stark polarisierend. Es ist zwar irgendwie paradox, aber Menschen, die gern über andere urteilen, mögen es tatsächlich eher weniger, wenn sie selbst beurteilt werden. Man kann sie einfach aus der Rolle des Klägers verdrängen, indem man das, was sie gesagt haben, in Form einer Frage noch stärker polarisiert. Hier zwei Beispiele:

Richter: *»Mark tut gar nichts fürs Studium. Er gammelt die ganze Zeit herum und nimmt alles auf die leichte Schulter. Eine Schande für die Familie.«*
Du: *»Meinst du, Mark will die Familie absichtlich blamieren? Hältst du ihn für so dumm?«*
Richter: *»Nein, das meine ich nicht.«*

Richterin: *»Laura ist es egal, wie andere sie sehen. Sie sieht immer so unordentlich aus, das ist peinlich.«*
Du: *»Glaubst du, sie weiß nicht, wie sie aussieht? Glaubst du, sie sieht gern so aus? Glaubst du nicht, sie hasst es, so auszusehen?«*
Richterin: *»Nein, natürlich hasst sie es!«*

In beiden Fällen wendet sich der Richter gegen die Frage und bestätigt etwas, das seinem eigenen ursprünglichen Urteil entgegensteht. Das ist das Schöne an polarisierenden Antworten. Man muss die Leute nicht überzeugen. Man bringt sie dazu, sich selbst zu überzeugen.

Anschließend kannst du die neue Position des Richters stärken.

Du: *»Ich bin beruhigt, dass du das so siehst.«*

Damit eröffnet sich die Chance, den Richter wieder in die Kooperationszone zu holen. Üblicherweise drückt der Richter dann sein Bedauern darüber aus, dass er keine Änderung zum Besseren herbeiführen konnte. Wenn es überhaupt einen guten Zeitpunkt für gute Ratschläge gibt, dann diesen!

Richter: *»Wenn sie bloß auf mich hören würde!«*
Du: *»Nach meiner Erfahrung ist es in solchen Situationen am wirksamsten, wenn man positiv bestärkt. Wer sich schlecht fühlt, ändert sich nicht. Wer sich erfolgreich fühlt, kann auch erfolgreich sein.«*

5. Option: menschliche Größe einfordern

Manchmal muss man eine Grenze ziehen und problematischen Richtern die Wahrheit sagen: dass ihr Verhalten kontraproduktiv ist und ein anderes Verhalten besser funktionieren würde. Zunächst musst du die gute Absicht anerkennen: dass der Richter sich um dich beziehungsweise um die Sache sorgt, dass er es *richtig machen* will. Dann erklärst du, warum die Art und Weise, wie er vorgeht, seine eigene Absicht zunichtemacht, weil andere negativ darauf reagieren. Gehe dann schnell zu den alternativen Handlungsmöglichkeiten über, die besser funktionieren würden. Deine Haltung gegenüber dem problematischen Verhalten sollte dabei von Ehrlichkeit geprägt sein (wie unter »Die eigene Wahrheit sagen« im 7. Kapitel erläutert). Mit deiner ehrlichen Herangehensweise versuchst du, beim Richter menschliche Größe einzufordern:

- gute Absicht unterstellen,
- Problemverhalten benennen,
- kontraproduktive Folgen anführen,
- Alternativen vorschlagen,
- Verhaltensänderung bestärken.

Um die Bereitschaft zur Veränderung zu schaffen, muss man unbedingt den Sinn des Richters für Recht und Unrecht wertschätzen. Dazu lobst du beispielsweise Folgendes:

> »… *dass du möchtest, dass er das Richtige tut.*«
> »… *dass du auf sein Aussehen achtest.*«
> »… *dass du ein gutes Ergebnis willst.*«
> »… *dass du dir wünschst, dass ich es gut habe.*«
> »… *dass du mir eine glückliche Beziehung wünschst.*«

Um die Vorteile einer Verhaltensänderung deutlich zu machen, musst du die kontraproduktiven Folgen eines Verhaltens aufzeigen. Oft schauen Richter aufs Detail und sehen das große Ganze nicht. Du musst ein klares Beispiel für die Kontraproduktivität seines Verhaltens aufführen:

> »*Nachdem du das getan hast, passierte Folgendes.*«
> »*Du verlierst das Vertrauen deines Umkreises, wenn du vor dem einen kritisch über den anderen redest. Denn dann macht der eine sich Sorgen darüber, was du wohl hinter seinem Rücken über ihn redest. Und dann halten sich alle von dir fern.*«

»Sie versucht, nett zu dir zu sein. Deshalb sagt sie nichts, wenn du so mit ihr redest. Aber ich weiß, dass sie deine Wertungen verinnerlicht und sich deswegen schlecht fühlt. Das senkt ihr Selbstwertgefühl noch weiter, und dadurch fällt es ihr noch schwerer, die richtigen Entscheidungen zu treffen, die dir so einfach vorkommen.«

Zusammengefasst

Wenn sich jemand zum Richter erhebt, lautet die Devise: das Urteil abschmettern.

Maßnahmen

1. Akzeptieren und ignorieren
2. Annahme verweigern
3. Berufung einlegen
4. Polarisieren
5. Menschliche Größe fordern

21. Einmischer

Einmischer glauben zu wissen, was das Beste für dich ist. Deshalb versuchen sie, mit ungebetenen Fragen und Ratschlägen dein Leben zu managen. Einmischendes Verhalten setzt dann ein, wenn sich die Absicht, *fertig zu werden*, mit der Absicht, es *richtig zu machen*, verbindet.

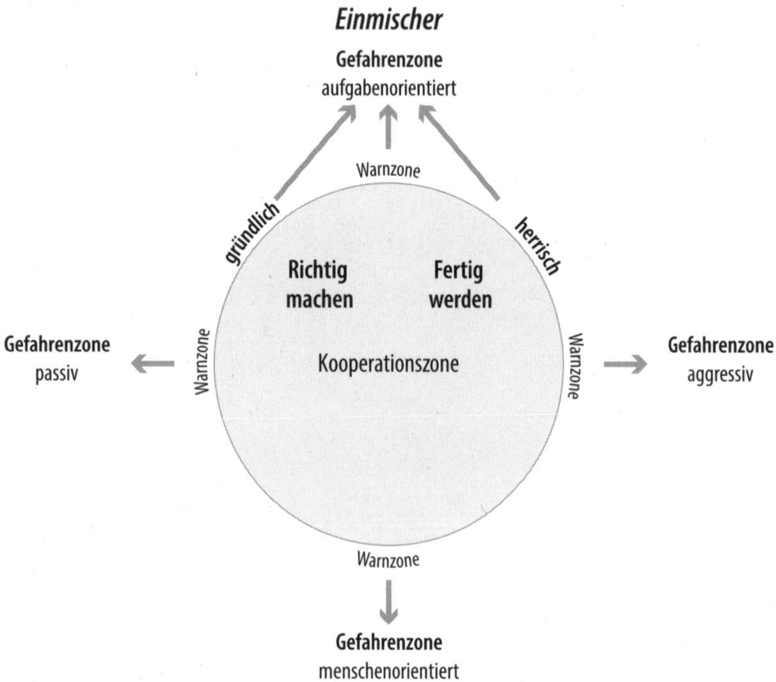

Wenn die Absicht, es *richtig zu machen*, mit der Absicht, *fertig zu werden*, kombiniert und auf andere projiziert wird, müssen Einmischer einfach einschreiten. Sie versuchen zu ändern, was andere tun und wie sie es tun. Sie weisen andere darauf hin, was zu tun und zu lassen wäre. Ihr Verhalten zeigt, dass sie keinerlei Vertrauen in die Fähigkeit anderer haben. Sie kritisieren andere und schreiben ihnen vor, was sie stattdessen tun sollen, um das richtige Ergebnis zu erzielen. Mit der Frage »Wann heiratest du endlich?« eröffnen sie das Kreuzverhör. Da sie eher drängeln, statt zu überzeugen, wird ihre Einflussnahme als unerwünschte Einmischung wahrgenommen.

Von neugierig bis manipulativ

Unter Einmischern gibt es verschiedene Schwierigkeitsgrade. Es gibt die einfachen *Neugierigen*, die dir über die Schulter schauen, um einen Einblick in dein Leben zu bekommen. Dazu gehört, dass sie in Tätigkeitsbereichen herumstöbern, die niemanden etwas angehen.

Es gibt die *Kontrolleure*, die dir über die Schulter schauen, um sicherzustellen, dass du genau das tust, was sie möchten. Tue dies nicht. Tue das. Achte auf dies. Fasse jenes nicht an. Tue, was dir gesagt wird, sonst bist du ein Versager.

Dann gibt es die *Übergriffigen*, die gegen deinen ausdrücklichen Wunsch etwas für dich tun – nur zu deinem Besten! Schließlich wissen Einmischer, was für dich das Richtige ist. Und offensichtlich können sie dir nicht die Verantwortung dafür überlassen.

Schließlich gibt es noch die *Manipulierer*, die auf einen wichtigen Aspekt deines Lebens einwirken, um einen anderen Teil deines Lebens zu beeinflussen. Du erfährst davon natürlich zuletzt. Und wenn du es erfährst, sind die Fakten geschaffen, und du musst damit fertigwerden.

Dein Äußeres, deinen Freundeskreis, deine Redeweise und deine Unternehmungen – alles behalten die Einmischer im Auge.

Eine Frage der Haltung

Von allen problematischen Verhaltensweisen, die dir widerfahren können, irritiert die Einmischerei womöglich am meisten. Die gute Absicht ist bei

Einmischern offensichtlich, egal wie schädigend sie umgesetzt wird. Ihr Wunsch danach, das Richtige zu tun, ist für sie ein nicht beherrschbarer Antrieb. Man kann sie unmöglich davon überzeugen, dass ihre Einmischerei schädlich ist, denn in ihrem Bezugsrahmen gibt es nichts Nutzbringenderes.

- *Dein Auftreten gegenüber einem Einmischer muss von Sorgfalt und starkem Verantwortungsbewusstsein geprägt sein.* So schaffst du das Blending mit ihrer Absicht, es richtig zu machen und fertig zu werden. Gehe mit Engagement, Stärke und Entschlossenheit in das Gespräch und sei dir bewusst, dass der Einmischer das tun muss, was er für richtig und vernünftig hält. Ein wenig innerliche Amüsiertheit wird dir dabei helfen. Sie verhindert, dass du die Einmischerei zu ernst nimmst, egal wie aufdringlich oder distanzlos sie wird.
- *Bleibe bei aufdringlichen oder sogar feindseligen Fragen entspannt.* Dass dir eine Frage gestellt wird, heißt noch lange nicht, dass du sie beantworten musst. Stelle stattdessen eine Gegenfrage und sei dann neugierig genug, um herauszuhören, was sich hinter dem Gesagten verbirgt. Falls du nach deiner Ernährung oder deinem Gewicht gefragt wirst, erkundigst du dich neugierig nach den Problemen, die dein Gegenüber mit Essen und Aussehen hat. Wirst du nach deinem Liebesleben gefragt, dann sei neugierig auf die Beziehungsprobleme der anderen Person. Fragen nach deinen Finanzen erwiderst du mit Neugierde auf ihre Geldprobleme. Sprich mit Überzeugung, damit du das klare Signal sendest, dass du für dich selbst verantwortlich bist und dich bemühst, die besten Entscheidungen zu treffen. Auch nonverbal solltest du dies ausstrahlen.
- *Beantworte keine Fragen, die nicht explizit gestellt wurden.* Keine Frage, keine Antwort. Plaudere nichts aus reiner Höflichkeit aus. Und wenn konkrete Fragen kommen, dann denke daran, dass du dennoch keine Antworten liefern musst. Achte nicht darauf, wonach jemand fragt, sondern auf die Absicht dahinter und auf deine Beziehung zum Fragenden.
- *Gib nicht freiwillig Einzelheiten preis.* Sobald die Katze aus dem Sack ist, ist sie schwer wieder hineinzubekommen. (Obwohl wir nie wirklich ver-

standen haben, warum die Katze überhaupt im Sack ist.) Mache dir bewusst, dass dein Gegenüber wahrscheinlich keine Grenzlinien erkennt und weiter fragt, als dir lieb ist.

- *Lasse Einmischer nicht ohne Grund mitmachen.* Wenn sie etwas zur Aufgabe beizutragen haben, erklärst du ihnen so genau und eingegrenzt wie möglich, was zu tun ist, ohne irgendetwas offenzulassen. Indem du dich darum kümmerst, dass und wie der Einmischer informiert wird, kannst du möglicherweise eine Grenze etablieren.

Dein Ziel: Grenzen etablieren und sichern

Wenn du es mit Einmischern zu tun hast, die erst in dein Leben eindringen und es dann fernsteuern wollen, muss dein Verhalten unmissverständlich signalisieren, dass es eine Grenze zwischen euch gibt, die nicht überschritten wird. Die sich einmischende Person muss verstehen, dass du zwar ihre Anteilnahme und ihr Interesse schätzt, dass du aber die Einzelheiten im Blick hast und das Endergebnis allein deine Sache ist. Das Beste, was sie beitragen kann, ist Unterstützung, und das Beste, was du ihr geben kannst, ist eine klar definierte Grenze, die nicht überschritten werden darf.

Maßnahmen

1. Option: gute Absicht unterstellen

Einmischerverhalten ist oft eine Lösung für das Problem der Einsamkeit. Meistens sind Einmischer älter als du selbst und haben zu viel Zeit zur Verfügung. Hinzu kommt das oft im Alter auftretende Gefühl, unerwünscht zu sein und nicht gebraucht zu werden. Die Folge davon? Menschen versuchen, irgendwo Verantwortung zu übernehmen, indem sie das, was sie aus ihrem eigenen Leben gelernt zu haben glauben, auf ihre Nächsten anwenden. Und ihre Nächsten sind im Grunde einfach die Nächstbesten.

Wenn sich Einmischer mit den Angelegenheiten anderer beschäftigen, erleben sie das als Gemeinschaft mit diesen anderen, selbst wenn sie allein sind. Wenn man sie trifft, können sie nicht anders, als einem mitzuteilen, was sie sich Gutes für einen ausgedacht haben.

In anderen Fällen geschieht die Einmischung, um ein Schuldgefühl zu kompensieren, das der Einmischer wegen seines eigenen Versagens empfindet. Er wusste nicht, was zu tun ist, bis es für ihn zu spät war, aber es ist noch nicht zu spät, um dir zu helfen!

Wer Einmischern verbal oder nonverbal mitteilt, dass ihr Tun falsch ist, löst möglicherweise eine Welle der Selbstrechtfertigung und defensiven Kommunikation aus, die die Beziehung in Zukunft belasten kann. Dies gilt es offensichtlich zu vermeiden.

Auch wenn du die Einmischerei hasst, ist es grund- und zwecklos, die einmischende Person zu hassen. Stattdessen solltest du deine Wertschätzung für ihr Interesse und ihre Besorgnis ausdrücken. Auf diese Weise holst du sie dort ab, wo sie steht. Und indem du ihr Verhalten nicht als Störung oder Zumutung aufgreifst, sondern als gut gemeintes Geschenk, minderst du mit etwas Glück den Druck, der ihr Verhalten antreibt. Deshalb kann man kaum etwas falsch machen, wenn man Einmischern für ihre Absichten dankt.

Wenn möglich, dankt man ihnen sogar für ihre Wohltaten, soweit man darin gute Absichten erkennt. Man bedankt sich für Besuche, Geschenke und Ratschläge, für ihre Zeit und ihr Interesse. Wenn man sich als jemand zu erkennen gibt, der ihre Absicht würdigt, *fertig zu werden* und es *richtig zu machen*, bleiben sie in Zukunft offen für Anregungen.

2. Option: Einmischung ermöglichen

Manchmal mischen sich Leute ein, weil sie keinen anderen Zeitvertreib haben. Da ihnen viel Zeit zur Verfügung steht, denken sie darüber nach, wie sie die Menschen, die sie lieben, sinnvoll unterstützen können. So kommen sie auf die Idee, das Leben der anderen zu ihrem Hobby zu machen. Sie bieten gute Ratschläge an, behalten alles im Auge und achten auf vermeidbare Probleme, damit auch ja nichts schiefgeht.

Wenn jemand den Willen zur Einmischung hat, musst du das Verhalten vor diesem Hintergrund sehen und dem Einmischer einen Bereich zuweisen, in den er sich einmischen kann. Bitte ihn um Rat zu einem Thema von geringerer Bedeutung. So lenkst du möglicherweise von dem Thema ab, bei dem du keine Einmischung wünschst. Wähle einen Bereich, bei dem seine Einmischung harmlos und möglicherweise konstruktiv ist. Bitte um seine Hilfe. Lasse dir von ihm bei irgendetwas helfen, auch wenn du es ohne seine Hilfe leichter erledigen könntest. Dies gibt ihm ein Gefühl von Verantwortlichkeit und Nützlichkeit, und vielleicht stillt es bereits sein Bedürfnis, an deinem Leben beteiligt zu sein.

Mischt sich beispielsweise ein Einmischer in deine Hochzeitsvorbereitungen ein, dann beauftrage ihn mit irgendetwas, und seien es nur die Tischkarten. Sei bloß froh, dass du jemanden hast, der bereit ist zu helfen, und nutze das Angebot!

3. Option: Einmischung in die Einmischung

Es gibt mehrere Arten, sich in die Einmischung einzumischen: Man kann die Kontrolle übernehmen, eine vorgefertigte Antwort geben oder eine Ablenkung schaffen.

- *Die Kontrolle übernehmen.* Aus der Opferrolle entkommst du, indem du die Kontrolle über die Einmischung übernimmst. Dazu musst du dich brennend für die Einmischung interessieren und alles darüber wissen wollen, natürlich aus erster Hand – vom Einmischer selbst! Was interessiert ihn so? Was genau meint er mit bestimmten Wörtern? Finde es heraus, indem du Fragen stellst! Stelle so viele Fragen, dass vielleicht sogar herauskommt, dass die sich einmischende Person weniger über das Thema weiß, als sie glaubt. Wenn das der Fall ist, wird sie sich zurückziehen und dir aus dem Weg gehen. Ihr Verhalten liefert dir dein Stichwort. Wenn sie nach deinem Privatleben fragt, dann frage nach, was genau sie wissen will, und prüfe dann ihre Antworten.

Einmischer: »*Hast du eigentlich eine Beziehung?*«
Du: »*Was genau möchtest du über mein Beziehungsleben wissen?*«
Einmischer: »*Na, ich möchte wissen, mit welcher Art von Mensch du zusammen bist?*«
Du: »*Welche Art von Mensch würdest du mir denn als Partner wünschen?*«
Einmischer: »*Das solltest du nicht anziehen. Darin wirkst du dick.*«
Du: »*Auf wen wirke ich denn dick?*«
Einmischer: »*Auf manche.*«
Du: »*Was stört dich denn so sehr daran, wenn jemand dick wirkt?*«
Einmischer: »*So viel Butter ist schlecht fürs Cholesterin.*«
Du: »*Wie sehr erhöht denn wohl diese Butter meinen Cholesterinspiegel?*«
Einmischer: »*Ich meine im Allgemeinen.*«
Du: »*Um wie viel erhöht denn Butter im Allgemeinen meinen Cholesterinspiegel?*«

- *Vorgefertigte Antwort geben.* Wenn sich ein Einmischer auf derart vorhersehbare Weise einmischt, dass du schon weißt, was er sagen wird, dann kann es reichen, dass du dir vorhersehbare Antworten zurechtlegst, um die Einmischung aus der Bahn zu werfen. Zum Beispiel:

  Einmischerin: »*Wann heiratest du denn endlich, Liebes?*«
  Du: »*Tante Lisbeth, ich heirate, sobald ich einen gefunden habe, der mich so liebt, wie Onkel Harry dich liebt.*«

Diese Erwiderung ist besonders effektiv, weil sie zwei mögliche Reaktionen hat. Wenn Tante Lisbeth mit Onkel Harry unglücklich ist, drängt sie dich nicht weiter zu etwas, das du bereuen könntest. Und falls sie mit Onkel Harry glücklich ist, wird sie wollen, dass du wartest, bis du den Richtigen gefunden hast.

Vorhersehbare Reaktionen überlegt man sich am besten im Voraus. Welchen Satz möchtest du parat haben, wenn bei der nächsten Gelegenheit die immer gleiche Frage kommt? Schreibe ihn auf, übe ihn ein und nutze ihn, wenn sich die Gelegenheit bietet!

- *Ablenkung schaffen.* Du kannst auch Quatschlogik einsetzen, um eine Ablenkung zu schaffen. Durch Quatschlogik stellst du eine künstliche Verbindung zwischen der Einmischerfrage und deiner Erwiderung her. (Mehr darüber im 13. Kapitel.)

  Einmischerin: *»Die Jacke hält ihn im Winter doch gar nicht warm. Warum kaufst du ihm nicht eine anständige Winterjacke?«*
  Du: *»Gut, dass du den Winter erwähnst! Ich war neulich in der Stadt und habe da eine schöne Schaufensterdeko gesehen, an der du viel Freude gehabt hättest!« [Dann noch mindestens eine Minute lang weiterreden!]*
  Einmischer: *»Wenn du fett wirst, gefällst du niemandem, und am Ende bist du allein und unglücklich wie dein Onkel Thomas. Willst du das?«*
  Du: *»Schön, dass du Thomas erwähnst. Hast du in letzter Zeit mit ihm geredet? Als ich ihn das letzte Mal getroffen habe …«*

Zeige plötzlich irgendwohin und sprich unvermittelt über das, was du an deiner Fingerspitze siehst. Merkst du, wie das dein Gegenüber verwirrt? Am Telefon sagst du einfach: »Oh mein Gott! Unglaublich!« Und dann fängst du an, über irgendetwas anderes zu reden. Ein solches Verhalten wird als Musterunterbrechung *(pattern disruption)* bezeichnet. Wenn du bei einem Verhalten, das dich stört, regelmäßig Musterunterbrechungen einschiebst, fällt es Einmischern zunehmend schwerer, sich konsequent einzumischen.

Eine Frau hat uns einmal erzählt, wie ihre Mutter von ihrem Freund wissen wollte: »Wann heiratest du denn jetzt meine Tochter?« Da ging ihre Schwester mit einer Ablenkung dazwischen: »Wann reichst du mir denn die Kartoffeln?« Dann wechselte sie schnell das Thema, und der Rest des Essens verlief ohne weitere Einmischerei.

4. Option: Grenzen aushandeln

Im Falle von Einmischerei fehlt meistens eine klar definierte Grenze zwischen dir und dem Einmischer. Wenn du feststellst, dass ein Einmischer ein ganz anderes Leben für dich erschaffen möchte als das, das du lebst, ist es möglicherweise an der Zeit, eine Grenze auszuhandeln, mit der ihr beide leben könnt.

- *Treffen vereinbaren.* Macht einen Termin aus, an dem du mit deinem Einmischer über die Rolle sprichst, die er in deinem Leben spielt. Vereinbart dazu eine Zeit und einen Ort, an dem ihr euch unterhalten könnt – vorzugsweise an einem neutralen Ort, an dem du dich entspannen kannst und dich frei von deinen normalen täglichen Verpflichtungen fühlst, beispielsweise im Restaurant oder im Park. Wenn du ein Gespräch ansetzt, statt es zufällig zustande kommen zu lassen, sprichst du das problematische Verhalten eher an:

  »Ich weiß es zu schätzen, dass du dich über die Jahre so hingebungsvoll um mich kümmerst. Ich habe ein Problem, das ich gern mit dir besprechen möchte. Können wir uns zum Mittagessen verabreden, um die Rolle zu besprechen, die du in meinem Leben spielst? Ich habe ein paar Ideen, wie es für uns beide stressfreier und produktiver werden kann. Ich freue mich, wenn du bei unserem Treffen auch deine Ideen dazu einbringst.«

- *Vorbereitet sein.* Du kennst deine Grenzen. Wenn du ins Gespräch gehst, ohne deine eigenen Schwächen zu berücksichtigen, wird am Ende eine Grenzziehung herauskommen, mit der du nicht leben kannst. Eine weitere Gefahr ist, dass du so sehr darauf bestehst, dass deine Bedingungen akzeptiert werden, dass du den Einmischer vor den Kopf stößt. Wenn du das Gespräch nur möglichst schnell hinter dich bringen möchtest, arbeitet deine Ungeduld gegen dich. Denke dran: Du musst gar nichts. Wenn ihr euch nicht einigt, hast du immer noch Möglichkeiten. Wenn sich der Einmischer weiterhin in dein Leben einmischt, kannst du immer noch

Distanz schaffen. Die Gewissheit, dass du nicht in die Ecke gedrängt wirst, dass du eine vertretbare Rückzugsmöglichkeit hast, gibt dir die Luft, um den Klärungsprozess durchzuhalten, selbst wenn es schwierig werden sollte.

Beschreibe die Sachlage und sage, was dich daran stört. Ist es ein Zeitproblem? Verbringt die einmischende Person zu viel Zeit mit dir und deiner Familie? Ist das Problem der ungebetene Rat? Fühlst du dich wie ein Kind behandelt? Mischt sich der Einmischer effektiv in dein Leben ein und handelt gegen deinen ausdrücklichen Willen? Um voranzukommen, musst du genau wissen, was dein Problem ist. Was ist dein Ziel? Wie soll es sein, wenn es anders wird? Kläre dies alles in Gedanken, damit du es im Gespräch klar benennen kannst.

Du musst auch etwas über die Bedürfnisse und Interessen deines Einmischers erfahren. Wenn dein Einmischer verhindern will, dass du dich verletzt, ist das eine wertvolle Information. Ist der Einmischer der Meinung, dass du dich in irgendeiner Weise verbessern solltest, dann wäre es eine wertvolle Information zu wissen, warum dies für den Einmischer so wichtig ist. Wenn dir gesagt wird, dass du glücklicher wärst, wenn du nur tun würdest, was dein Einmischer dir sagt, dann ist das eine wertvolle Information. Und je mehr du weißt, desto mehr kannst du tun. Wissen ist Macht – es entscheidet über den Ausgang jeder Verhandlung.

- *Freundlich bleiben.* Sei am Tag deines Gesprächs durchweg freundlich. Falls du dich frustriert und festgefahren fühlst, dann mache eine Pause, um dich zu berappeln, und beginne dann frisch erholt von vorn. Lenke das Gespräch auf konkrete Verhaltensweisen (siehe 7. Kapitel) und Interessen, nicht auf die Persönlichkeit deines Gegenübers. Suche nach einer Lösung, die deinem Einmischer ein gutes Gefühl vermittelt, wenn er dir gibt, was du willst.

Wenn du die Motivation deines Einmischers erkennen kannst und eine Möglichkeit findest, wie der Einmischer seine Absichten verwirklicht, indem er dir hilft, deine Absichten zu verwirklichen, dann hast du eine Einigung erreicht und die Grenzen in eurer Beziehung neu definiert. Hier noch einige Hinweise, die du dabei beachten solltest:

1. *Positiv einsteigen.* Es mag nur der erste Satz von vielen sein, aber du kannst ihn dazu nutzen, einem möglicherweise schwierigen Gespräch einen positiven Rahmen zu geben. Also unterstelle als Erstes eine gute Absicht:

   »Ich weiß zu schätzen, dass du dich für meine Beziehung interessierst.«
   »Ich weiß, du möchtest, dass ich glücklich bin.«
   »Ich weiß zu schätzen, dass du dich um meine Körperhygiene sorgst.«
   »Es ist schön, dass dir mein Aussehen nicht egal ist.«
   »Es ist gut zu wissen, dass dir etwas an meinem Kleidungsstil liegt.«
   »Ich weiß zu schätzen, dass du uns eine schöne Hochzeit mit tollen Geschenken wünschst.«

2. *Problem beschreiben.* Hiermit beziehst du Stellung. Wenn der Einmischer zu viel Zeit in Anspruch nimmt, dann sei ehrlich. Wenn er Dinge gegen deinen Willen tut, beispielsweise deine Kinder verwöhnt oder ohne deine Erlaubnis mit wichtigen Personen in deinem Leben spricht, dann sei ehrlich. Stelle deiner ehrlichen Aussage immer die Worte voran: »Ich weiß, dass du es gut meinst, wenn du …« oder »Ich weiß, dass du nur helfen willst, wenn du …«
3. *Auswirkungen beschreiben.* Da du nun deinem Einmischer sagen musst, was für dich am problematischsten ist, ist dies der schwierigste Teil des Gesprächs. Erkläre deine Gedanken freundlich, aber gründlich, denn dein Einmischer muss wirklich verstehen, was dich an seiner Einmischerei stört. Stelle bei der Beschreibung dich selbst in den Mittelpunkt, damit der Einmischer vor allem die Auswirkungen auf dich erfährt und nicht deine Meinung über ihn:

   »Ich war so wütend und frustriert, dass ich kaum mit dir sprechen konnte. Es hat mich wirklich beunruhigt, dass du damit weitergemacht hast,

obwohl ich dich gebeten habe, es nicht zu tun. Die Folge davon ist, dass ich dir nur schwer vertrauen kann und dass ich ein schlechtes Gefühl habe, wenn du Zeit mit den Kindern verbringst. Und deswegen fühle ich mich schrecklich, was es für mich noch schlimmer macht, nicht besser. Du meinst es ja gut, aber das, was du tust, bereitet mir Schwierigkeiten.«
»Ich fühle mich erniedrigt und beschämt, ich bin entmutigt. Und ich möchte mich davor schützen, mich so zu fühlen, deshalb höre ich nicht auf dich. Das muss nicht sein. Ich kann daran im Moment nichts ändern. Ich bin unverheiratet, fett, und ich arbeite daran.«

Du kannst auch darüber sprechen, was passieren könnte, wenn das Verhalten anhält. Viele Menschen lassen sich von der Angst vor negativen Folgen zu Änderungen motivieren. Vielleicht braucht der Einmischer diese Information, um die Lage zu verstehen.

4. *Antworten zulassen.* Jetzt hörst du dir die Standpunkte deines Einmischers an. Lasse ihn so viel erklären, sich so viel verteidigen und rechtfertigen, wie er will. Dabei solltest du so aussehen und klingen, als würdest du ihn vollkommen verstehen. Gleichzeitig musst du eventuelle Absichten heraushören, aus denen du Vorschläge ableiten kannst. Wenn du dem Einmischer die Möglichkeit gibst, für seine Einmischerei Rechenschaft abzulegen, stellst du vielleicht überrascht fest, dass die Beweggründe dahinter tatsächlich besser sind, als du dachtest.
5. *Grenzziehung vorschlagen.* Wenn du gut zugehört hast, hast du jetzt wahrscheinlich einen Modus gefunden, der für euch beide funktioniert. Aber selbst wenn du auf keine guten Vorschläge gekommen bist, musst du dem Einmischer sagen, was du willst. Wenn du mehr verlangst, als du eigentlich erwartest, kannst du noch ein wenig nachgeben und deinem Gegenüber das Gefühl geben, etwas gewonnen zu haben. Wenn du möchtest, kannst du den Einmischer nach einer Lösung fragen, bevor du die deinige anbietest. Aber irgendeine Option muss auf den Tisch, damit ihr irgendwo die Grenze ziehen könnt.

Erkläre, wie du dir eine Lösung vorstellst. Was funktioniert für dich? Was funktioniert für dich nicht? Gibt es Bereiche, in denen du die Anteilnahme des Einmischers begrüßen würdest? Gib an, um welche Bereiche es sich handelt. Gibt es eine andere Möglichkeit, wie dein Einmischer Anteilnahme zeigen könnte? Erkläre, was das sein könnte. Sei so konkret wie möglich und kommuniziere auf ruhige, vernünftige Weise, um dem Einmischer vorzumachen, wie er reagieren soll.

»Du kannst mir helfen, und zwar folgendermaßen. Wenn du irgendwo Kleidung siehst, die mir stehen würde, würde es mich interessieren, wo ich sie finden kann. Wenn du jemanden kennenlernst, der in deinen Augen ein guter Partner für mich wäre, würde ich diese Person durchaus in Betracht ziehen, aber nur, wenn du es mir sagst und nicht ihm. Interesse an meinem Leben zu zeigen, ist absolut kein Tabu. Aber wenn du mir wirklich helfen willst, geht das nur so.«

6. *Signal vereinbaren.* Sobald ihr euch auf eine neue Grenze in der Beziehung geeinigt habt, wäre es schön, wenn ihr das Gespräch mit der Gewissheit beenden könntet, dass die Grenze fest verankert ist. Aber das ist unwahrscheinlich. Die Einmischerei geschah ja automatisch und unbewusst, zumindest teilweise. Du musst also mit einigen Rückfällen rechnen. Da ist es für beide Seiten hilfreich, ein verabredetes Signal zu haben, das bei einem erneuten Auftreten des Verhaltens den Einmischer darauf aufmerksam macht, ohne gleich einen Konflikt zu entfachen. Das Signal kann eine kleine Geste sein, etwa ein erhobener, »nein« winkender Zeigefinger. Am Telefon ist ein bestimmtes Wort oder ein Satz hilfreich. Wenn es solche Möglichkeiten der Grenzsicherung gibt, kann sich die Beziehung mit der Zeit bessern.
7. *Grenzen festigen.* Wenn du einen ehemalige Einmischer dabei erwischst, wie er es richtig macht, musst du deine Wertschätzung zeigen. Mache es dir zur Aufgabe, darauf zu achten. So festigst du das gewünschte Verhalten.

Zusammengefasst

Wenn sich jemand überall einmischt, lautet die Devise: Grenzen etablieren und sichern.

Maßnahmen

1. Gute Absicht unterstellen
2. Einmischung ermöglichen
3. Einmischung in die Einmischung
4. Grenzen aushandeln (Treffen vereinbaren, vorbereitet sein, freundlich bleiben)
   - Positiv einsteigen
   - Problem beschreiben
   - Auswirkungen beschreiben
   - Antworten zulassen
   - Grenzziehung vorschlagen
   - Signal vereinbaren
   - Grenzen festigen

22. Märtyrer

Märtyrer sind zwanghaft Schenkende, die einem ihre Gaben geben, ob man will oder nicht. Und jede Gabe enthält eine Verpflichtung.

Märtyrerverhalten setzt dann ein, wenn sich die Absicht, *mit anderen auszukommen*, mit der Absicht, *Wertschätzung zu erhalten*, verbindet.

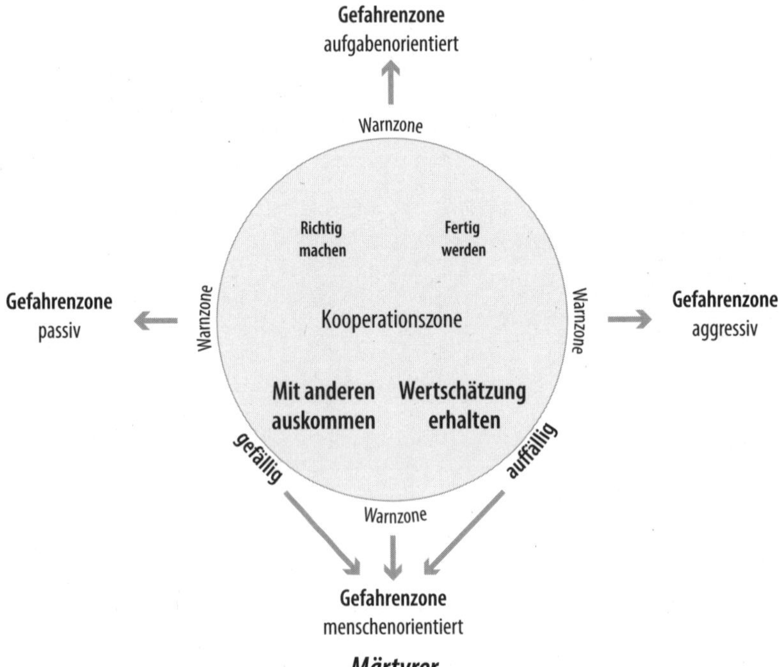

Märtyrer

Wenn die Absicht, *Wertschätzung zu erhalten*, vereitelt wird und die Absicht, *mit anderen auszukommen,* auf andere projiziert wird, tun Märtyrer alles, um in deren Leben eine Rolle zu spielen und sich geliebt zu fühlen. So werden sie zu zwanghaft Schenkenden. Dies kann passieren, wenn um Zuneigung gerungen wird oder wenn sich jemand ignoriert oder nicht gewürdigt fühlt.

Dann nehmen die guten Absichten an Intensität zu und werden zu einem Bedürfnis nach *Anerkennung* und *Aufmerksamkeit*. Und aus ihrem Bedürfnis nach Anerkennung und Aufmerksamkeit heraus schauen Märtyrer überhaupt nicht mehr darauf, was sie selbst wollen.

Von mild bis murmelnd

Märtyrer haben eine Reihe von Möglichkeiten, um andere Menschen zu beunruhigen und zu stören. Da sind zunächst die *Mildtäterinnen*. Mildtäterinnen nehmen die Verpflichtungen, die jeder familiären Beziehung innewohnen, als Grundlage. Sie tun, was von ihnen verlangt wird, so wie es die meisten anderen tun würden. Und dann tun sie mehr, und das ohne Frage. Sie tun aber auch ungefragt Dinge, die nicht von ihnen verlangt werden. Sie erkennen ein Bedürfnis, erfüllen es und denken dabei: »Ich tu dir einen Gefallen.« Durch ihre Bemühungen machen sie sich beliebt und erzeugen die Erwartung ihrer Hilfe.

Es gibt auch den Typus des *Aufopferers*. Das Muster ist das gleiche, mit einem Unterschied: Aufopferer tun alles demonstrativ und widerwillig. Sie sagen: »Ja, sicher, warum nicht. Ist ja nicht so, als hätte ich irgendwas anderes zu tun.« Sie beschweren sich lautstark, tun aber, was ihnen aufgetragen wird, und mit der Zeit baut dies ihren gefühlten Anspruch auf Gegenleistung auf. Aufopferer sagen: »Ich tue dir einen Gefallen. Du schuldest mir was.« Gelegentlich kommt es zum *großen Martyrium*. Vielleicht als Folge von dauerhaft durchgehaltenem Märtyrerverhalten, vielleicht auch nur spontan nach einem besonders schlechten Tag. Vielleicht erfährt der Märtyrer auch gerade eine Art Schicksalswende, und alles erscheint ihm furchtbar ungerecht. Er schreit auf: »WAS IST MIT MIR?«, und verwandelt sich in ein Häufchen Selbstmitleid, das all jene anklagt, die in seiner Schuld stehen.

Märtyrer schaden ihrem eigenen Interesse auf mindestens zwei Arten. Erstens werden ihre ungebetenen Gaben und Dienste nicht gewürdigt – und für jemanden, der so viel Mitleid für sich selbst hegt, bringen andere ungern Mitleid auf. Zweitens werden die Opfer der Märtyrer als selbstverständlich hingenommen und ebenfalls nicht gewürdigt. Man denkt sich: »Lass sie doch machen, wenn sie unbedingt will.« Dadurch geraten Märtyrer in einen Teufelskreis, aus dem es keinen Ausweg gibt. Je mehr sich Märtyrer bemühen, desto schlimmer scheitern sie. Je schlimmer sie scheitern, desto mehr bemühen sie sich. Je mehr sie schenken, desto weniger werden sie geschätzt. Je weniger sie geschätzt werden, desto mehr schenken sie. Und niemand gibt ihnen etwas zurück, weil Bedürftigkeit und nerviges Verhalten unattraktive Eigenschaften sind. Dass Märtyrer auf Gegenleistungen pochen und Schuldgefühle erzeugen, führt nur dazu, dass niemand ihnen jemals etwas geben will.

Eine Frage der Haltung

Märtyrer nutzen jede Schwachstelle, die sie bei dir entdecken, also bleibe in der Deckung! Vergiss nie, dass hinter dem Heulen und Zähneknirschen eines Märtyrers als Antrieb das Bedürfnis nach Geltung steckt und nicht, wie er vielleicht behauptet, die verweigerte Anerkennung. Halte innerlich eine gewisse emotionale Distanz, damit du dich nicht in Schuldgefühle verstrickst.

Dein Auftreten ist wichtig. Das Bedürfnis nach Anerkennung ist beim Märtyrer so groß, dass du eine gewisse Wertschätzung für ihn empfinden *musst*, wenn du sein Vertrauen gewinnen und sein Verhalten beeinflussen möchtest. Behandle ihn, als ob er Dankbarkeit für etwas verdienen würde, und wenn dir nichts einfällt, wofür du dankbar sein könntest, dann sei dankbar dafür, dass sein Einfluss auf dein Leben begrenzt ist. Schätze ihn für all das, was er nicht *tut*. Oder für alles, was er »versucht« oder »will«. Auf die eine oder andere Weise muss dein Auftreten wirklich aufmerksam und wertschätzend wirken. Zudem musst du anerkennen, wie wenig wertgeschätzt sich dein Märtyrer fühlt.

Hier sind einige Vorsichtsmaßnahmen, die beim Umgang mit Märtyrern zu beachten sind:

- *Sage nicht »Märtyrer«.* Denn mit dieser Zuschreibung ist ein offener Konflikt garantiert. Märtyrer wollen Dankbarkeit und Empathie, kein Etikett für ihr Verhalten.
- *Verteidige dich nicht.* Es hat keinen Zweck, da das Problem eher den Märtyrer betrifft als dich. Wenn er dich für sein Gefühl der Bedeutungslosigkeit verantwortlich macht, brauchst du ihm nur dafür zu danken, dass er ehrlich zu dir ist oder dass er dich auf seine Gefühle aufmerksam gemacht hat. Aber lasse dich nicht auf eine Diskussion darüber ein, was davon in Bezug auf dich zutrifft und was nicht. Jede von dir vorgebrachte Rechtfertigung wird wie eine Ausrede klingen, also kannst du diese sinnlose Übung auch gleich lassen.
- *Versuche nicht, das Problem zu beheben.* Es existiert nämlich nirgendwo, nur im Kopf des Märtyrers, und alles, was du zu seiner Lösung unternimmst, bekräftigt und stärkt den Märtyrer nur darin, das Problem zu haben.
- *Lasse den Märtyrer nicht die ganze Last tragen.* Wenn du siehst, dass der Märtyrer alle möglichen Aufgaben übernimmt, über die er sich später beschweren kann, musst du eingreifen und darauf bestehen, dass er nur seinen Anteil erledigen sollte und er niemandem einen Vorwurf machen kann, wenn er mehr übernimmt. Wenn du dies im Vorhinein klarstellst, kannst du dich darauf beziehen, wenn es später Schuldzuweisungen hagelt.

Dein Ziel: Verbindlichkeiten lösen, Verbindung beibehalten

Märtyrer möchten gern in deinem Leben eine Rolle spielen und werden deshalb zu zwanghaft Schenkenden. Aber mit ihren Gaben ist immer eine Pflicht verbunden, und diese Verbindlichkeit lassen sie dich in Form von Schuldgefühlen spüren. Aber diese Art, Anerkennung zu erlangen, ist ungesund und macht unglücklich. Beim Umgang mit Märtyrern ist es dein

Ziel, dich von den Verbindlichkeiten zu lösen und dennoch die Verbindung und die Beziehung positiv zu halten.

Maßnahmen

1. Option: Gegenleistung finden

Indem du den Geltungsdrang deines Märtyrers präventiv angehst, kannst du dir vielleicht die neueste Folge von »Ich Armer!« sparen. Damit setzt du wahrscheinlich nicht gleich die ganze Seifenoper ab, kannst dir aber eine willkommene Erleichterung verschaffen. Und es kann deine Beziehung zum Märtyrer grundlegend verändern.

Lasse ihn wissen, dass du seinen Einsatz nicht selbstverständlich findest, dann fühlt er sich nicht so übersehen. Das kannst du auf folgende Weise tun.

- *Positiv bleiben.* Wenn dein Märtyrer etwas tut oder sagt, was dir nicht gefällt, dann sage ihm, dass du seine gute Absicht zu schätzen weißt. Sage ihm auch, dass du dies oder jenes noch mehr schätzen würdest. Wenn du ihm einen Bereich zeigst, in dem sein Einsatz von Nutzen ist, kann er eine nützliche Rolle in deinem Leben annehmen.
- *Stelle dich auf seine Seite.* Wenn du etwas tust, was den Märtyrer verärgert, und er deine Äußerung oder Handlung für seine verletzten Gefühle verantwortlich macht, wirst du seine Meinung mit keiner Erklärung auf der Welt ändern können. Aber wenn du dich entschuldigst oder seine Sichtweise anerkennst, kann er einen Schmerz loslassen und sich für die Liebe entscheiden.
- *Das innere Kind ansprechen.* Wie ein Kind, das außerordentliche Mühen aufwendet, um Anerkennung zu erhalten, bemüht sich der Märtyrer oft mehr als jeder andere um deine Liebe und Wertschätzung. Wenn du dieses Verhalten als kindlich betrachtest, kannst du das innere Kind ansprechen. Verwende dieselben Gesichtsausdrücke und Tonfälle, die du auch bei einem Kind verwenden würdest, und schenke deinem Märtyrer die

gewünschte Aufmerksamkeit. Wenn er sein erbärmliches »Ich Ärmster« sagt, kannst du ihm die Last von den Schultern nehmen, indem du sagst: »Oh, du armes Kleines! Lass dich mal knuddeln, du!« Eine solche spielerisch liebevolle Äußerung kann genau das sein, was nötig ist, um den Seelenfrieden des Märtyrers wiederherzustellen. Von mehreren Personen wurde uns dieser Trick als lohnenswert beschrieben.

2. Option: Gewissensbisse abschütteln

Der Märtyrer ist zu Besuch. Da klingelt das Telefon, und als du dich entschuldigst und abheben willst, sagt er: »Ja, ja, geh ruhig ran. Egal, dass ich nur kurz hier bin, kümmere dich einfach nicht um mich. Wer auch immer das ist, er hat dir bestimmt Wichtigeres zu sagen als ich.« Das ist deine Einladung zu einem Schuldtrip, zu einer Exkursion in das Fantasieland des Hätte-hätte! Das schlechte Gewissen ist deine Fahrkarte. Steige ein und los geht's.

Aber du musst gar nicht einsteigen. Wenn du die Dynamik des schlechten Gewissens verstehst, kannst du bleiben, wo du bist.

- *Durchschauen.* Wenn du die Funktion des schlechten Gewissens verstehst, kannst du hinter die Fassade blicken und erkennen, wie Gewissensbisse funktionieren.
  Was ist ein schlechtes Gewissen? Es ist das Gefühl, das du hast, wenn du etwas tust, das deinen Werten widerspricht. Wenn dir die Familie viel bedeutet, aber deine Arbeit dich von ihr fernhält, hast du ein schlechtes Gewissen. Wenn du eine liebevolle Erziehung anstrebst, aber dein Kind anschreist, hast du ein schlechtes Gewissen. Wenn du jemanden leiden siehst und nichts tust, um zu helfen, obwohl du ein guter Mensch sein willst, hast du ein schlechtes Gewissen. Selbst wenn die Handlung oder Unterlassung, die deinen Werten zuwiderläuft, unter den gegebenen Umständen die beste Wahl ist, hast du dennoch ein schlechtes Gewissen. Das ist an sich nichts Schlechtes. Menschen, die überhaupt kein Gewissen verspüren, werden oft kriminell. Solange es nicht lähmt, kann ein schlech-

tes Gewissen motivieren. Es hemmt schlechtes Benehmen, regt zur Selbstreflexion an und trägt sogar zum kreativen Denken bei. Man kann das schlechte Gewissen loswerden, indem man etwas tut oder etwas lässt. Das schlechte Gewissen kann uns dazu bringen, unser Verhalten zu überdenken und so zu ändern, dass unsere Werte in unserem Leben wieder ihren rechtmäßigen Platz erhalten.

Wie hängt das schlechte Gewissen mit dem Pflichtgefühl zusammen? Wenn du gefühlt etwas Schlechtes gemacht hast, willst du es wiedergutmachen! Menschen, die mit anhaltender Kritik aufgewachsen sind oder für Dinge verantwortlich gemacht wurden, die sie gar nicht getan haben, fühlen sich möglicherweise im Unrecht, auch wenn sie es nicht sind. Sie tun manchmal absichtlich etwas »Schlimmes« als Akt der Rebellion und leben dann mit der Angst vor Entdeckung. Sie werden zum Opfer ihrer Gewissensbisse. Wenn du in dem Glauben erzogen wurdest, Nichtstun sei das Allerletzte, fühlst du dich möglicherweise jedes Mal schuldig, wenn du versuchst, dich zu entspannen.

Märtyrer knüpfen eine Verbindung zwischen deinem Reue- und Pflichtgefühl und ihren Ansprüchen an dich. Im Grunde sagen sie: »Wenn du verantwortungsvoller wärst, würdest du tun, was ich will.« »Wenn du fürsorglicher wärst, würdest du tun, was ich will.« »Wenn du respektvoller wärst, würdest du tun, was ich will.« »Wenn du leistungsfähiger wärst, würdest du tun, was ich will.« Sie können auch die negative Umkehrung verwenden: »Wenn du nicht so verantwortungslos wärst, würdest du tun, was ich will.« »Wenn du nicht so undankbar wärst, würdest du tun, was ich will.« Und so weiter. Erkenne das Muster als das, was es ist, dann musst du es gar nicht verinnerlichen.

- *Umdrehen.* Wenn ein Märtyrer etwas sagt, das dir ein schlechtes Gewissen machen soll, kannst du es umdrehen, sodass er sich schuldig fühlt, weil er es gesagt hat. Um die Beschuldigung zu drehen, musst du sie bemerken und umkehren. Auf den Vorwurf, du würdest ihm keinerlei Beachtung schenken, erwiderst du, dass er deine Beachtung offenbar nicht beachtet. Wenn der Märtyrer findet, dass du ihn nicht wertschätzt, sagst du, dass er deine Wertschätzung nicht zu schätzen weiß. Indem du seine Beschreibung deines Verhaltens zurückweist und sein Verhalten infrage stellst, schiebst du die Schuld dorthin zurück, wo sie hingehört, und befreist dich von jeder Verpflichtung, irgendetwas zu tun, was du nicht willst.

Märtyrer: *»Du weißt gar nicht zu schätzen, was ich alles für dich getan habe.«*
Du: *»Ich weiß sehr wohl zu schätzen, was du für mich getan hast. Aber ich glaube nicht, dass du meine Wertschätzung zu schätzen weißt!«*
Märtyrer: *»Das stimmt nicht.«*
Du: *»Und in meinem Fall auch nicht.«*
Märtyrer: *»Wenn du mich wirklich lieb hättest, würdest du mir helfen.«*
Du: *»Wenn du mich wirklich lieb hättest, würdest du verstehen, dass ich das nicht kann.«*
Märtyrer: *»Aber ich habe dich doch lieb!«*.
Du: *»Und ich dich auch.«*

- *Kappen.* Eine andere Art, dir Gewissensbisse einzureden, besteht darin, dich in deinem Vorhaben zu bestätigen, allerdings unter der Bedingung, dass du dich dabei schlecht fühlst! Märtyrer versuchen, an deine selbst getroffenen Entscheidungen einen Rattenschwanz von Schuldgefühlen zu knüpfen. Warum? Weil aus Schuldgefühlen Verpflichtung wird. Märtyrer konstruieren nach und nach ein Gefühl der Verpflichtung, auf das sie sich zu einem späteren Zeitpunkt berufen können, um das zu bekommen, was sie wollen, oder um dich davon abzubringen, was du willst. Verpflichtungen, und seien sie noch so konstruiert, können der Hebel sein, den Märtyrer brauchen, um bei den entscheidenden Beziehungskonflikten die Oberhand zu behalten.
  Dagegen schützt du dich am besten, indem du die vom Märtyrer konstruierte Verknüpfung kappst, die dein Tun und Lassen mit einem schlechten Gewissen verbindet. Kappe die Verknüpfung zuerst in deinem Inneren. Dann danke dem Märtyrer für seine Unterstützung, als wäre das, was

er dir bietet, Unterstützung. So vereitelst du seine Strippenzieherei und verschaffst dir die Freiheit, ohne fesselnde Verpflichtungen weiterzumachen.

Märtyrer: *»Mach nur. Nimm auf mich keine Rücksicht.«*
Du: *»Das ist super. Danke!«*
Märtyrer: *»Ich zahle dann mal. Muss ich eben woanders sparen.«*
Du: *»Na gut, wenn du darauf bestehst.«*

Manchmal bewerten Märtyrer deine Entscheidungen und stellen einen negativen Vergleich zu ihrem eigenen Stellenwert in deinem Leben auf:

»Du kümmerst dich mehr um ihn als um mich.«
»Du kümmerst dich mehr um dich selbst als um mich.«
»Dir ist das wohl wichtiger, als ich es dir bin.«

Die beste Reaktion darauf ist, die Verknüpfung zwischen deinem Vorhaben und dem Motiv, das dir unterstellt wird, zu kappen. Dazu musst du nur feststellen, dass der Grund für dein Handeln Fürsorge oder Wertschätzung ist. Schreibe dem Märtyrer die gleiche gute Absicht zu und danke ihm für sein Verständnis.

Märtyrer: *»Nur zu. Offensichtlich liegt dir mehr an diesem Hund als an mir.«*
Du: *»Ich kümmere mich deshalb um den Hund, weil ich es versprochen habe, so wie du es an meiner Stelle tun würdest. Also vielen Dank für dein Verständnis.«*
Märtyrer: *»Mach nur, wenn dir dein Mann und deine Kinder wichtiger sind als deine eigene Mutter.«*
Du: *»Es ist ja so, dass ich mich um die Bedürfnisse meiner Familie kümmere, so wie du dich um unsere gekümmert hast. Also danke für dein Verständnis, denn ich weiß, dass du das zu würdigen weißt.«*

Märtyrer: *»Du musst nicht zu Besuch kommen, wenn du Wichtigeres zu tun hast.«*
Du: *»Du hast recht. Es wäre gerade unklug, das Geld für die Anreise auszugeben. Ich finde es toll, dass du dich so um uns sorgst.«*

- *Losreißen.* Was ist der Haken, an dem der Märtyrer dich hängen hat? Wofür fühlst du dich schuldig, und wie nutzt er das aus? Um die Gewissensbisse zu vermeiden, musst du dich von dem Schuldgefühl befreien, das nicht das deine ist, und auf die Schuld schauen, die deine eigene ist. Wenn dir jemand auf ehrliche und nicht böswillige Weise Feedback gibt und dieses Feedback dazu führt, dass du dich schlecht fühlst, dann ist kein Märtyrertum im Spiel und die Gewissensbisse sind deine eigenen. Wenn du den zugrunde liegenden Werteverstoß erkennst und etwas tust, um ihn wiedergutzumachen, wird die Last der Schuld verfliegen. Falls du dich wegen etwas, das jemand für dich getan hat, verpflichtet fühlst, dann begleiche die Schuld und lasse es gut sein. Mache eine Bestandsaufnahme von allem, was du im Gegenzug für die Hilfe des Märtyrers getan hast, und ziehe Bilanz. Solltest du deinem Märtyrer etwas schulden und die Schulden nicht bezahlt haben, dann mache einen Plan und setze ihn um. Oder lege fest, wie du die Schulden zurückzahlen kannst, und lobe dich selbst dafür, dass du es vorhast. Wenn dann der Märtyrer die Strippen der Verpflichtung zieht, wird er leere Fäden in der Hand haben.

3. Option: abregen

Manche Leute sind nur deshalb empört, weil sie sich empören wollen.

Emotionale Probleme, irrationale Gedanken und problematische Verhaltensweisen haben oft die Ursache, dass jemand äußere Ereignisse persönlich nimmt. Wenn man das Selbstwertgefühl anderer verbessern möchte, betrachtet und behandelt man sie am besten wie wertvolle Menschen.

- *Übertreibungen widerlegen.* Ist dir schon einmal etwas Schlimmes passiert? Dann hast du es vielleicht immer und immer wieder im Kopf durchgespielt, damit du keinen Aspekt der Schlechtigkeit verpasst. Das tut jeder von uns irgendwann im Leben, aber Märtyrer machen sich ein solches Verhalten zur Gewohnheit. Bei einem ansonsten wunderbaren Familientreffen wird ein Glas Wein verschüttet, und der Märtyrer sagt: »Der ganze Abend ist ruiniert.« Das Essen reicht nicht, oder ein sonstiges Detail wurde unzureichend geplant, da sagt der Märtyrer: »Dieser Abend ist eine Katastrophe!« Aber war wirklich der ganze Abend ruiniert? Oder war er deshalb ruiniert, weil der Märtyrer das glaubte? War das ganze Treffen eine Katastrophe oder nur die Reaktion des Märtyrers? Wenn jemand das Schlechte übertreibt, kannst du seine Übertreibung noch übertrumpfen und ihn dann nach einem Gegenbeispiel fragen.

Märtyrerin: *»Schlimmer kann es nicht kommen!«*
Du: *»Nicht schlimmer? Es gibt nichts, was noch schlimmer sein könnte?«*

- *Frust dämpfen.* Märtyrer leben ihre Frustration gern durch pauschales Selbstmitleid aus, auch wenn sie sich auf bestimmte äußere Umstände beziehen, die außerhalb ihrer Kontrolle liegen. Sie reden von *immer*, *nie*, *alle* und *nichts*. Wenn du ein konkretes Gegenbeispiel hast (und dir fallen wahrscheinlich einige ein), verwende es wie folgt:

Märtyrer: *»Du kommst nie zu Besuch.«*
Du: *»Nie? Und dass wir letzte Woche vorbeigekommen sind, das zählt nicht?«*
Märtyrer: *»Ich weiß, dass sich niemand um mich kümmert.«*
Du: *»Niemand? Wer hat dann letztes Jahr die Geburtstagsparty für dich geschmissen?«*

- *Vorlieben statt Ansprüche.* Das Leben ist voller Veränderung, die nicht kontrolliert werden kann. Im gesunden Umgang mit Menschen und Ereignissen funktionieren Vorlieben besser als starre Forderungen. Menschen mit Vorlieben haben eine gewisse Kontrolle über ihre eigenen

Gedanken und Gefühle. Menschen mit starren Ansprüchen versuchen, Lebensereignisse und Mitmenschen zu beherrschen, und wenn ihre Ansprüche nicht erfüllt werden, werden sie unglücklich.
Ein Ausweg aus diesem Elend besteht darin, dass man die eigenen Ansprüche zu Vorlieben aufwertet. Dann geht es nicht mehr so sehr darum, wie etwas laufen »muss«, sondern darum, wie es unter den gegebenen Umständen am besten laufen kann. Zwar schaffen Märtyrer dieses Upgrade häufig nicht, aber du kannst es dennoch anbieten:

Märtyrer: *»Du hättest meine Bitte berücksichtigen sollen.«*
Du: *»Dir wäre es lieber gewesen, wenn ich deine Bitte berücksichtigt hätte?«*
Märtyrer: *»Ich hätte alles für dich getan, wenn du mich nur gebeten hättest.«*
Du: *»Du hättest am liebsten alles getan, was ich will?«*

4. Option: Nein sagen

Ein klares Nein auszusprechen ist eine wichtige Fähigkeit, besonders für Menschen, die mit anderen auskommen möchten und in Konfliktvermeidung geübt sind. Ein klares Nein macht dich zu einem authentischeren Menschen und lässt andere wissen, wie du wirklich denkst. Und wenn du dann einmal deine Hilfe zusagst oder Hilfe annimmst, wissen die anderen, dass es aufrichtig und ernst gemeint ist, ohne Widerwillen oder Hintergedanken.

Nein zu sagen macht dich auch nicht egoistisch, denn in diesem Fall verfolgst du nicht deine eigenen Interessen zum Nachteil anderer. Beim Neinsagen ist nicht das, was du sagst, entscheidend, sondern wie du es sagst. Sage es ruhig und schlicht, als wäre es das Normalste auf der ganzen Welt. Wiederhole es, wenn es sein muss. Wähle einfache Worte.

Wenn du dein Nein aus Sorge, dein Märtyrer könne sich über dich empören, mit Ausreden beschwerst, ist es leichter zu hinterfragen und zu unterminieren. Und wenn du aggressiv Nein sagst, wird der Märtyrer sehr sauer sein und sich nur daran erinnern, wie er sich bei deiner Absage gefühlt hat. Was du tatsächlich sagst, wird er gar nicht wahrnehmen.

Um deinem Nein etwas Kraft zu verleihen, kannst du dazu den Kopf schütteln. So entsteht eine kongruente Aussage, die mehr Kraft hat als die gemischte Botschaft, die entsteht, wenn du Nein sagst und dabei schwach, unsicher oder verwirrt wirkst. Um es weniger schmerzhaft für den Märtyrer zu machen, kannst du als Knautschzone eine Formel wie »Danke der Nachfrage, aber nein« oder »Es tut mir leid, aber ich muss absagen« oder »Leider ist meine Antwort nein« voranschicken. Wenn du möchtest, schließt du mit einem weiteren dämpfenden Satz wie »Danke fürs Fragen« oder »Danke, dass Sie an mich gedacht haben« oder »Vielleicht ein anderes Mal«.

Wenn dir das Neinsagen unangenehm ist, dann übe es im leeren Aufzug. Tue auf jeder Etage so, als bäte man dich, vorzeitig auszusteigen, und sage: »Nein, nicht hier« und »Nein, nicht jetzt« und »Nein, noch nicht«. Wenn du auf der richtigen Etage ankommst sagst du: »Ja, wir sind da!«, und spürst, wie schön es ist, nur dann Ja zu sagen, wenn es stimmt.

5. Option: menschliche Größe einfordern

Manchmal muss man eine deutlichere Grenze ziehen und Problemmenschen darüber aufklären, dass ihr Verhalten kontraproduktiv ist und ein anderes Verhalten wohl besser funktionieren würde. Die Herangehensweise ist dieselbe wie bei allen problematischen Verhaltensweisen: planen, aufschreiben, einüben und dann Zeit und Ort auswählen. (Mehr dazu im 7. Kapitel unter »Die eigene Wahrheit sagen«.) Dein Ziel in diesem offenen Austausch ist, dem Märtyrer eine Verhaltensänderung abzuverlangen, die menschliche Größe beweist.

- Gute Absicht unterstellen.
- Problemverhalten benennen.
- Kontraproduktive Folgen benennen.
- Alternativen vorschlagen.
- Verhaltensänderung bestärken.

Allerdings gibt es im offenen Dialog zwei Aspekte, die im Umgang mit Märtyrern besonders wichtig sind:

1. *Gute Absicht unterstellen.* Bedanke dich dafür …
   »… dass du dich kümmerst.«
   »… dass du dir so viel Mühe gibst.«
   »… dass du so ein köstliches Essen gemacht hast.«
2. *Sei konkret.* Verwende Formulierungen wie »Ich bin sicher, dass du das zu schätzen weißt«, bevor du auf die kontraproduktiven Folgen des Problemverhaltens hinweist.

Zusammengefasst

Wenn sich jemand märtyrerhaft aufopfert, lautet die Devise: Verbindlichkeiten lösen, Verbindung beibehalten.

Maßnahmen

1. Gegenleistung finden
2. Gewissensbisse abschütteln
   - Durchschauen
   - Umdrehen
   - Kappen
   - Losreißen
3. Abregen
   - Übertreibungen widerlegen
   - Frust dämpfen
   - Vorlieben statt Ansprüche
4. Nein sagen
5. Menschliche Größe einfordern

23. Was, wenn du selbst das Problem bist?

Mailwechsel mit schwierigen Menschen

Inzwischen hast du wahrscheinlich eingesehen, dass auch du an manchen Tagen zu den schlimmeren Mitmenschen gehörst. Was kannst du dagegen tun? Vielleicht findest du die Antwort in den folgenden Mailwechseln mit Problempersonen.

1. Was, wenn *du* der Panzer bist?

Lieber Rick und lieber Rick,
ihr habt Mut und schießt aus der Hüfte. Das gefällt mir. Seit eurem Seminar bin ich zu dem Schluss gekommen, dass ich der Schwierige bin. Die, die ich für schwierig gehalten habe, sind schwierig, weil sie mit mir zu tun haben.
Ja, ich verliere die Geduld, wenn ich finde, dass andere Zeit verschwenden. Aber ich habe so viel zu tun, und wenn ich die Zukunft ins Visier nehme, stehen mir die anderen immer wieder im Weg und bremsen mich aus. Was kann ich tun? Nehmt kein Blatt vor den Mund. Seid einfach ehrlich. Einstecken kann ich. Ich habe eine ziemlich harte Schale.

gez. Leo Pard

Lieber Leo,
zuallererst musst du dir bewusst machen, dass das Plattwalzen von Menschen wahrscheinlich die zeitaufwendigste und ineffektivste Art ist, Dinge zu erledigen. Du solltest damit lieber keine Zeit verschwenden. Denke über die folgenden Fragen nach: Werden Aufgaben wirklich erledigt,

wenn du dich so verhältst? Welche Aufgaben und zu welchem Preis? Leben deine Mitmenschen in Angst vor dir? Willst du das wirklich? Bist du eine wahre Führungspersönlichkeit, die andere motivieren und inspirieren kann? Oder bist du nur ein Miniaturdespot? Können nicht alle mit der Arbeit fertig werden, ohne dass du eine Spur der Zerstörung hinterlässt? Wir verstehen, dass du ein Mann voller Tatendrang bist. Du hast etwas aufgebaut und willst es weiterführen. Du willst dich von nichts und niemandem aufhalten lassen. Du hast Angst, dass alles auseinanderfällt. Falls du ein lohnenswertes Ziel darin siehst, ein Anführer zu sein und kein Diktator, dann wende die im 9. Kapitel beschriebene Haltungsänderung an. Wenn du ernsthaft mit dem, was alles ansteht, *fertig werden* willst, musst du die Biografien und Autobiografien von Menschen studieren, die nachweislich etwas geschafft haben. Nimm sie dir zum Vorbild und baue auf ihrem Erfolg auf. Verwende sie als Modell, ändere deine eigene Geschichte und gewöhne dich an ihre Methoden.

R & R

2. Was, wenn *du* die Stichlerin bist?

Sehr geehrte Ricks,
manche Leute haben Charme, bei anderen ist es eher Fremdcharme. Manche erkennen ihre Fehler, anderen fehlen dafür die Kenntnisse. Manche halten einem die Hand hin, andere halten die Hand auf. Ich kann nicht behaupten, dass ihr Scharlatane seid, denn Scharlatane sind Bauernfänger, und so viele Bauern fangt ihr ja gar nicht.

G. Stochen

Liebe Frau Stochen,
hören wir da eine sarkastische Note heraus? Nein, es ist eine ganze Symphonie, und zwar von Ihnen dirigiert. Leider ist das Orchester nicht zum Dienst erschienen.

Als Stichlerin haben Sie ohnehin weniger echte Freunde als ein Wecker am Morgen. Bei jedem Sticheln denken wahrscheinlich alle, Sie hätten gerade Ihr erstes Bier getrunken. In Wirklichkeit haben Sie nur einen schweren Sprach- und Denkfehler.

Aber indem wir Sie schlechtmachen, helfen wir Ihnen überhaupt nicht, sich zu ändern. Wie Sie sich ändern können?

Wenn Sie einen Groll gegen jemanden hegen und am liebsten auf ihn einsticheln würden, können Sie sich eine Menge Ärger ersparen: Sagen Sie Ihrem Opfer einfach, was los ist, und fertig. Wir empfehlen Ihnen, als Erstes die Verantwortung für die Stichelei zu übernehmen, zweitens die Verantwortung dafür, wie Sie die auslösende Situation wahrgenommen haben. Drittens sollten Sie das beschreiben, was Sie stört, und das erbitten, was Sie wollen.

Möglicherweise hegen Sie auch gegen niemanden einen tief sitzenden Groll. Ihre Stichelei entspringt dann einfach Ihrer momentanen Ungeduld mit Mitmenschen, die zu lange brauchen, oder ihrer Verärgerung über offensichtlich minderwertige Ideen anderer. Vielleicht ist es nur Ihre Ungeduld mit Leuten, die generell Zeit verschwenden. Womöglich sammeln Sie im Laufe des Tages unterschiedliche Irritationen an, und am Ende lassen Sie dann Ihre Rache an anderen aus.

In jedem Fall sollten Sie untersuchen, ob Ihr Sticheln nicht ein anderes wichtiges Ziel von Ihnen zunichtemacht. Vielleicht möchten Sie die Meinungen Ihrer Mitarbeiter wissen, bekommen sie aber nicht zu hören, weil alle Angst haben, zum Ziel Ihres Spotts zu werden. Dies klar zu erkennen, kann zur Veränderung motivieren.

Falls Sie eine nette Stichlerin sind, die mit Ihren unfreundlichen, aber nett gemeinten Bemerkungen wirklich nichts Böses will, denken Sie vielleicht: »Wer nicht über sich selbst lachen kann, lacht eben über andere.« Denken Sie daran, dass Ihre Äußerungen nicht das bedeuten, was Sie meinen, sondern das, was ankommt und was zurückkommt. Noch mal für alle Begriffsstutzigen: Wenn Sie lustig sein wollen und die anderen Sie nicht lustig finden, dann sind Sie nicht lustig und sollten etwas anderes probieren. Fragen Sie sie, welchen Umgang sie sich wünschen würden. Nehmen Sie sich vor, diese Wünsche zu befolgen, und lassen Sie sich von den anderen daran erinnern, wenn es Ihnen mal »misslingt«.

R & R

3. Was, wenn *du* der Besserwisser bist?

Werte Herren,
als ich Ihr Seminar besuchte, war ich mir sicher, dass Sie mir nichts Wissenswertes zu bieten haben würden. Immerhin bin ich Doktor der Betriebswirtschaftslehre und führe mein eigenes mittelständisches Unternehmen recht effizient. Aber ich muss zugeben, dass mir einige Ihrer Ideen einigermaßen vernünftig erschienen, obwohl ich bezweifle, dass die meisten Menschen intelligent genug sind, sie erfolgreich umzusetzen. Welcher Teil Ihrer Methodik wäre Ihrer Meinung nach für mich persönlich am fruchtbringendsten?

Herzlichst, Ihr B. Sonders

Werter Herr Sonders,
wie Sie wissen müssen, kann der Wissbegierige das Wissen nur erlangen, indem er geistig offen bleibt. Zweifellos haben Sie viel Zeit mit dem Erlernen Ihrer Kenntnisse verbracht. Vielleicht haben Sie auch Folgendes festgestellt: Je mehr Sie wissen, desto mehr wissen Sie nicht und desto mehr gibt es zu wissen.
Jeder Mitmensch hat das Potenzial, seinen Wissensschatz zu erweitern, weil jeder Mensch einen einzigartigen Blickwinkel hat. Denken Sie beim Ideenaustausch daran, und wischen Sie die Worte anderer nicht beiseite, sondern finden Sie heraus, was wirklich damit gemeint ist. Jemand kann eine vollkommen dämliche Idee vorschlagen, die niemals funktionieren wird – aber die Kriterien, nach denen dieser Vorschlag erdacht wurde, sind möglicherweise Gold wert.

Zu Ihrer Haltung: Achten Sie darauf, wie faszinierend unterschiedlich die Wahrnehmung und das Verhalten von Menschen ist. Im Informationszeitalter, wo jedermann in Mikrosekunden enzyklopädisches Wissen zur Hand hat, hat Weisheit einen höheren Wert als Information. Weisheit ist keine Frage des Alters, denn aus dem Mund von Kindern kann große Weisheit kommen. Weisheit entspringt dem forschenden, mit dem Herzen verbundenen Geist.

R & R

4. Was, wenn *du* der Möchtegern-Besserwisser bist?

Hey Jungs,
ihr wart der Hammer. Ich hab aus eurem Kurs ein paar tolle Witze mitgenommen. Kann es kaum erwarten, sie im Büro vom Stapel zu lassen. Aber ich muss euch sagen: Es gibt einen viel einfacheren Weg, mit schwierigen Menschen umzugehen. Du schaust ihnen einfach direkt in die Augen, wenn sie Schwierigkeiten machen, und sagst ihnen: »Klingt nach einem persönlichen Problem!« Noch Fragen?
Aber im Ernst, das einzige Problem, das ich mit anderen habe, ist ihre Einstellung mir gegenüber! Mir gehen im Gespräch nie die Themen aus, nur die Zuhörer! Wenn ich Fehler mache, dann aus sehr guten Gründen, und meistens liege ich nur knapp daneben! Aber mir zollt niemand Respekt. Irgendwelche Vorschläge?

Bis baldinowski,
Klaus Klugschinski

Lieber Klaus,
uns fallen mindestens drei Dinge ein, die du noch nicht weißt:

1. Es ist keine Schande, einen Fehler zuzugeben. Eine Schande wird es erst, wenn du versuchst, den Fehler zu vertuschen. Sobald du feststellst, dass dein Wissen nicht ausreicht oder deine Idee schlecht durch-

dacht ist, genügt ein simples Eingeständnis, um die Wertschätzung deiner Kollegen wiederzugewinnen.

2. Wenn du einen klitzekleinen Hang zur Übertreibung hast, könnte es nutzbringend sein, sich mit der dahinterliegenden Ursache zu befassen, nämlich dem frustrierten Wunsch, gemocht und geschätzt zu werden. Vielleicht musst du etwas unternehmen, um dein Selbstwertgefühl zu steigern, denn oft ist ein geringes Selbstwertgefühl die Ursache für Möchtegern-Besserwisserei. Nimm dir psychologische Hilfe. Füttere dich regelmäßig mit gehaltvollen Informationen zu Themen, die für dein Arbeits- und Beziehungsleben relevant sind. Lies Bücher, höre Podcasts oder gucke Videos zum Thema Selbstwertgefühl.
3. Am wichtigsten ist, dass du für eine Weile aufhörst, andere zu beeindrucken. Niemand hält dich für dumm, weil du gerade nichts Schlaues zu sagen hast. Übe, dich auch im Schweigen wohlzufühlen, und warte mit der Wortmeldung, bis du wirklich etwas beizutragen hast. Denke daran, dass du Wertschätzung am sichersten dadurch erlangst, dass du anderen echte Wertschätzung entgegenbringst.

R & R

5. Was, wenn *du* die Granate bist?

An die beiden Schwachmaten, die den Vortrag über schwierige Leute gehalten haben:

Also, ich bin wirklich angep***t. Ich hab dagesessen und zugeschaut, wie ihr ganz stolz eure Theorien in die Welt posaunt habt. Ich habe mich immer wieder gefragt: »Für wen halten die sich eigentlich?« Aber was mich wirklich auf die Palme gebracht hat, war diese Behauptung, dass »Granaten« sich selbst hassen. Na und wenn? Das ist doch meine Sache. Oder? Ich bin eben nicht so perfekt wie ihr. Ich habe jede Menge

Stress zu bewältigen, unter anderem drei ungezogene Kinder, einen arroganten Chef, eine undankbare Belegschaft und eine Frau, die meine Tour nicht mag. Meine Frau meint sogar, dass sie mich verlässt, wenn ich meine Tour nicht ändere. Na und wenn? Das ist meine Sache. Aber ich hoffe, sie ändert ihre Meinung. Ich weiß gar nicht, warum ich mir überhaupt die Mühe gemacht habe, diese Mail zu schreiben. Was geht euch das an? Ich habe genug zu tun, auch ohne diesen Sch***. Vergesst es.

Mit freundlichen Grüßen
H.B. Menchen

Lieber Hans-Bernhard,
huch! Benutzt du Stacheldraht als Zahnseide? Aus deinen Zeilen spricht ein ausgeglichenes Temperament: allzeit entflammbar. Wenn du mit der Feindseligkeit, die in deiner Mail aufscheint, durch die Welt gehst, ist es nur eine Frage der Zeit, bis dir die Zündung durchbrennt. Hier ein paar Vorschläge, wie du deine Haltung ändern kannst.

Um dich zu ändern, brauchst du einen erkennbaren Antrieb für diese Änderung. Das kann ein intrinsischer Antrieb sein, beispielsweise mehr Lebensglück, oder ein extrinsischer, beispielsweise der Wunsch, deinen Kindern ein besseres Vorbild zu sein oder deinen Ruhestand noch gesund zu erleben. Ein klares Motiv dient auch als Sprinkleranlage, die dein Feuer unter Kontrolle hält.

Der nächste Schritt besteht darin, herauszufinden, wo bei dir der Sicherungssplint steckt und was am Ring ziehen könnte. Woran merkst du, dass du explodieren musst? Zu Anfang mag deine Antwort lauten: »Ich weiß es nicht.« Aber lasse nicht locker. Untersuche einige Fälle, in denen du explodiert bist. Untersuche, welche Bedingungen jeweils herrschten, um den auslösenden Faktor herauszufinden. Entscheide dann, was passieren soll, wenn der Ring das nächste Mal gezogen wird. Wie möchtest du reagieren? Übe es im Geiste ein, bis es sich natürlich und glaubwürdig anfühlt.

Wenn du nur gelegentlich zur Granate wirst, kannst du möglicherweise lernen, deinem Ärger früher Luft zu machen, anstatt darauf zu warten, dass er sich bis zum Platzen anstaut. Übe dich in den nächsten Wochen immer wieder in der Kunst, dich maßvoll zu äußern, sobald die ersten Funken fliegen.

R & R

6. Was, wenn *du* die Jasagerin bist?

Sehr geehrter Herr Dr. Brinkman, sehr geehrter Herr Dr. Kirschner,
ich heiße Jana, und auch wenn Sie sich wahrscheinlich nicht an mich erinnern, hat mir Ihr Kurs sehr gut gefallen. Ich fand Sie sehr nachdenklich und einfühlsam. Ich habe allen meinen Bekannten erzählt, wie nett Sie sind. Wenn ich Ihnen auf irgendeine Art und Weise helfen kann, brauchen Sie nur zu fragen, und ich tue unter den gegebenen Umständen mein Bestes.
Sie sind sicherlich sehr beschäftigt und haben keine Zeit, mir zu antworten, aber das ist in Ordnung. Ich verstehe das. Wahrscheinlich verbringen Sie Ihre Zeit lieber mit Ihrer Familie und anderen Menschen, die Ihnen wichtiger sind.
Und dagegen habe ich nichts einzuwenden. Es soll mir recht sein. Ich bin nur froh, Sie ein bisschen kennengelernt zu haben, und übrigens – ist diese Mail in Ordnung? Bin ich abgeschweift? Ich höre lieber auf, weil ich weiß, wie beschäftigt Sie wahrscheinlich sind.

Alles Liebe
Jana Türlich

Liebe Jana,
danke für deine nachdenkliche Mail. (Du darfst uns ruhig auch duzen.) Es war uns eine Freude, von dir zu hören. Du scheinst eine sehr nette Person zu sein, also hier ein paar nette Ratschläge.

Für dich ist es offenbar ein Problem (und gleichzeitig eine große Chance) zu sagen, was du denkst, und zwar unabhängig davon, was andere darüber denken mögen. Dabei ist das gar nicht so schwierig, wie du vielleicht glaubst. Zunächst musst du einsehen, dass du mit deinem Wunsch, nicht anzuecken, oft aneckst. Wenn du ein Angebot machst, das du nicht einlösen kannst, oder ein Versprechen gibst, das du nicht halten kannst, ist der Unmut deiner enttäuschten Mitmenschen vorprogrammiert. Vielleicht haben sie es dir schon gesagt, und vielleicht hast du es nicht geglaubt, aber praktisch alle möchten lieber, dass du offen und ehrlich bist und vereinbarte Ziele einhältst.

Hast du schon mal einem Verkäufer gesagt, du würdest zurückkommen, obwohl du das gar nicht vorhattest? Jener Verkäufer, dessen Gefühle du vielleicht nicht verletzen wolltest, verschwendete daraufhin wertvolle Zeit damit, auf deine Rückkehr zu hoffen. Das Netteste, was du ihm hättest sagen können, ist die Wahrheit: dass du kein Interesse an seiner Ware oder Dienstleistung hast.

Die Menschen, die dich lieben, können nur dann wirklich zu deinem Glück beitragen, wenn du ihnen ehrlich sagst, was du willst und was du leisten kannst. Und wenn du dich selbst immer an den letzten Platz stellst und deine Gedanken und Gefühle anderen vorenthältst, nimmst du ihnen die Möglichkeit, dich wirklich kennenzulernen – und so kann es keine echte Intimität geben.

Damit du Verpflichtungen in Zukunft besser einhalten kannst, empfehlen wir dir, dich in Selbstorganisation zu üben. Lerne, wie man sich ein Ziel setzt und einen Aktionsplan erstellt; wie man Aufgaben priorisiert, um die Zeit optimal zu nutzen; wie man delegiert, um nicht alles selbst zu machen; und wie du deinen Zeitverbrauch messen kannst, um deinen Zeitbedarf genauer einschätzen zu können und weniger Zeit durch Unterbrechungen und ungeplante Krisen zu verlieren.

Trainiere auch in kleinen Dingen deine Durchsetzungsfähigkeit. Ist dein Essen im Restaurant nicht richtig zubereitet, dann lasse es zurückgehen. Drängelt sich jemand vor, dann sage ihm, dass du zuerst da warst. Nutze

jede sich bietende Gelegenheit, um dich durchzusetzen. Nimm es dir fest vor, im Meeting die Erste oder eine der Ersten zu sein, die sich zu Wort meldet.
Da deine Stärke darin besteht, dich um Menschen zu kümmern, dienst du ihnen am besten, indem du sie dort abholst, wo sie sind. Und denke auch an dich selbst, denn auch du zählst.

R & R

7. Was, wenn *du* die Vielleichtsagerin bist?

Lieber Rick und Rick oder sehr geehrte Dres. Brinkman und Kirschner oder sehr geehrte Damen und Herren?
Ich bin mir nicht sicher, ob das überhaupt eine Frage ist, aber als Sie fragten, wie viele in der Gruppe unentschlossen seien, sollten wir da wirklich die Hände heben? Denn da war ich mir nicht sicher. Und bevor ich mich entscheiden konnte, ging es schon weiter. Ich habe nicht die Hand gehoben, dabei gehöre ich, glaube ich, zu den Unentschlossenen. Zumindest manchmal. Es ist ja nicht so, dass ich mich nie entschließen könnte. Na, vielleicht ist es so. Jedenfalls dachte ich, ich sage noch mal Bescheid, dass es in der Gruppe mindestens eine Unentschlossene mehr gab als erhobene Hände. Es sei denn, es hatte jemand die Hand gehoben, der oder die nicht wirklich unentschlossen war. Kommt so was vor?

Mit freundlichen Grüßen,
Liese Zweifel

Liebe Liese,
Tatsache ist, dass keiner der wirklich Unentschlossenen die Hand gehoben hat. All die, die die Hände gehoben haben, taten das nur aus Jux.
Wir haben ganz viele, nein, eigentlich nur ganz wenige Ratschläge für dich. Präge dir diese einfachen Faustregeln ein:

1. Es gibt keine perfekte Entscheidung. Jede Entscheidung bringt Kosten mit sich, die nicht vorhergesagt werden können.
2. Jede Entscheidung, die nicht getroffen wird, fällt letztendlich von selbst.
3. Im Zweifelsfall entscheidet man am besten sofort. 80 Prozent aller Entscheidungen können in dem Moment getroffen werden, in dem man erstmals darüber nachdenkt, denn sie werden durch mehr Informationen nicht besser. Nur 15 Prozent aller Entscheidungen, vor denen man steht, lassen sich durch weitere Informationen verbessern, und 5 Prozent der Entscheidungen müssen in Wirklichkeit gar nicht getroffen werden.

Falls du fürchtest, dass deine Entscheidung Menschen verletzen könnte, dann sprich ehrlich mit ihnen über deine Bedenken bei der Entscheidungsfindung. Besorgnis auszudrücken und sensibel auf die Gefühle anderer einzugehen ist eine großartige Fähigkeit, solange du dich dadurch nicht in kontraproduktives Zaudern verwickeln lässt.

Wir raten dir auch, alle Entscheidungen zu beachten, die dir gelingen. Zum Beispiel hast du dich entschieden, uns zu schreiben, und es durchgezogen. Du beschließt, morgens aufzustehen, zu essen, wenn du hungrig bist, und ins Bett zu gehen, wenn du müde bist. Du entscheidest, was du anziehst und welche Bücher du liest. Jeden Tag stehst du vor einer ganzen Reihe von Auswahlmöglichkeiten. Nimm es wahr, wenn du erfolgreich entscheidest, und sage dir, dass du es schaffen kannst. Suche dir eine Entscheidungsmethode, mit der du gut arbeiten kannst. Wende diese konsequent an, und du wirst feststellen, dass dir Entscheidungen immer leichter fallen.

R & R

8. Was, wenn *du* der Nichtssager bist?

Hi,
ich weiß nicht. Mir fällt nichts ein.

MfG
N.

Lieber N.,
wenn du eher der ruhige Typ bist, können dich widersprüchliche Gefühle in allen möglichen Lagen in die Nichtheit treiben. Wenn du deine Gefühle unterdrückst und dich aus Konflikten zurückziehst, bleibt der Konflikt in dir bestehen und schafft zwischen dir und den anderen Distanz. Distanz führt zur Isolation, zum Gegenteil von Nähe.
Es ist besser für deine Gesundheit und dein Wohlbefinden, wenn du deine Emotionen angemessen ausdrückst, statt sie wegzudrücken. Wenn du dich äußerst, kannst du Gesprächen eine andere Richtung geben und musst nicht leere Konversation über dich ergehen lassen. Wenn du einen Konflikt verspürst und dich nicht traust, es den beteiligten Personen zu sagen, dann suche dir jemanden zum Reden, bei dem du dich sicher fühlst. Manchmal reicht schon die Tatsache, dass man über die eigene Wahrnehmung spricht, und der Konflikt löst sich.
Was, wenn du ein Nichtssager geworden bist, um den emotionalen Explosionen eines anderen Menschen auszuweichen? Wenn du dich als Überlebenstaktik in Schweigen gehüllt hast? Dann solltest du lieber die im 14. Kapitel beschriebene Methode zum Umgang mit Granaten anwenden. Das wäre viel effektiver und würde dich und die Granate weniger strapazieren. Die Chancen stehen gut, dass du die meisten explosiven Ausbrüche vermeiden kannst, indem du mit den emotionalen Menschen in deinem Leben mehr kommunizierst, denn mit deinem Schweigen zerrst du gefährlich am Stift der Granate.
Wenn du dich in einer Gruppe von Menschen befindest, dann melde dich zu Wort. Versuche ruhig auch mal, das Gespräch ein wenig zu domi-

nieren. Das fühlt sich zunächst seltsam an, aber du wirst dich daran gewöhnen. Sage den dir nahestehenden Menschen öfter, was du wirklich fühlst. Sage ihnen, was dich stört oder aufregt, aber ohne Vorwürfe, etwa nach diesem Schema:
»Wenn du [Verhalten, mit dem du Schwierigkeiten hast], fühle ich mich [Wirkung des Verhaltens auf dich]. In Zukunft möchte ich, dass du [Verhalten, das du dir wünschst].«
Zum Beispiel: »Wenn deine Stimme so laut wird, habe ich das Gefühl, dass du mich anschreist, anstatt mit mir zu reden. Ich würde mich freuen, wenn du in Zukunft in einem gemäßigteren Ton mit mir sprechen würdest.« So drückst du dich verantwortungsvoll aus und ermöglichst anderen, dich kennenzulernen und die Beziehung zu vertiefen.

R & R

9. Was, wenn *du* die Nörglerin bist?

Werte Herren Kirschner und Brinkman,
unmöglich. Ihre Methode ist zu kompliziert. Man muss zu viel lesen und zu viel im Kopf behalten. Und nicht nur das: Wenn alle das Ganze lernen würden, würde es wahrscheinlich nicht funktionieren. Und selbst wenn, wäre es wohl eher peinlich, weil alle wissen, was man macht. Außerdem gibt es andere Bücher und Podcasts und Kurse, in denen man angeblich lernt, wie man mit schwierigen Menschen umgeht, und die sagen alle etwas anderes als Sie. Ein weiteres Problem ist, das man Ihre Ratschläge auch falsch verstehen und falsch anwenden kann, was schrecklich wäre. Sie wissen gar nicht, was für Probleme Sie mit Ihrer Methode geschaffen haben.

Mit freundlichen Grüßen
Vera Wehklag

Liebe Frau Wehklag,
wie eine Neinsagerin haben Sie aufgezählt, was falsch ist, anstatt vorzuschlagen, was man dagegen tun kann. Sie werden wahrscheinlich auch Fehler an sich selbst finden. Wenn Sie möchten, dass Ihre Zukunft anders verläuft als Ihre Vergangenheit, haben Sie vier Möglichkeiten:

1. *In den Problemlösungsmodus wechseln.* Wenn man nur darüber redet, was man nicht will, ist das, als führe man nur im Rückwärtsgang, um bloß keinen frontalen Zusammenstoß zu riskieren. Fragen Sie sich lieber: »Was will ich? Wo will ich hin? Worauf kann ich zielen?« Denken Sie daran, dass Sie ohne Ziel nicht zielen können! Schreiben Sie sich einige konkrete Ziele auf.
2. *Zweimal hinschauen und die Welt wahrnehmen.* Brechen Sie die breiten Verallgemeinerungen, aus denen Ihr Weltbild besteht, auf konkrete Details herunter, die Sie tatsächlich sehen, hören und fühlen und mit denen Sie etwas anfangen können. Menschen, die eher Macher als Nörgler sind, verschwenden sehr wenig Zeit damit, auf irgendwelche Zwischenfälle zu reagieren. Stattdessen nutzen sie ihre Energie, um jenen Zielen näher zu kommen, die sie für möglich halten.
3. *Funktionierendes wahrnehmen und wertschätzen.* Auf Ihrem Lebensweg haben Sie möglicherweise einige Meilensteine erreicht, ohne sie zu bemerken. So entgehen Ihnen die Zufriedenheit und Energie, die eine vollbrachte Leistung naturgemäß mit sich bringt. Hängen Sie sich an sichtbaren Stellen Zettel auf mit der Aufschrift »Wertschätzung nicht vergessen«.
4. *Alles ist besser, als sich hilflos zu fühlen, zu jammern und alle anderen verrückt zu machen.* Alles andere ist auch viel befriedigender, glauben wir. Wenn Sie sich also das nächste Mal beschweren wollen, dann lassen Sie es! Nehmen Sie sich vor, irgendetwas zu unternehmen, anstatt deswegen zu jammern. Dann sind Sie und alle um Sie herum ein für alle Mal damit fertig. Danke für Ihr Schreiben, und wenn Sie Ihre Meinung ändern, lassen Sie es uns wissen!

R & R

10. Was, wenn *du* der Neinsager bist?

Meine Herren,
aus zweierlei Gründen schreibe ich Ihnen. Erstens stimme ich Ihren Ansichten zur Negativität nicht zu. Negativität kann eine sehr positive Sache sein, wenn sie Menschen davon abhält, dumme und kostspielige Fehler zu machen.

Zweitens möchte ich Ihre Grundannahme, Menschen könnten sich realistische Ziele setzen und diese erreichen, infrage stellen. Den meisten Menschen in meinem Leben ist es nicht gelungen, ihre Ziele zu erreichen. Nur ganz wenige haben Erfolg, meist aufgrund von Privilegien.

Es hat keinen Zweck, diese Mail zu beantworten, denn meine Meinung werden Sie nicht ändern. Im Gegensatz zu den anderen Teilnehmern Ihrer Kurse habe ich keine Verwendung für Küchenpsychologie und einfache Erfolgsformeln. Bittere Erfahrungen haben mich Demut gelehrt, und ich lasse mich von Ihnen nicht dazu überreden, aus der Deckung zu kommen, nur um niedergeschossen zu werden.

Mit realistischen Grüßen
Willi Schnicht

Lieber Willi,
wir alle haben unser Päckchen zu tragen. Wir alle machen harte Zeiten durch, auf die sich jeder von uns schlecht vorbereitet fühlt. Wir alle sind enttäuscht worden und haben Dinge erlebt, auf die wir lieber verzichtet hätten. Negativität ist ein wesentlicher Teil des Menschseins.

Wir wollen keine Spielverderber sein, aber wenn man eine negative Einstellung hat, wird die Wahrnehmung von Dingen und Menschen eher ungenau.

Wenn Sie wirklich wissen wollen, wie sich Ihre Gegenwart für andere anfühlt, dann lassen Sie einfach mal die Tonaufnahme auf Ihrem Smartphone laufen. Natürlich verändert die Tonaufnahme Ihre Negativität erheblich. Achten Sie darauf, wie oft Sie bei laufender Aufnahme eine

Gelegenheit zur Negativität hatten, aber nicht wahrnahmen. Wenn Sie sich dann die Aufnahme anhören, können Sie davon ausgehen, dass Sie etwa doppelt so negativ sind, wie Sie klingen.

Übrigens, wofür soll Ihr Leben stehen? Schauen Sie zurück: Was haben Sie aus der Zeit gemacht, die Ihnen zugeteilt wurde? Was haben Sie in Ihrem Leben erreicht? »Ich habe mein Leben darauf verwendet, Menschen ihre Energie und Motivation zu rauben.« Das ist kein stolzes Vermächtnis; es ist ein vergiftetes Erbe! Schauen Sie sich um, sehen Sie die Flugzeuge, Fernseher, Autos, all die Erfindungen und Errungenschaften der Menschheit. All diese Segnungen wurden von Menschen verwirklicht, die eher an das Mögliche als an das Unmögliche glaubten, und zwar manchmal entgegen aller Wahrscheinlichkeit. Diese Menschen entschieden sich dafür, Teil der Lösung statt Teil des Problems zu sein. Angesichts von unvorstellbaren Hemmnissen und Gefahren haben Menschen in sich den Willen zum Erfolg gefunden. Das können Sie auch, aber nur, wenn Sie sich trauen, danach zu suchen.

Wir schlagen vor, dass Sie zu den bitteren Momenten Ihres Lebens eine Übung namens »Geschichte verändern« machen. Erstellen Sie eine Liste mit den größten oder schmerzhaftesten Enttäuschungen. Fragen Sie sich, ob Sie heute etwas wissen, das damals Ihr Leben hätte anders verlaufen lassen. Kehren Sie mit diesem Wissen zu Ihren Erinnerungen zurück und erleben Sie sie mit neuen Kräften. Nehmen Sie die Lehren daraus mit, und lassen Sie die Enttäuschung los. Alles geht vorüber, und mit Ihrem Einverständnis kann dies geschehen, bevor Sie selbst vergehen.

Wir empfehlen Ihnen, Kapitel 9 (»Die eigene Haltung ändern«) immer wieder zu lesen. Üben Sie das dort Beschriebene, bis Sie darin gut werden. Vielleicht sollten Sie professionelle Hilfe in Anspruch nehmen: Therapeuten können dabei helfen, die Vergangenheit zu klären und Erlebtes zu bewältigen. Einerseits ist das Leben zu kurz, um sich über die Vergangenheit zu ärgern, andererseits haben Sie noch den Rest Ihres Lebens vor sich, um die verlorene Zeit aufzuholen.

Seien Sie in Ihren Beziehungen zu anderen behutsam mit Kritik. Feedback hilft Menschen, ihre Leistung zu verbessern, und ist daher etwas Positives. Kritik bessert dagegen selten und zerstört meistens das, worauf sie abzielt. Wenn andere Ihnen Vorschläge machen oder Ihnen von ihren Ideen und Errungenschaften erzählen, müssen Sie üben, das herauszuhören und anzusprechen, was Ihnen gefällt, bevor Sie Verbesserungsvorschläge machen. Fragen Sie nach, um mehr zu verstehen, vor allem die Kriterien Ihres Gegenübers. Möglicherweise sind Sie an etwas Wichtigem dran, und das Aufzeigen genau eingegrenzter, wesentlicher Fehler ist ein wichtiger Teil des Problemlösungsprozesses. Mit negativen Pauschalurteilen wird jedoch nur das Kind mit dem Bade ausgeschüttet. Zwingen Sie sich also dazu, konkret zu bleiben und das Ganze im Auge zu behalten. Lassen Sie die anderen schließlich wissen, dass Sie konstruktiv sein wollen. Wenn sie Sie schon eine Weile kennen, wird es auch eine Weile dauern, bis sie merken, dass Sie sich wirklich verändert haben.

Alles Gute
(oder: nichts Schlimmes)
R & R

11. Was ist, wenn *du* der Richter bist?

Sehr geehrte Dummdoktoren,
kaum zu glauben, aber ich schreibe Ihnen tatsächlich wegen einiger Ihrer unausgereiften und schwachsinnigen Methoden. Warum ich das mache? Vielleicht nur, um aus erster Hand die Unzulänglichkeit zu erleben, die die Schriften von Selbsthilfe- und Ratgeberautoren wie Ihnen im Allgemeinen kennzeichnet. Ehrlich gesagt bin ich oft verblüfft darüber, dass Sie sich nicht schämen, Menschen mit derart simplifizierten Tipps zu den sehr komplexen und schwierigen Problemen des zwischenmenschlichen Miteinanders abzuspeisen. Damit begehen Sie das Vergehen des Reduktionismus aus Gründen der Bequemlichkeit. Meiner Erfahrung nach

kommt nicht Hochmut vor dem Fall, sondern Unzulänglichkeit – flankiert von erbärmlichen Ausreden. Aber das nur zur Vorrede.
Im Wesentlichen würde ich gern Ihre erbärmliche Antwort auf eine einzige Frage hören: Wie komme ich von meinem hohen Ross hinab, um mit den mich umgebenden Dummköpfen zu sprechen statt über sie?

Hochachtungslos
Dr. Dennis Dünkel

Lieber Dennis,
wir wissen es zu schätzen, dass du das Richtige tun willst, und wir verstehen auch, dass das nie einfach ist. Genau das könntest auch du dir bewusst machen, wenn du andere für dumm hältst, denn dein Verhalten richtet sich nach dieser Einschätzung. Der erste Schritt auf dem Weg zur Augenhöhe besteht also darin, die Herabsetzungen in deinem Denken abzustellen, denn nur dann kannst du statt einer schlechten Reaktion eine gute erwarten. Das ändert zwar nicht das Gesamtproblem, ist aber die beste Antwort auf deine Frage.
Jenseits davon wird es komplexer. Du musst ein Urteil über dich selbst sprechen, und deine Bewährungsstrafe muss beinhalten, dass du die Beweggründe anderer in Zukunft realistischer und pragmatischer einschätzt. Das ist das Schwierige. Auf ein Berufungsverfahren musst du vorerst warten, denn erst musst du dich darin üben, klar und einsichtig über andere zu denken. Aber wenn du deine Meinungen durch Einsichten ersetzt, wird dein Urteil irgendwann auch wieder gefragt sein, es wird stichfester sein und es wird den Menschen, die dir lieb sind, gerecht werden, statt ihnen langwierige Einsprüche und harte Strafen abzuverlangen.

R & R

12. Was, wenn *du* die Einmischerin bist?

Lieber Dr. K., lieber Dr. B.,
wie ich höre, sollen in einem Kapitel »Was, wenn du selbst das Problem bist?« auch Fragen an euch vorkommen. In diesem Sinne möchte ich euch etwas fragen. Aber bevor ich euch die Frage stelle, die ihr dann beantwortet, möchte ich euch zur optimalen Beantwortung doch einige Vorschläge machen.
Zuerst solltet ihr besser auf Wörter und Sätze achten. Kurze Wörter sind leichter zu verstehen als lange. Denkt auch an die richtige Zeichensetzung. Schlechte Zeichensetzung kann es den Leuten erschweren, das Geschriebene zu verstehen. Und es würde sich bestimmt lohnen, noch mal an der Qualität der Beispiele im gesamten Buch zu arbeiten.
Wenn ich euer Buch schreiben würde, würde ich es übrigens umstellen. Dieses »Das Problem bin ich«-Kapitel gehört nach ganz vorn, weil die meisten, die sich über problematische Mitmenschen beschweren, genau die problematischen Menschen sind, über die sich die meisten beschweren. Schickt mir doch einfach das Manuskript und euren Verlagskontakt. Ich weiß, ihr werdet mir später danken.
Ach ja, meine Frage ist folgende: Warum ärgern sich alle immer, wenn ich nur ein paar hilfreiche Fragen stelle?

Bitte ASAP antworten
Carla Controlletti

Liebe Carla,
erst mal vielen Dank für die vielen Anregungen und Hilfsangebote. Offensichtlich liegt dir unser Erfolg am Herzen. Das Problem, das zwischen dir und deinen Mitmenschen auftritt, ist, dass die anderen das Gefühl haben, du wolltest ihr ganzes Leben übernehmen – obwohl du nur ein paar hilfreiche Fragen stellst. Vielleicht ist darum dir und uns am besten geholfen, wenn du deine Mitmenschen wissen lässt, dass du dich nicht einmischen willst und dass du ihre und unsere Entscheidungen

respektierst. Lerne dann, die wichtigste Frage von allen zu stellen: »Ich bin aber neugierig. Darf ich euch dazu ein paar Fragen stellen?« Falls die Antwort »nein« lautet, bedeutet das, dass es noch zu früh ist und dass für dich die erste Chance gekommen ist, deinen neuen Respekt für die Grenzen anderer unter Beweis zu stellen.

Natürlich ist das alles deine Entscheidung. Es ist dein Leben, deine Entscheidung, dein Umfeld.

Ach ja, wir haben uns entschieden, dieses Kapitel dort zu belassen, wo es ist, und wir wissen es zu schätzen, dass du diese Entscheidung respektierst.

R & R

13. Was, wenn *du* die Märtyrerin bist?

Werte Herren,

ich erwarte nicht, dass Sie auf meine Mail antworten, obwohl Sie es sollten. Aber andererseits bin ich sicher, dass Sie zu beschäftigt sind, um für eine Fremde wie mich ein paar Minuten übrig zu haben, und das ist in Ordnung. Was, wenn ich Hilfe brauche und niemand erreichbar oder verfügbar ist? Ist es egal, dass ich mich rund um die Uhr nach Kräften um alle anderen kümmere, nur damit dieselben undankbaren Menschen, für die ich alles geopfert habe, mich anscheinend vollständig vergessen oder einfach keine Zeit für mich haben, wenn ich ihre Hilfe brauche? Egal? Ich bin es ja gewöhnt. Niemand weiß zu schätzen, wie sehr ich mich abrackere und was ich alles für andere leiste. Egal? Mich würde nur interessieren, wie Menschen so viel nehmen und so wenig zurückgeben können.

Aber keine Sorge, wenn ich das alles nicht wie immer allein hinbekomme, kann ich immer noch den Kopf in den Ofen stecken, oder? Sie können es sich wahrscheinlich nicht vorstellen, wie schwer es für mich ist, so viel zu tun und so wenig Gegenleistung zu bekommen. Ich würde gern wissen, was ich tun soll, damit sich die Leute so sehr um mich kümmern, wie ich mich um sie kümmere.

Ergebenst,
Alice Führdich

Werte Frau Führdich,
als eine, die so leidgeprüft ist wie Sie, haben Sie es erstaunlich gut geschafft, so schmerzhaft schnell aufs Wesentliche zu kommen. Weiter so! Die wesentliche Frage lautet nämlich: Wie bringen Sie die anderen dazu, sich mehr um Sie zu kümmern?
Die Antwort mag Sie überraschen: Sie bringen die anderen dazu, sich mehr um Sie zu kümmern, indem Sie sie von Verpflichtungen befreien. Mit anderen Worten: Wenn Sie anderen etwas geben, müssen Sie sich von Ihrem Bedürfnis befreien, etwas zurückzubekommen. Nur so können Sie *frei-giebig* sein. Sie müssen es ernst meinen, wenn Sie den anderen sagen, sie könnten mit Ihrer Gabe tun, was sie wollen.
Und wenn Sie voller Selbstmitleid sind, dann schauen Sie sich um: Es gibt so viele Menschen mit so vielen Bedürfnissen, die eine wie Sie brauchen, die sich kümmert. In der beständigen Sorge um die Bedürfnisse anderer liegt etwas, das Loyalität, wahre Bewunderung und sogar Liebe hervorruft. Albert Schweitzer, der berühmte Menschenfreund, hat seinen Studenten gesagt: »Ich weiß nicht, was Ihre Zukunft bringt. Aber eins weiß ich. Unter Ihnen allen werden einzig diejenigen wirklich glücklich sein, die es erlernt haben, sich zu kümmern.« Es bedeutet uns sehr viel, dass Sie sich die Mühe gemacht haben, uns zu schreiben.

R & R

TEIL 4

Kommunikation im digitalen Zeitalter

Wir befassen uns mit den Einschränkungen und Fallstricken der Kommunikation per Telefon und E-Mail und zeigen dir, wie du mit den richtigen Präventionsmaßnahmen die Nachteile in Vorteile verwandelst.

24. Kommunikation mit technischen Hürden

Die Kommunikation von Angesicht zu Angesicht war schon immer schwierig genug. Dank einiger praktischer Erfindungen macht es die moderne Welt möglich, dass selbst stabile Beziehungen kippen und sich zwischenmenschliche Probleme mit nie da gewesener Geschwindigkeit verschlimmern. In den Kapiteln 4 bis 6 haben wir besprochen, wie wichtig es ist, so auszusehen und so zu klingen, als ob man eine gemeinsame Basis hätte. Dahinter steckte die Annahme, dass »Menschen nicht mit Menschen kooperieren, die scheinbar gegen sie sind«. Die Kommunikation in Präsenz bietet zahlreiche Möglichkeiten, Signale zu senden und zu empfangen, die auf diese gemeinsame Basis hinweisen.

Beim Dialog per Telefon oder E-Mail sind jedoch einige dieser Signale blockiert, andere dagegen verstärkt, und daraus entstehen wesentliche Vor- und Nachteile. In diesem Teil des Buches befassen wir uns mit diesen Hindernissen und suchen nach Möglichkeiten, die daraus entstehenden Konflikte zu reduzieren und die Kommunikation per Telefon und E-Mail zu verbessern.

Mischungsverhältnisse

1967 führte der kalifornische Professor Dr. Albert Mehrabian eine Studie über das Wirkungsverhältnis und den emotionalen Gehalt verbaler und nonverbaler Botschaften durch.* Er stellte fest, dass die meisten Menschen die meiste Zeit gemischte Botschaften senden, und wollte verstehen, wie solche Botschaften verstanden werden.

* Albert Mehrabian, *Silent Messages: Implicit Communication of Emotions and Attitudes*, 2. Aufl., Wadsworth Publishing, Belmont, CA, 1980.

Mehrabians Versuchsaufbau sah vor, dass er Menschen dabei filmte, wie sie über ihre Gefühle kommunizierten. Dann produzierte er drei verschiedene Versionen derselben gefilmten Interaktion und spielte diese Versionen anderen Menschen vor. Sie sahen eine Kopie des Films ohne Tonspur. Dann hörten sie die Tonspur, die mit Effektgeräten so bearbeitet war, dass die Worte unverständlich waren, während Tonfall, Lautstärke und Sprechtempo erhalten blieben. Schließlich bekamen sie eine Mitschrift der im Film gesprochenen Worte zu lesen.

Mehrabian stellte fest, dass die meisten Menschen in der Versuchsgruppe dachten, sie hätten drei verschiedene Interaktionen erlebt: ein Geschäftstreffen, einen wütenden Streit und ein freundschaftliches Gespräch. Sie waren ziemlich überrascht zu erfahren, dass alle drei Versionen derselben Interaktion entstammten. Anhand der Reaktionen kam Mehrabian zu folgenden Schlussfolgerungen:

- 55 Prozent der Informationen, die Menschen aus jeglicher Kommunikation über Gefühle und Einstellungen beziehen, basiert auf dem, was sie sehen.
- 38 Prozent der Informationen ziehen sie aus dem Klang der Sprache (Tonfall, Lautstärke, Sprechtempo).
- 7 Prozent der Informationen stecken im tatsächlich gesprochenen Wort.

Daraus hat man die beliebte »55-38-7-Regel« abgeleitet. Wir glauben, dass diese Prozentzahlen für das Verständnis der zwischenmenschlichen Kommunikation im Allgemeinen wichtig sind.

In vielerlei Hinsicht dürften uns diese Prozentsätze nicht überraschen. Denn Redensarten wie »Sehen heißt glauben« und »Taten sagen mehr als Worte« weisen auf den mit 55 Prozent übermächtigen Einfluss der visuellen Komponente der Kommunikation hin. Das weiß auch das Unterhaltungsfernsehen! Viele Sendungen mit versteckter Kamera nutzen den Kontrast zwischen Gesprochenem und Gezeigtem. In einer Folge des TV-Klassikers *Candid Camera* sitzen lauter Zeitschriften lesende Patientinnen und Patienten im Wartezimmer, allesamt in Unterwäsche. Dann kommen echte Patienten herein, wundern sich zunächst und ziehen sich dann aus, um ebenfalls halb nackt mit einer Zeitschrift auf dem Schoß zu warten! Man sieht daran, dass das visuelle Element unserer zwischenmenschlichen Interaktionen zutiefst überzeugend ist. Darum greifen auch manche Eltern zu der vergeblichen Ermahnung: »Tu, was ich sage, nicht, was ich tue.«

Die Art und Weise, *wie* eine Äußerung klingt, macht 38 Prozent der Kommunikation aus, spiegelt normalerweise den emotionalen Zustand wider und sendet eine Ich-Botschaft. Diese persönlichen Informationen über den Sprechenden haben einen großen Einfluss darauf, wie gemischte Botschaften verstanden werden.

Wie im 7. Kapitel angesprochen, nehmen Menschen den Tonfall persönlich. Ein Hotline-Mitarbeiter mag dir noch so geniale Ratschläge geben, aber irgendwie sagt seine Stimme: »Du Depp!« Du magst einer Freundin eine noch so akkurate Wegbeschreibung zu deiner Party geben, aber aus deinem gehetzten Sprechtempo klingt so etwas heraus wie: »Versuch doch wenigstens, dir das zu merken. Ich hab hier wichtigere Dinge zu tun und Leute zu begrüßen!«

Und auch wenn der tatsächliche Wortlaut vielleicht nur 7 Prozent der Bedeutung einer bestimmten Äußerung ausmacht, wissen wir alle, dass nur ein Wörtchen das triggernde »Stichwort« sein kann, das eine ganze Kettenreaktion in Gang setzt!

Wir hatten einmal eine Patientin, die als kleines Mädchen von den Nachbarskindern gehänselt worden war. Sie gaben ihr den Spitznamen »Elch« und wiederholten ihn unerbittlich. 30 Jahre später war sie mit Berufskollegen auf einer Cocktailparty. Im Gespräch tauchte beiläufig das Wort »Elch« auf, und im Handumdrehen änderte sich ihre ganze Wahrnehmung der Party. Ihre Gefühle gegenüber der Person, die das Wort benutzt hatte, wurden negativ, und von da an wollte sie nur noch nach Hause. Diese Reaktion ergab bewusst keinen Sinn. Hat die Reaktion die Gefühle hervorgebracht? Doch eher das Wort. Aus diesem Grund geben viele Erwachsene ihren Spitznamen aus der Kindheit nur ungern preis.

Der praktische Wert der 55-38-7-Regel besteht darin, dass sie an die Prioritäten erinnert, nach denen zwischenmenschliche Verständigung erfolgt. Sie macht auch deutlich, wie gemischte Botschaften zu Missverständnissen führen. Jedes Mal, wenn zwischen dem Gesehenen und dem Gehörten und dem tatsächlich Gesagten ein Zwiespalt besteht, drohen zwischenmenschliche Probleme. Auch im Gespräch von Angesicht zu Angesicht treten gemischte Botschaften auf, wenn sich Inhalt und Klang des Gesprochenen unterscheiden. Wenn ein Mann seiner Frau im Ehestreit seine Liebe erklärt, indem er schreit: »Ich liebe dich! Verstehst du das nicht?!«, wird sie es tatsächlich eher nicht verstehen. Dabei scheinen die Worte »Ich – liebe – dich – verstehst – du – das – nicht« für sich genommen in Ordnung zu sein. Fügt man ihnen einen wütenden Tonfall und eine hohe Lautstärke hinzu, dann passt das Ganze einfach nicht zusammen. Und wenn es eine Diskrepanz gibt, neigen Menschen dazu, auf die Komponente mit dem höheren Wirkungswert zu reagieren.

Der Tonfall enthüllt den emotionalen Zustand einer Person, selbst wenn die Person diesen zu verbergen versucht. Angenommen, du hast eine intensive emotionale Reaktion auf etwas, das du siehst oder hörst. Möglicherweise möchtest du, dass eine darauffolgende Interaktion positiv verläuft, und versuchst aus dieser guten Absicht heraus, deine Gefühle zu unterdrücken, beiseitezuschieben und aus dem Weg zu räumen. Das Problem dabei: Während dein Bewusstsein damit beschäftigt ist, deine Absicht in Worte zu fassen (7 Prozent), schleichen sich deine unterdrückten Emotionen möglicherweise in den Tonfall (38 Prozent). Leider kann es nun passieren, dass Empfänger oder Empfängerin deiner Mitteilung die sorgfältig gewählten Worte ignorieren und nur auf deinen Tonfall reagieren. Wieso? Weil Menschen bei gemischten Botschaften gemäß der 55-38-7-Regel dazu neigen, auf den jeweils höheren Wert zu reagieren.

Abstriche und Zugewinne

Wenn man telefoniert oder schriftlich kommuniziert, entgehen einem die subtilen visuellen Hinweise, die das Gehörte oder Gelesene einzuordnen helfen. Man sieht nicht, wie der Gesprächspartner oder die Gesprächspartnerin aussieht, und auch er oder sie kann einen nicht sehen. Menschen spüren, dass ihnen zugehört wird, wenn man ihnen in die Augen blickt oder mit dem Kopf nickt, während sie sprechen. Aber diese Signale werden nicht über die Telefonleitung übertragen. Du kannst also so viel nicken, wie du willst – für den Menschen am anderen Ende der Leitung ist das so, als wärst du Kaffee holen! Im Schriftverkehr gehen sogar 55 plus 38 Prozent verloren, und nur die Worte bleiben übrig. Da ist es ganz natürlich, dass man frei halluziniert, wie die andere Person wohl klingt, und dann sogar so reagiert, als sei diese Halluzination eine Tatsache.

In der Kommunikation ist es genau wie im Leben: Wo etwas verloren geht, wird auch etwas dazugewonnen. Im Fall der telefonischen und schriftlichen Kommunikation kommen einige wesentliche Vorteile hinzu, die die scheinbaren Nachteile überwiegen. Wenn du dir diese Vorteile bewusst machst und ausnutzt, kannst du deinen kommunikativen Erfolg ausbauen.

25. Acht vorbeugende Schritte in der Kommunikation per Telefon

Beim Telefonieren sind einem die visuellen Signale (55 Prozent) verwehrt, die beim Verständnis des Gehörten hilfreich sind.

Am Telefon besteht die Kommunikation aus dem, wie man klingt, den 38 Prozent, und dem, was man sagt, den 7 Prozent. Was passiert mit den 55 Prozent? Wenn die visuelle Komponente des persönlichen Gesprächs entfällt, machen sich die meisten Menschen eigene Bilder im Kopf. Nehmen wir an, du telefonierst mit jemandem, den du noch nie getroffen hast. Die Stimme, die du vernimmst, erinnert dich vielleicht an jemand anders oder an einen anderen Zeitpunkt in deiner eigenen Geschichte. Vielleicht assoziierst du den Tonfall, das Sprechtempo und die Lautstärke mit einem bestimmten Menschentyp, natürlich basierend auf deiner eigenen Erfahrung. Jedenfalls erschaffst du vor deinem geistigen Auge ein Bild, das mit dem, was du hörst, übereinstimmt. Dann reagierst du auf das, was du mental vor dir siehst.

Hast du schon mal die Erfahrung gemacht, einen Menschen zu treffen, den du zuvor nur am Telefon gesprochen hattest – und er sah ganz anders aus, als du erwartet hast? Das liegt daran, dass du das Bild in deinem Kopf für wahr gehalten hast, bis du mit der Realität konfrontiert wurdest!

Nehmen wir nun an, du hattest in Verbindung mit dem Bild, das du dir in deinem Kopf ausgedacht hast, negative Gefühle. Glaubst du, dass das einen Einfluss auf die Art und Weise hatte, wie du das Gesagte verstanden hast? Glaubst du, dass die Art, wie du das Gesagte verstanden hast, einen Einfluss auf deine Reaktionen hatte? Das hatte sie bestimmt, und das ist genau das, was ziemlich oft passiert.

Die folgenden acht vorbeugenden Schritte machen das Telefon zu einem Werkzeug der Verständigung.

1. Wahrnehmung prägen

Ein Telefongespräch besteht aus kleinen Momenten, die die Wahrnehmung prägen. Alle Telefonate sind eine Aneinanderreihung solcher Momente, von der Art des Abhebens und der Begrüßung über die wechselseitigen Reaktionen und den Umgang mit Stummschaltungen bis zum Auflegen. Und in diesen Momenten steigert oder mindert man die Vertrautheit der Beziehung, vereinfacht oder erschwert den jeweils nächsten Moment und senkt oder hebt die Hürden im Austausch. Und das Lustige ist: Diese Momente haben wenig mit der Sache und sehr viel mit Wahrnehmung zu tun! Manchmal glaubt man, alles richtig zu machen, obwohl gerade alles schiefläuft, weil es am Telefon kein visuelles Feedback gibt. Manchmal glaubt man, nur Falsches zu sagen und zu tun, und am Ende zeigt sich der/die Gesprächspartner/-in ganz dankbar für das Gespräch. Deshalb sollte man immer davon ausgehen, dass man gar nicht weiß, wie man wahrgenommen wird.

Dennoch muss man alles tun, um die Wahrnehmung der anderen Person aktiv mitzugestalten. Ein Beispiel: Indem man sich beim Zuhören am Telefon Notizen macht, kann man viel besser den Überblick über das Gesagte behalten. Da die Person am anderen Ende jedoch nicht sehen kann, dass man mitschreibt, macht er oder sie sich möglicherweise wegen der Stille in der Leitung Sorgen – es sei denn, man erwähnt vorher, dass man sich Notizen macht. Man kann wegen einer Äußerung im Gespräch lächeln, aber wenn man diese Reaktion nicht verbalisiert, wird die andere Person es vielleicht nie erfahren. Man kann ernste Bedenken wegen eines geschilderten Problems haben, aber solange man diese Bedenken nicht erwähnt, kann die andere Seite davon ausgehen, dass es einem egal ist.

Einerseits gehört zu einem erfolgreichen Telefongespräch nicht viel, selbst wenn sich die Teilnehmenden schlecht benehmen. Andererseits können Telefonate furchtbar schiefgehen, wenn man es versäumt, ein paar kleine, aber entscheidende Kniffe anzuwenden. Der Knackpunkt aller menschlichen Beziehungen steckt in der einfachen Tatsache, dass Kleinigkeiten große Wirkung haben! Und Kleinigkeiten summieren sich – sowohl die guten als auch die schlechten. Zum Beispiel brauchen Menschen von einer Sache nur zwei oder drei Beispiele, um daraus eine Verallgemeinerung zu bilden. Und sobald Menschen eine solche Verallgemeinerung bilden, suchen sie automatisch und unbewusst nach Eindrücken, die diese Verallgemeinerung bestätigen.

Vielleicht hast du schon mal jemandem am Telefon deinen Namen mitgeteilt, und wenig später fragte er nach deinem Namen. Vielleicht hast du schon mal einer Person deine Telefonnummer durchgegeben, und kurze Zeit später fragte sie nach deiner Nummer. Welchen verallgemeinernden Schluss über die Hörfähigkeiten deines Gesprächspartners hast du daraus gezogen? Sobald sich eine negative Meinung gebildet hat, wird alles, was als negativ beurteilt werden kann, im Lichte dieser Meinung als negativ beurteilt.

Verallgemeinerungen können *für* oder *gegen* dich arbeiten. Und es läuft oft auf diese kleinen Momente hinaus, die die Wahrnehmung prägen, auf Momente, in denen Kleinigkeiten groß wirken.

2. Der Stimme Körper geben

Die Fähigkeit, emotionale Reaktionen und den Klang der eigenen Stimme zu steuern, ist einer der größten Vorteile beim Telefonieren. Der Tonfall der Stimme ist mit dem Körper verdrahtet, und was man mit dem Körper tut, wirkt sich auf den Tonfall aus. Aus diesem Grund haben erfolgreiche Telefonverkäufer oft einen Spiegel auf dem Schreibtisch stehen, beklebt mit »Bitte lächeln«-Schildern.

Das kannst auch du zu deinem Vorteil nutzen. Falls du merkst, dass du im Telefongespräch etwas zu angespannt bist, lehne dich zurück, lege die Füße hoch und nimm eine entspannte Haltung ein. Die körperliche Entspannung wird sich spürbar auf deinen Tonfall auswirken. Wenn du selbstbewusster oder gebieterischer klingen musst, solltest du aufstehen und eine stabile, kraftvolle Haltung einnehmen (Beine schulterbreit auseinander) und dann etwas Flexibilität hineinbringen (Knie leicht beugen). Wenn du lässig klingen möchtest, kannst du dich an den Schreibtisch lehnen. Das Telefon ermöglicht es dir tatsächlich, deine emotionalen Reaktionen besser zu beherrschen, als dies von Angesicht zu Angesicht der Fall wäre. Ein Hotline-Mitarbeiter eines Hightech-Unternehmens hat uns einmal erzählt, wie er mit verärgerten Kunden umgeht, wenn er merkt, dass er ihre Beschimpfungen persönlich nimmt. Dank des Headsets kann er vom Stuhl aufstehen und sich bewegen. Und so macht er, während er mit aggressiven Kunden und Kundinnen arbeitet, Yoga-Dehnübungen. Das hilft ihm, sich zu entspannen, denn in einer Yoga-Haltung kann er Aggressionen einfach nicht persönlich nehmen! Zugegeben: Wenn man einem schwierigen Menschen gegenübersteht und mit Yoga anfängt, verwirrt man ihn wahrscheinlich zu Tode. Ein solches Verhalten wirkt unter den meisten Umständen schlimmstenfalls verrückt und bestenfalls peinlich. Aber das Telefon schafft glücklicherweise einen privaten Schutzraum und damit Spielraum für unkonventionelle, aber hocheffektive Verhaltensweisen, die einen produktiveren Gemütszustand herbeiführen können.

Eine Bekannte von uns musste einmal für ihren Arbeitgeber ein Radiointerview zu einem äußerst heiklen Thema geben. Sie dachte an den alten Trick gegen Nervosität: sich die Gegenseite in Unterwäsche vorstellen. Aber sie beschloss, den Trick umzukehren. Sie gab das Interview von zu Hause aus, und zwar komplett nackt. Und egal, wie sehr der Interviewer sie bedrängte und provozierte, sie ging nicht darauf ein, weil sie die ganze Zeit über ihren heimlichen Streich lächelte – und das war in ihrem Tonfall zu hören. Zu ihrem Unglück waren alle im Büro von ihrer Leistung so beeindruckt, dass sie von nun an alle Interviews geben musste.

3. Atem holen

Bewusst zu atmen ist eine großartige Möglichkeit, emotionale Reaktionen im Griff zu behalten, ohne sie unterdrücken zu müssen. Angestaute Gefühle können zu einem späteren Zeitpunkt an die Oberfläche kommen und alle Bemühungen sabotieren. Achte auf deine Atmung, wie sie dich beim Einatmen inspiriert und beim Ausatmen Spannungen löst – und die Person am anderen Ende hört nur dein gelegentliches Backtracking und deine klärenden Fragen.

Am Telefon kann man womöglich viel tiefer durchatmen, als man es sich im persönlichen Kontakt traut, da ein solches körperbetontes Verhalten Aufmerksamkeit erregen und eine negative Reaktion hervorrufen könnte. Man kann sogar die Stummschalttaste drücken, um tief Atem zu holen. Falls es keine Stummschaltung gibt, bewegt man den Hörer oder das Mikrofon einfach vom Mund weg und atmet ein paarmal tief durch, während der andere spricht. Das Telefon ist ein wahres Atemgerät!

4. Notizen machen

Auch das Anfertigen von Notizen ist am Telefon einfacher als in der persönlichen Konfrontation mit einer aggressiven Person. Wenn eine Schimpfkanonade auf dich niedergeht, kannst du Schlüsselwörter oder -sätze aufschreiben und für ein effektives Backtracking verwenden. Du kannst dir sogar Stichworte notieren, um dich daran zu erinnern, was du erwidern möchtest, sobald du wieder dran bist. Solche Notizen werden zu einer hilfreichen Karte, anhand derer du die taktischen Kniffe umsetzen kannst, die wir in Teil 3 dieses Buchs vorgestellt haben. Du kannst sie auch einfach dazu nutzen, um dem Gespräch einen Anschein von Rationalität zurückzugeben.

In den Notizen kannst du sogar deinen emotionalen Reaktionen Luft machen, wenn sich der Mensch am anderen Ende der Leitung schlecht benimmt. Zeichne eine Karikatur davon, wie du dir deinen Gesprächspartner vorstellst. Setze ihm Hörner auf, füge einen Schnurrbart hinzu, kritzele das ganze Bild voll und durchkreuze dann das Gesicht. Wenn es darum geht, deine Gefühle gegenüber ausrastenden Menschen zu bewältigen, hast du vielleicht schon im Kindergarten alles gelernt, was du wissen musst.

5. Warten und warten lassen

Zwar kann die »Halten«-Taste deine Verbündete sein, aber sie kann auch alles nur noch schlimmer machen. Das liegt daran, dass die Kehrseite dieser Taste die Warteschleife ist! Die meisten Menschen haben neben ihrer Beziehung zu dir noch ein eigenes Leben, und jede Sekunde, die sie in der Warteschleife verbringen, ist eine Sekunde weniger, in der sie etwas anderes, möglicherweise Produktiveres tun könnten. Und was macht Warten wirklich unerträglich? Nicht zu wissen, wie lange es dauert. Einer Person, die dringende Termine hat, können die zwei Minuten, in denen sie nicht weiß, wann du wieder in der Leitung bist, wie eine Stunde vorkommen. Bevor man jemanden in die Warteschleife schickt, muss man generell um Erlaubnis fragen und ankündigen, wie lange die Wartezeit voraussichtlich sein wird. Und wenn dies demjenigen nicht zusagt, sollte man ihm eine andere Option anbieten.

Wenn sich jemand wie ein Panzer verhält, wird das Problem in der Warteschleife wahrscheinlich eskalieren. Nicht vergessen: Da der Panzer schnell vorankommen will, sieht er alles, was Zeit braucht oder irrelevant erscheint, als Provokation an. Wenn du also einen Panzer in die Warteschleife versetzt, musst du ihm zunächst erklären, warum es geschieht und wie es seinen Interessen dienlich ist. Das ist das, was wir im 8. Kapitel (»Projektion und Erwartung«) meinen: »Um Ihr Problem schnell zu lösen, muss ich mit jemand anders sprechen. Es dauert nur eine, höchstens zwei Minuten. Darf ich Sie in die Warteschleife stellen, oder soll ich lieber zurückrufen?«

Die Absichtserklärung lautet: »Um Ihr Problem schnell zu lösen …« Das kommt dem Tatendrang des Panzers entgegen. Indem du einen Zeitrahmen angibst, »nur eine, höchstens zwei Minuten«, verschaffst du dem Panzer ein gewisses Gefühl der Kontrolle über die Wartezeit. Denn eins ist sicher: Der

Panzer hat nicht den ganzen Tag Zeit. Aber achte darauf, dass die Zeitangabe realistisch ist. Sage dem Panzer nicht, dass es nur eine Minute dauern wird, wenn du dir vier Minuten nehmen musst, denn wenn du dann zurück in die Leitung kommst, ist der Panzer bereit für eine Großoffensive. Dass du um Erlaubnis bittest und auf Erlaubnis wartest, passt ebenfalls zum Wunsch des Panzers nach Beherrschung der Lage, ebenso wie das Angebot, ihn zurückzurufen. Du kannst davon ausgehen, dass der Panzer jede Menge zu tun hat.

Bei einer Granate hingegen verschafft dir die Warteschleife einen enormen Vorteil. Der vierte Schritt der Granaten-Strategie lautet »Pause einlegen«. Da Granaten nicht gern die Nerven verlieren, verschaffst du ihnen durch Drücken der Haltetaste etwas Zeit, um sich zusammenzureißen. Wenn du schon mal mit einer Granate am Telefon zu tun hattest und den Anruf an jemand anders weiterleiten konntest, hat der nächste Gesprächspartner wahrscheinlich eine normalere Person am Apparat gehabt. Du kannst dir auch jederzeit eine Ausrede ausdenken, um den Anruf zu beenden, und der Granate mitteilen, dass du in ein paar Minuten zurückrufst. Wenn du dich dann wieder meldest, wirst du feststellen, dass du es mit einer etwas ruhigeren, vernünftigeren Person zu tun hast.

Solltest du einmal die Aufgabe haben, ein Gespräch mit jemandem wiederaufzunehmen, der lange Zeit in der Warteschleife verbracht hat, dann beginne sofort mit dem Blending, indem du die lange Wartezeit würdigst und dich für die Unannehmlichkeiten entschuldigst. »Ich weiß, dass Sie lange gewartet haben. Ich entschuldige mich wirklich für die Unannehmlichkeiten. Worüber wollten Sie sprechen?« Wenn du erst Blending betreibst und dann den Blick nach vorn richtest, hört die Anruferin oder der Anrufer sehr wahrscheinlich auf, über den Grund der Verzögerung nachzugrübeln, und besinnt sich stattdessen auf den Grund des Anrufs.

6. Aufmerksamkeit signalisieren

Viele der Signale, an denen man Zuhörverhalten erkennt – Augenkontakt, Kopfnicken, Mitschreiben und ein nachdenklicher Gesichtsausdruck –, sind eher sichtbar als hörbar. Da man diese Signale nicht über das Telefon senden kann, muss man stattdessen unbedingt verbale Zuhörsignale von sich geben.

Statt nachdenklich zu nicken, solltest du also nachdenklich brummen:

»Hmmm.«
»Aha.«
»Oh nein.«
»Wow.«
»Echt! Was ist dann passiert?«

Solche Bruchteile von Wörtern und Sätzen grunzt man dazwischen, weil man den anderen, ohne zu unterbrechen, wissen lassen möchte, dass man zuhört.

Das im 5. Kapitel besprochene Backtracking ist immer sinnvoll. Aber die Wirkung des Backtrackings wird beim Telefonieren vervielfacht. Denn durch Backtracking lässt du dein Gegenüber nicht nur wissen, dass du zugehört hast, sondern gewinnst auch etwas Zeit, um darüber nachzudenken, was du als Nächstes fragen oder sagen und wohin du das Gespräch lenken könntest.

Wenn du dir Notizen machst und sie zwischendurch fürs Backtracking nutzt, lässt du die andere Person wissen, dass du noch in der Leitung bist. Das ist besser als die Stille in der Leitung, die fälschlicherweise den Eindruck erwecken könnte, du würdest nicht zuhören.

7. Vorbereitet klingen

Es kommt vor, dass dir jemand im Telefonat persönliche Informationen mitteilt. Notiere dir diese Daten sofort für den zukünftigen Gebrauch, weil dir persönliche Daten ermöglichen, eine Beziehung aufzubauen. Wenn du dann später einen Anruf tätigst oder entgegennimmst, kannst du die Informationen heraussuchen und als Anknüpfungspunkte verwenden, die deinem Gesprächspartner mitteilen, dass es dir etwas bedeutet, mit ihm zu sprechen.

Achtung: Hüte dich vor Multitasking. Während du mit Leuten sprichst, solltest du nicht im Internet surfen oder ein Spiel spielen – es sei denn, du möchtest gern den Eindruck vermitteln, dass du nicht zuhörst!

8. Augen zu

Der achte Vorteil des Telefonierens: Du kannst die Augen schließen, um dich zu konzentrieren – aber nicht, um Schlaf nachzuholen (dazu müsstest du eine Tonaufnahme abspielen, auf der du ab und zu etwas brummelst). Wenn du die Augen schließt, entfernst du visuelle Ablenkungen, und dadurch kannst du dich tatsächlich besser auf das konzentrieren, was du hörst. Das kann nützlich sein, wenn es auf die Genauigkeit deiner Angaben ankommt oder wenn schwierige Detailfragen erörtert werden oder du aus Erfahrung heraus vermutest, dass das Gehörte später abgefragt wird.

Es gibt eine Methode, um möglichst viel aus dem Horchen mit geschlossenen Augen herauszuholen. Beginne zunächst mit der Annahme, dass du nichts weißt. Stelle dir vor deinem inneren Auge eine leere Tafel vor. Lasse dir dann von den Worten deines Gegenübers die Details deines inneren Bildes liefern. Wenn etwas fehlt, kannst du jederzeit durch Backtracking und Klärungsfragen die Lücken füllen. Die Augen über längere Zeit zu schließen ist im Gespräch von Angesicht zu Angesicht natürlich nicht möglich, am Telefon jedoch eine gute Wahl.

Zusammengefasst

In Sachen Prävention birgt das Telefon allerlei Vorteile, die nur darauf warten, genutzt zu werden, um die in Teil 3 beschriebenen Strategien umzusetzen. Und merke: Prävention ist immer besser als Therapie.

Die acht vorbeugenden Schritte in der Kommunikation per Telefon

1. Wahrnehmung prägen
2. Der Stimme Körper geben
3. Atem holen
4. Notizen machen
5. Warten und warten lassen
6. Aufmerksamkeit signalisieren
7. Vorbereitet klingen
8. Augen zu

26. Acht vorbeugende Schritte in der Kommunikation per Mail

Wir sagen es noch einmal: Wenn in der zwischenmenschlichen Kommunikation etwas verloren geht, gewinnt man etwas anderes hinzu. Im Fall der E-Mail verliert man die nonverbalen *und* akustischen Signale, die dem Gesagten Farbigkeit, Tiefe und Dimension verleihen. Das ist ein großer Verlust! Ohne die 55 und die 38 Prozent werden die verbleibenden 7 Prozent zu den verbleibenden 100 Prozent der Interaktion. Zu dem Verlust addiert sich noch ein Aufschlag von 38 Prozent Halluzination, der sich aus dem imaginierten Tonfall ergibt!

Aber durch die Verwendung elektronischer Kommunikationsmittel wie E-Mail, Chat und die sozialen Medien gewinnt man etwas anderes hinzu: das Element Zeit. In der schriftlichen Kommunikation, egal wie dringend sie sein mag, ist im Allgemeinen keine sofortige interaktive Reaktion erforderlich, wie es im persönlichen oder telefonischen Gespräch der Fall ist. Selbst wenn man sich nur zehn Minuten Zeit nimmt, bevor man auf »Antworten« klickt, gewinnt man zehn Minuten, um sich zu entspannen und mit klarem Kopf eine vernünftige und durchdachte Nachricht zu erstellen.

Wollte man früher jemandem schreiben, musste man sich, je nachdem, was mit »früher« gemeint ist, mit Papier und Feder hinsetzen, dann mit Papier und Stift, dann mit Papier und Schreibmaschine, dann mit Papier, Drucker und Computer. Nach Verfassen des Briefs konnte man ihn noch einmal lesen, korrigieren und ins Reine schreiben, denn sobald er abgeschickt war, war er weg. Wenn man mit dem Brief zufrieden war, steckte man ihn in einen Umschlag, brachte ihn zum Briefkasten und wartete darauf, dass er abgeholt und zugestellt wurde. Und nachdem man sich so viel Zeit genommen hatte, rannte man möglicherweise wieder zum Briefkasten, um den Brief noch vor der Leerung wieder herauszuangeln! Der langwierige Prozess des Briefeschreibens verschaffte einem den Vorteil, viel Zeit zum Nachdenken zu haben. Genug Zeit, um bisweilen zu dem Schluss zu kommen, dass ein Antwortschreiben zwecklos wäre!

Das Informationszeitalter hat all das geändert. Im Gegensatz zur papierenen Korrespondenz, die naturgemäß ein zeitaufwendiger und durchdachter Prozess war, kann man jetzt in nur wenigen Minuten kopieren, einfügen, zitieren, antworten, das Ausdrucken überspringen und direkt auf Senden gehen. Während eine Nachricht früher tage-, wochen- oder monatelang in Zustellung war und nicht gelesen werden konnte, hat die Beschleunigung der Kommunikation im Informationszeitalter daraus erst Tage und dann Stunden (Overnight-Kurier) gemacht, bevor daraus mit der E-Mail, die praktisch sofort zugestellt wird, ein Augenblick wurde. Mit der inflationären Zunahme der elektronischen Kommunikation ist auch die Menge an Missverständnissen explodiert. Die ersparte Zeit ist nur dann von Vorteil, wenn man sie bewusst zu nutzen weiß.

Die durch die Geschwindigkeit der elektronischen Kommunikation verursachten Probleme werden durch deren schiere Menge noch verstärkt. Die Flut an E-Mails, die bei uns allen in den Posteingang strömt, überfordert viele. Je mehr Mails man erhält, desto weniger Zeit hat man, um jede einzelne aufmerksam zu lesen und durchdacht zu beantworten. Wer jeden Tag 50 oder 80 Mails beantwortet, muss Zeit sparen und lässt die überkommenen Förmlichkeiten der vordigitalen, weniger hektischen Zeit oftmals weg. Anstatt ein Gespräch mit »Na, wie geht es dir? Gibt es was Neues? Bla, bla, bla …« zu beginnen, heißt es: »Re: Deine Nachricht. Tue dies. Tue das. Hier entlang.«

Weil alle freundlichen oder frustrierten Zwischentöne in Stimme und Gesichtsausdruck fehlen, kann man als Leser von E-Mails die Emotionen des Verfassers nicht erkennen. Trotzdem ist es üblich, dass man beim Lesen einer Mail frei über die Gefühle des Absenders halluziniert. Und diese Halluzinationen stehen wiederum unter dem Einfluss des Hormon- und Blutzuckerspiegels der lesenden Person. Oftmals fehlt jeglicher Bezug auf eine frühere Nachricht. Infolgedessen führen die hastig geschriebenen Worte zu Fehlschlüssen; nett gemeinte Scherze, mit einem Augenzwinkern geschrieben, werden als Seitenhieb oder Sarkasmus missverstanden; mehrdeutige Bemerkungen werden falsch verstanden. Allzu oft entstehen Konflikte aus dem Mangel an Hintergründen und Anhaltspunkten; Sätze ohne Bezugsrahmen erzeugen einen Tunnelblick, aus dem sich Kettenreaktionen ergeben.

Ein weiterer Faktor, der in der digitalen Kommunikation zu Konflikten beiträgt: Man verfasst Nachrichten vor dem Bildschirm, wo im Stillen aus Gedanken Worte werden. Weil der mildernde Einfluss des direkten Feedbacks von anderen fehlt und weil der Adressat weit weg ist, können soziale Hemmungen wegfallen, die unbedachte Äußerungen normalerweise verhindern. Vielleicht erinnern Sie sich an Mark Twains Warnung: »Besser, man sagt nichts und wird für einen Narren gehalten, als dass man den Mund aufmacht und es zweifelsfrei beweist.« Die im Stillen verfassten Worte, die am besten die stillen Gedanken des Absenders geblieben wären, werden leider abgeschickt. In E-Mails drückt man die eigenen Gedanken eher unverhohlen und unverblümt aus.

Und da sich all diese Faktoren – das Fehlen von visuellen und akustischen Signalen, die erdrückende Masse an Nachrichten, die unhöflichen Umgangsformen, das entmenschlichte Starren auf den Bildschirm und das impulsive Reagieren, das keine Zeit für eine überlegte Antwort lässt – in ihrer Wirkung verstärken, ist eine Epidemie von digitalen Missverständnissen entstanden.

Den Zeitvorteil nutzen

Es stimmt zwar, dass E-Mails dann bei dir eingehen, wenn es dem Absender passt, aber lesen und beantworten kannst du sie nach deinem eigenen Zeitplan! Wir alle kennen Geschichten über hastig abgeschickte Antwort-Mails, die üble Nebenwirkungen und furchtbare Folgen hatten. E-Mails sind wie Dominosteine: Einmal angetippt ist der Schaden nicht mehr aufzuhalten. Unser erster Ratschlag ist also: Antworte nie rasch oder impulsiv auf E-Mails, die auch nur den Anschein eines emotionalen Gehalts haben, und beginne niemals einen Mailwechsel mit stark emotionalen Zwischentönen.

Bei emotionalen E-Mails bietet sich der Zeitvorteil an, und diesen Vorteil solltest du nutzen. Denn die Emotion, die du wahrnimmst, kann durchaus deine eigene sein. Deine mentale oder emotionale Einstellung zu dem Thema kann dazu führen, dass du die Intensität oder Bedeutung dessen, was da steht, missverstehst. Es kostet weniger Zeit, eine wohlüberlegte Antwort zu schreiben, als sich mit den Folgen einer hastig abgeschickten Nachricht auseinanderzusetzen.

Wenn du dir den Zeitvorteil zunutze machst, kannst du dich in Ruhe mit deiner emotionalen Reaktion auf das Gelesene auseinandersetzen. Der Zeitvorteil erlaubt dir, deine Reaktion erst mal zu Hause (sofern du dort Dampf ablassen kannst) oder im Freundeskreis (falls man dort deine Tiraden aushält) auszuleben. In der Zwischenzeit kannst du dir überlegen, was du letztendlich von der Interaktion erwartest. Der Zeitvorteil gestattet dir, einen Entwurf zu verfassen und im Lichte des nächsten Tages zu überarbeiten. Dank des Zeitvorteils kannst du dieses Buch aufschlagen, das richtige Kapitel finden, die beste Taktik auswählen und sie in deiner Antwort anwenden.

Besser noch: Indem du dir Zeit nimmst, gibst du auch deiner Problemperson etwas Zeit. Gestern hat sie sich vielleicht wie ein Panzer verhalten und dich aus dem Weg zu räumen versucht. Indem du mit der Antwort wartest, gibst du ihr einen Tag Zeit, um sich aus der Gefahrenzone zurückzuziehen, den Blutzuckerspiegel zu regulieren und sich um das zu kümmern, was ansonsten noch ihre Angriffslust gereizt hat. Wenn du dir mit dem Antworten etwas Zeit nimmst, kommunizierst du mit größerer Wahrscheinlichkeit effektiv, sodass dich die andere Person mit größerer Wahrscheinlichkeit so versteht, wie du es beabsichtigst. Zu ihrem und deinem Vorteil!

In vielen Fällen gelten die in diesem Buch vorgestellten Strategien für den Umgang mit schwierigen Verhaltensweisen auch für die schriftliche Kommunikation. Vielleicht kennst du die frustrierende Erfahrung, dass einem nach einer Interaktion die perfekten Worte einfallen, die man gern gesagt hätte. Aber leider kommt der Einfall zu spät. Im direkten Austausch fühlt man sich bei Panzern oft unter Beschuss, bei Stichlern um Antworten verlegen, bei Besserwissern dumm und bei Vielleichtsagern zornig. Aber in der digitalen Korrespondenz bringt der Zeitvorteil auch die Vorteile der Klarheit und der Selbstbeherrschung mit sich.

Klarheit ist vielleicht das Wichtigste. Wenn du im E-Mail-Verkehr von vornherein die Missverständnisse vermeiden möchtest, die in dir und anderen das Schlimmste zum Vorschein bringen, dann hole dir die Zeit auf deine Seite und mache dir die Klarheit zur höchsten Priorität.

Acht vorbeugende Schritte

Wie immer ist Prävention in Vielfaches mehr wert als Reaktion. Nimm dir also die Zeit, diese vorbeugenden Maßnahmen in der digitalen Korrespondenz anzuwenden.

1. Raushauen, aber nicht abschicken

Wenn du eine empörende Nachricht mit der Bitte um Antwort erhältst, verspürst du manchmal den Drang, etwas rauszuhauen, und kannst es einfach nicht ertragen, damit zu warten. Wenn du innerlich nach Rache und Vergeltung dürstest, dann gib dem Drang ruhig nach. Aber schicke die Antwort bloß nicht ab!

Sich in hitziger Rhetorik Luft zu machen kann unglaublich therapeutisch und sogar befreiend sein, aber es ist gefährlich, wenn man andere die Hitze spüren lässt. Jede Aktion erzeugt eine Reaktion, und wenn sich jemand mit deiner Reaktion auseinandersetzt, kannst du ziemlich sicher sein, dass du dich mit seiner auseinandersetzen musst.

Wenn jemand jemandem etwas schickt, das absichtlich oder unabsichtlich provozierend oder beleidigend ist, kann ein sogenannter *flame war* entbrennen. Meist geschieht dies unabsichtlich, aber der Weg zur Hölle ist ja bekanntlich mit guten Absichten gepflastert. Auch ganz unschuldige Nachrichten können daher eine hitzige Antwort hervorrufen. Es ist nicht ungewöhnlich, dass Empfängerin oder Empfänger darin etwas Hitze verspüren und in gleicher Weise antworten. So entstehen Fehden. Jemand schickt etwas Hitziges, das eine hitzige Antwort provoziert, die noch mehr Hitzigkeit hervorruft, bis vor jugendlicher Hitze und lauter Enthemmtheit das ganze Schlachtfeld in Flammen steht. Wenn schwere Vorwürfe fallen, sind sie oft noch schwerer zurückzunehmen.

Unser Rat? Egal wie gerne du dem anderen einheizen würdest, bleibe lieber temperiert. Wenn du dir sicher bist, dass die Gegenseite Feuer unterm Hintern spüren muss, dann speichere die Nachricht als Entwurf und lies sie erneut, bis sie genau das aussagt, was sie aussagen soll. Aber warte damit mindestens einen Tag.

Noch ein wichtiger Sicherheitstipp: Wenn du dir Luft machen willst, dann tue das nicht in deinem E-Mail-Programm. Versprühe deinen Zorn in einem separaten Textdokument. Wir kennen genügend Horrorgeschichten von Leuten, die sich in einer Mail ausließen und dann versehentlich statt auf »Speichern« auf »Senden« klickten.

In diesem Buch haben wir dich von Anfang an vor die Frage gestellt, was du im Umgang mit anderen überhaupt willst. Nimm dir im E-Mail-Verkehr die Zeit, um zu überdenken, was du willst und was du brauchst. Brauchst du einen ordentlichen *flame war*? Ist es wirklich nötig, der nächsten Nachricht voller Angst entgegenzusehen? Brauchst du wirklich das ungute Gefühl, nicht zu wissen, welchen Schaden du angerichtet hast? Wir meinen: nein! Erspare dir diesen ganzen Ärger. Lasse es raus, aber schicke es nicht ab!

2. Noch mal lesen

Wenn du meinst, dass die Nachricht, die du gerade schreibst, Konflikte hervorrufen oder verstärken könnte, dann solltest du sie in deinem Interesse noch einmal lesen, ganz gleich, wie viel Zeit du bereits mit dem Schreiben verbracht hast. Denn noch kannst du alle potenziellen Reizwörter und -sätze entfernen, die womöglich Konflikte und Missverständnisse heraufbeschwören.

Jede Nachricht verdient mindestens einen Lesedurchgang, bevor du auf »Senden« klickst. Betrachte deine Mail nicht als Endversion, sondern als Entwurf, den du beim erneuten Durchlesen noch verbessern kannst.

3. Später noch mal lesen

Noch besser ist es, wenn du die ärgerliche E-Mail, die du erhalten hast, zu einer anderen Tageszeit noch einmal liest, bevor du deine Antwort fertigstellst. Je nachdem, wie dein Blutzucker im Laufe des Tages steigt und fällt, können dieselben Wörter ganz anders klingen. Vielleicht bemerkst du sogar Wörter und Sätze, die dir beim ersten Mal entgangen sind. Statt auf das zu antworten, was du herauszulesen meinst, wäre es vielleicht sinnvoller, eine Mail mit klärenden Fragen zu verfassen. Tue dein Bestes, um sicherzustellen, dass du die Mail wirklich verstanden und du die Motive dahinter erkannt hast, bevor du deine Antwort verfasst.

4. Zweite Meinung einholen

Wenn dir eine Mail Bauchweh bereitet, ist es möglicherweise ratsam, sie jemand anderem vorzulegen. So kannst du herausfinden, ob du vielleicht eine mögliche Interpretation übersehen hast. Du wirst überrascht sein, wie unterschiedlich jemand anders ein und dieselben Worte interpretieren kann. Und es kann auch nicht schaden, wenn eine dritte Person deine Antwort liest! Frage sie, wie du ihrer Meinung nach reagieren könntest, bevor du deine Antwort verfasst, oder hole zumindest eine zweite Meinung zu dem ein, was du geschrieben hast, bevor du dich entschließt, es zu senden.

5. Mit der Absicht beginnen, mit Erwartung enden

Im 7. Kapitel haben wir darüber gesprochen, wie wichtig es ist, am Anfang einer Aussage eine gute Absicht zu formulieren. Digitale Nachrichten sind in dieser Hinsicht ein starkes Medium, denn deine Absicht bleibt sichtbar und bildet den Hintergrund für den Rest der Nachricht. Beginne deine Nachricht mit einer *Absichtserklärung*, damit die Empfängerin oder der Empfänger weiß, warum du schreibst und was du erreichen möchtest, bevor sie oder er sich in deine Ausführungen vertieft. Beende die Nachricht dann mit einer *Erwartung*. Teile der Person am anderen Ende mit, was du nach dem Lesen von ihm oder ihr erwartest.

Wenn du deinen Adressaten einfach nur Informationen zukommen lassen möchtest, auf die keine Antwort erforderlich ist, kannst du das beispielsweise mit der Formel »zur Kenntnisnahme« am Anfang der E-Mail signalisieren:

> *»Nur zur Info: Ich schreibe dir, damit du einen Überblick darüber bekommst, was ich für dieses Projekt getan habe. Ich glaube, dass du dann bei unserem bevorstehenden Treffen meine Bitten um Hilfe besser verstehen kannst.«*

Jetzt wissen die Adressaten schon beim Lesen, dass sie nicht auf jeden Punkt antworten müssen, sondern dass sie die Informationen vorerst nur aufnehmen müssen, um sie zu berücksichtigen, wenn bei der Besprechung um ihre Hilfe gebeten wird.

Indem du dein Anliegen zwischen einen starken Anfang und ein starkes Ende packst, bekommt deine Mail einen vorgegebenen Blickwinkel, der deinen Worten die Bedeutung verleiht, die sie haben sollen. Es ist ganz einfach: Indem du mit deiner guten Absicht beginnst und mit freundlichen Erwartungen endest, vermeidest du Komplikationen.

6. Früh zitieren, viel zitieren

Wenn du pauschal auf eine E-Mail antwortest, ohne auf bestimmte Wörter oder Sätze Bezug zu nehmen, beziehen die Adressaten deine Worte womöglich auf ihre gesamte Nachricht. Das Problem mit pauschalen Antworten ist, dass sie ganz andere Reaktionen hervorrufen können als beabsichtigt. Im 5. Kapitel haben wir besprochen, wie wichtig Backtracking in Gesprächen ist: das wörtliche Wiederholen des zuvor Gesagten. Backtracking ist eine wirkungsvolle Methode, um Fragen oder Aussagen einen Bezugspunkt zu geben. Auch in Telefongesprächen ist Backtracking sinnvoll, denn dadurch wird aus einem Wortschwall ein Netz aus aufeinander bezogenen Ideen.

Tatsächlich ist Backtracking in der digitalen Korrespondenz einfacher als in jeder anderen Kommunikationsform, da man die Worte der anderen Person für sich selbst sprechen lassen kann. Eine Methode dazu haben bereits die Pioniere der Internet- und E-Mail-Kommunikation entwickelt, indem sie den zitierten Teil einer Antwort-Mail mit dem Größer-als-Zeichen > markierten. Natürlich liest niemand diesen zitierten Teil der Antwort, denn er hängt am Ende der eigentlichen Mail. Deshalb ist es sinnvoll, die Teile der E-Mail, auf die man antworten möchte, per Copy & Paste nach oben zu holen, sodass sie einen Bezugspunkt für die eigenen Ausführungen bilden können. Stört dich beispielsweise nur ein einziger Satz in einer Mail, dann kannst du mit einem Zitat deutlich machen, dass du nur auf diesen Satz reagierst:

> Mal sehen, ob Sie es diesmal richtig hinbekommen.

»Ich kann nicht erkennen, ob Sie das sarkastisch meinen oder nur scherzen. Wie ist das gemeint?«

Tipp: Wenn du in einer empfangenen E-Mail einen Satz, auf den du reagieren möchtest, markierst und dann auf »Antworten« klickst, dann findest du das Zitat in der Antwort-Mail fein säuberlich ausgeschnitten und bereit für deinen Kommentar. (Das funktioniert in den meisten Mail-Programmen. Probiere es aus.)

7. Smileys sinnstiftend einsetzen

Seit jemand in der Urzeit des Internets darauf kam, mit einer Reihe von Zeichen das menschliche Gesicht nachzubilden, haben sich eine Unmenge solcher *Smileys* oder *Emoticons* etabliert. In den letzten Jahren wurden sie durch die noch zahlreicheren und bunteren *Emojis* ersetzt. Man kann diese kleinen Symbole beim Verfassen oder Beantworten einer E-Mail verwenden, um den eigenen emotionalen Zustand anzuzeigen. Dies fügt dem Inhalt einen Kontext hinzu und verringert die Wahrscheinlichkeit, dass man missverstanden wird.

Beim vorherigen Beispiel hätte der Absender ein Emoticon verwenden können, um die Absicht hinter den Worten deutlich zu machen:

> Mal sehen, ob du das richtig hinbekommst. ;-)

Am Zwinker-Smiley ;-) hätte der Empfänger oder die Empfängerin der Nachricht sofort erkannt, dass der Satz eher freundlich-ermutigend als herabsetzend gemeint war.

Bevor du nun hinter jeden Satz einen Smiley setzt, müssen wir dich warnen. Denn die wenigsten Emoticons und Emojis haben eine so genaue Bedeutung, dass sie von allen Menschen gleich aufgefasst werden. Beispielsweise ist es beim Lach-Smiley und den vielen verschiedenen Lach-Emojis häufig uneindeutig, ob aus Freude, Vorfreude, Lebensfreude oder etwa Schadenfreude »gelacht« wird:

> Mal sehen, ob du das richtig hinbekommst. :-D

Wenn du also nicht wirklich virtuos in der Smiley-Verwendung bist und nicht weißt, ob der Leser deiner Nachricht Smileys ebenso nuanciert zu verstehen weiß wie du, dann beschränke dich lieber auf die drei bekanntesten Emoticons und ihre Emoji-Entsprechungen:

:-) Schön!
:-(Schade!
;-) Nicht ernst gemeint!

8. Witze sparsam dosieren (besonders die Sparwitze)

Lustig, wie unterschiedlich die Auffassungen darüber sind, was lustig ist, oder? Damit wollen wir nicht sagen, dass man in der digitalen Korrespondenz nie versuchen sollte, witzig zu sein. Versuche es ruhig! Denn Humor kann dabei helfen, in schwierigen Situationen wieder den Durchblick zu gewinnen. Aber vergiss nicht, dass eine geringe Dosis viel bewirkt, allerdings auch nur dann, wenn Adressatin oder Adressat den Witz versteht. Einige Humorformen, beispielsweise das Wortspiel, funktionieren ohne die 55 und 38 Prozent. Andere Humorformen hängen ganz von deinem Tonfall oder Gesichtsausdruck ab.

Außerdem gehen beim Humor die Geschmäcker sehr auseinander. Falls du nicht genau weißt, was bestimmte Leute zum Lachen bringt, solltest du dir Witzeleien wahrscheinlich ersparen. Ihnen Nachrichten zu schicken, die sie als geschmacklos empfinden, bringt dir garantiert nichts. Aber über Geschmack lässt sich natürlich nicht streiten. Wenn du sicher bist, dass jemand deinen Humorgeschmack teilt, kannst du herumalbern, so viel du magst. Aber im Zweifelsfall gehst du zum Lachen lieber in den Keller!

Zeit lassen, Zeit sparen

Wenn du diese acht Präventionsschritte anwendest, sparst du dir die Zeit, die du sonst mit negativen Reaktionen und Missverständnissen verschwendest. Du musst nicht unser Buch *Life by Design* lesen, um zu erkennen, dass du Wichtigeres zu tun hast, als dich im Internet mit Einsen und Nullen zu zanken. Wenn du den Zeitvorteil für dich nutzt, sparst du im Umgang mit anderen zweifellos Zeit *und* Energie, die du anderswo besser gebrauchen kannst.

Zusammengefasst

Auch bei der Kommunikation per Mail gilt: Prävention ist immer besser als Therapie.

Die acht vorbeugenden Schritte in der Kommunikation per Mail

1. Raushauen, aber nicht abschicken
2. Noch mal lesen
3. Später noch mal lesen
4. Zweite Meinung einholen
5. Mit der Absicht beginnen, mit Erwartung enden
6. Früh zitieren, viel zitieren
7. Smileys sinnstiftend einsetzen
8. Witze sparsam dosieren

Nachwort

Wir wagen den großen Schritt,
die vielen kleinen Schritte zu tun.

Damit sind wir am Ende dieses Buches und am Beginn deines zukünftigen Umgangs mit schwierigen Menschen angelangt. Wir hoffen, dass du nach all diesen Lektionen in der Lage sein wirst, deine Problempersonen besser zu tolerieren und aus schlimmen Mitmenschen erfolgreich das Beste herauszuholen. Dazu musst du nur noch den großen Schritt wagen und die im Buch beschriebenen kleinen Schritte anwenden.

Hier sind ein paar einfache Maßnahmen, die du sofort ergreifen kannst:

1. Nutze jede sich bietende Gelegenheit, um die beschriebenen Kommunikationstechniken zu erlernen und auszuprobieren. Überall, ob in deinem Betrieb oder in deiner Lieblingsserie, kannst du beobachten, wie Menschen diese Techniken und Taktiken mit oder ohne Erfolg anwenden – du musst nur darauf achten.
2. Tue dich mit Kommunikationspartnern und -partnerinnen zusammen, also mit Menschen, die genauso lernbegierig sind wie du. Genau das haben wir beide getan! Tauscht euch über nützliche Informationsquellen wie dieses Buch aus, damit ihr eine gemeinsame Sprache findet. Trefft euch wöchentlich, um zu besprechen, was ihr in der Woche beobachtet, gelernt und ausprobiert habt. Mehr als jede andere Maßnahme können regelmäßige Treffen mit Gleichgesinnten deine Aufmerksamkeit scharf halten und dich dazu motivieren, deine Fähigkeiten zu verbessern und weiterzuentwickeln.

Womit wir zum letzten Schritt kommen:

3. Du kannst dankbar sein. Wenn du den Luxus hast, dieses Buch zu lesen, bist du mit Sicherheit besser dran als 80 Prozent der Weltbevölkerung, auch wenn du das manchmal für selbstverständlich halten magst. Du hast wahrscheinlich ein Dach über dem Kopf, ausreichend zu essen, Menschen, die du liebst und die dich lieben. Das Leben ist schwierig und mühselig genug, da muss man sich nicht mit Negativität belasten und die eigenen Kräfte an Sorgen und Stress verschwenden. Wenn du daran denkst, dankbar zu sein, vielleicht sogar jetzt sofort und dann jeden Tag, wirst du die nötige Kraft und Entschlossenheit haben, um schwierige Menschen als Herausforderung zu begreifen.

Die in diesem Buch vorgestellten Kommunikationstechniken sind nicht als schnelle Lösung für Beziehungsprobleme gedacht. Je länger ein Problem herangewachsen ist, desto mehr Zeit und Energie muss man investieren, um es zu beheben. Je mehr du diese Haltungs- und Verhaltensänderungen in die Tat umsetzt, desto besser stehen die Chancen, dass dir einiges in den Schoß fällt und einiges in die Binsen geht, dass einiges gut und einiges schiefläuft. Wichtiger als Erfolg oder Misserfolg ist es, mehr Optionen, Möglichkeiten und Alternativen zu haben und nicht nur leiden zu müssen. Du kannst dich jetzt selbst zur Ursache dessen machen, was als Nächstes passiert, statt das Opfer des Handelns anderer zu sein. Zwar kannst du niemanden ändern, aber deine Flexibilität und dein Wissen können anderen dabei helfen, sich zu ändern. Entschlossenheit und Ausdauer führen im Umgang mit schwierigen Menschen zwangsläufig zum Erfolg.

Schwierige Mitmenschen sind für uns alle ein Teil unseres Lebens. Sie befinden sich seit Anbeginn der Geschichte unter uns, als der Herr »Es werde Licht« sagte und die ersten Problemmenschen auf die Welt kamen. Seitdem sind sie hier, führen Kleinkriege und zwischenmenschliche Fehden, sie beschuldigen und beschönigen, stören und stänkern. Dennoch kann jeder oder jede von uns etwas dafür tun, dass Missverständnisse weniger werden und die Zwietracht abnimmt, die die Menschheit geißelt. Womöglich hängt ja sogar die Zukunft der Menschheit davon ab, dass wir alle endlich lernen, trotz aller Unterschiede miteinander zurechtzukommen. In diesem Sinne gibt es keinen besseren Zeitpunkt als jetzt, um aus schlimmen Mitmenschen das Beste herauszuholen. In unseren Bemühungen sehen unsere Kinder ihre Zukunft. Sie erwarten von uns, dass wir mit gutem Beispiel vorangehen, das Richtige tun und ein faires Spiel spielen. Wenn du also das nächste Mal mit jemandem zu tun hast, den du nicht ausstehen kannst, dann denke daran: Das Leben ist kein Probealarm. Es ist der Ernstfall. Viel Glück.

Danksagung

Für ihre Hilfe und Unterstützung bei diesem Projekt möchten wir den folgenden Menschen danken: unseren Ehefrauen Lindea K. und Lisa B. und unseren Töchtern Aden K. und Carle B. für Ermutigung, Inspiration, Mitgefühl und guten Rat; unseren Eltern Lois und Alan K. sowie Simone und Felix B. für ihre Vorbildfunktion, ihre bedingungslose Unterstützung und ihr Vertrauen in uns; unseren Katzen dafür, dass sie noch mit uns wach blieben, als es sonst niemand mehr wollte; Robert Doughton, M.D., dafür, dass er uns den Weg gezeigt hat; unserer Lektorin Betsy Brown für erfreuliches Vertrauen, hilfreiche Vorschläge und zeitnahe Antworten; Jimmy und Jeff für die Möglichkeit der Bekanntmachung; Fred H. und Alan S. für ihre kundige Beratung; den vielen Menschen, die durch Wort und/oder Tat unsere Kenntnis problematischer Personen und Situationen geschult haben: Leslie Cameron Bandler, David Gordon, John Schleifer, Milton Erickson, M.D., Robert Dilts, Virginia Satir, außerdem Ken Keyes, Jr., Lenny Katz, Max und Moshe Goldman, Fidel Ramirez, Juárez Shapiro, Robert Bolton, Ph.D., Robert M. Bramson, Ph.D., Burt Miller und Roland und Theodore Clover; dann noch all jenen, deren Namen wir zu erwähnen vergessen haben, sowie den Hunderttausenden von Menschen, die an unseren Seminaren teilgenommen, unsere Videokurse mitgemacht und uns ihre Geschichten mitgeteilt haben; und zu guter Letzt K & S, dafür, dass sie uns Mut zu machen gelehrt haben.

Über die Autoren

Dr. Rick Kirschner und Dr. Rick Brinkman sind weltbekannte Vortragsredner und Autoren. Sie begannen ihre Karriere als ganzheitliche Ärzte und spezialisierten sich auf die mentalen und emotionalen Aspekte des Gesundwerdens und Wohlbefindens.

Zusammen haben sie nach dem sehr erfolgreichen Audio- und Video-Programm *How to Deal with Difficult People* noch sechs weitere Multimedia-Kurse verfasst. Ihr Buch *Dealing with People You Can't Stand* ist ein internationaler Bestseller und wurde in über 20 Sprachen übersetzt. Außerdem haben sie die Bücher *Life by Design: Making Wise Choices in a Mixed Up World*, *Love Thy Customer* und *Dealing with Relatives* zusammen verfasst.

Ihre unterhaltsamen Vorträge und Seminare halten sie inzwischen weltweit ab. Zu ihrem Kundenportfolio gehören die Astronauten der NASA, AT&T, Hewlett-Packard, Texaco, die Inc. 500 Conference, die Young Presidents Organization, die U.S. Army und Hunderte von weiteren Unternehmen, Behörden und Berufsverbänden.